Bankrechtstag 2017

BrV 39

I0874489

Schriftenreihe der Bankrechtlichen Vereinigung

Herausgegeben von
Andreas Früh
Christian Grüneberg
Katja Langenbucher
Rainer Metz
Peter O. Mülbert

Band 39

Bankrechtstag 2017

DE GRUYTER

Zitierweise: *Autor* in: Bankrechtstag 2017

ISBN 978-3-11-057562-0
e-ISBN 978-3-11-057743-3

Library of Congress Cataloging-in-Publication Data
A CIP catalog record for this book has been applied for at the Library of Congress.

Bibliografische Information der Deutschen Nationalbibliothek
Die Deutsche Nationalbibliothek verzeichnet diese Publikation in der Deutschen Nationalbibliografie; detaillierte bibliografische Daten sind im Internet über http://dnb.dnb.de abrufbar.

© 2018 Walter de Gruyter GmbH, Berlin/Boston
Druck: CPI books GmbH, Leck

www.degruyter.com

Vorwort

Der Bankrechtstag 2017 der Bankrechtlichen Vereinigung – Wissenschaftliche Gesellschaft für Bankrecht e.V. fand am 30. Juni 2017 in Frankfurt mit etwa 240 Teilnehmern statt.

Am Vormittag beleuchtete *J. Rocholl* zunächst die Ertragssituation und -perspektiven in der deutschen Kreditwirtschaft. Er machte dabei eindrucksvoll deutlich, welch große Herausforderungen gerade für die deutschen Institute aus dem schon mehrjährigen historisch niedrigen Zinsniveau resultieren. Der Wegfall von Zinserträgen wird weithin nicht allein durch die Reduktion der Aufwandsquote zu kompensieren sein, sondern zudem eine Steigerung der Provisionserträge und gar das Überdenken von Geschäftsmodellen erfordern. Vor diesem Hintergrund beschäftigte sich *M. Casper* sodann mit der Zulässigkeit von Bankentgelten. In vertiefter Auseinandersetzung mit der höchstrichterlichen Rechtsprechung warb er engagiert für einen gewissen Paradigmenwechsel, was die Zulässigkeit AGB-förmiger Entgeltabreden angeht: vom All-inclusive-Preismodell hin zu einer stärker am Verursacherprinzip angelehnten Bepreisung einzelner Bankdienstleistungen, wobei er dies für mehrere Gebührenarten jeweils differenziert illustrierte. Den Vormittag beschloss *S. Omlor* mit seinen vertieften Überlegungen zur rechtlichen Zulässigkeit und dogmatischen Einordnung des als Negativzinsen bekannten Phänomens der aktuellen Niedrigzinsphase. Ausgehend vom Rechtsbegriff des Zinses warf er zunächst einen Blick auf negative Basiszinsen, um sich sodann insbesondere der breiten Fragenpalette betreffend negative Zinsen im Kredit- und Einlagengeschäft zuzuwenden.

Der Nachmittag stand demgegenüber im Zeichen der aktuellen Reformen des Kapitalmarkts. Den Auftakt machte *C. Seibt* mit einem erfahrungsgesättigten Vortrag zu einem Jahr Marktmissbrauchsverordnung (MAR) aus Praxissicht. Im Mittelpunkt stand dabei das Insiderrecht, dessen (nochmals) stark gestiegene Bedeutung für börsennotierte Aktiengesellschaften insbesondere aus den drastisch verschärften Sanktionen für Verstöße folge und sich - bei abnehmender Rechtsklarheit - in erheblich steigenden Compliance-Kosten manifestiere. Sodann stellte *A. Breilmann* das von der MiFiD II unionsweit eingeführte Institut der Product Governance aus Praxissicht vor. In dessen Mittelpunkt steht die präventive Inpflichtnahme von Konzepteuren und Vertreibern von Finanzinstrumenten dahingehend, dass sie bei deren Konzeption und deren Vertrieb einen bestimmten Zielmarkt selbst definieren und durch einen internen Genehmigungsprozess sicherstellen, dass sie nur zielmarktgerechte Produkte emittieren bzw. vertreiben. Gewissermaßen das Gegenstück zur präventiven Selbstbeschränkung qua Product Governance behandelte schließlich *R. Veil*, die unionsweit durch die MiFIR und die PRIIPS eingeführten Möglichkeiten der aufsichtsrechtlichen Produktintervention im Finanzdienstleistungsrecht. Seine Ausführungen zu Systematik, Dogmatik und Grundsatzfragen dieser neuen Aufsichtsbefugnisse münden in skeptische Überlegungen dazu, ob zukünftig sogar eine präventive Produktgenehmigungspflicht vorzusehen sein sollte oder ob dies die Produktinnovation zu stark beeinträchtigen könnte.

Die Drucklegung dieses Bandes wurde dankenswerter Weise wiederum von Dr. *Sandra Sandri*, Universität Mainz, vorbereitet; stud. jur. *Anna Heil*, Universität Mainz, hat das Stichwortverzeichnis erstellt.

Allen, die zum Gelingen des Bankrechtstages 2017 beigetragen haben, allen voran Frau *Sylvia Mahler*, sei besonders gedankt.

Oberursel, Karlsruhe, München, Krefeld, Mainz

Groß, Grüneberg, Habersack, Metz, Mülbert

Im April 2018

Inhalt

1. Abteilung

Prof. Jörg Rocholl, Ph.D., Präsident der ESMT Berlin

Ertragssituation und -perspektiven der deutschen Kreditwirtschaft[1]

Zusammenfassung

In den letzten Jahren ist es dem deutschen Bankensektor gelungen, große Herausforderungen wie die globale Finanzkrise und die europäische Schuldenkrise zu meistern. Eine große gegenwärtige Herausforderung stellt das bereits über einen längeren Zeitraum historisch niedrige Zinsniveau dar. Das gilt besonders für deutsche Banken, die im Durchschnitt eine höhere Aufwandsquote als Banken in anderen OECD-Staaten und gleichzeitig eine besonders hohe Abhängigkeit von Zinserträgen aufweisen. Eine empirische Untersuchung auf Grundlage unterschiedlicher Zinsszenarien zeigt, dass eine weitere Verringerung der Zinsmarge dazu führen wird, dass bis zum Ende des Jahrzehnts höchstens 20% der deutschen Banken Kapitalkosten in Höhe von 8% erwirtschaften werden. Dieser Rückgang wird etwas dadurch abgefedert, dass diese Banken eine spezielle Regelung der deutschen Rechnungslegungsstandards nutzen und stille wie offene Reserven auflösen können.

1 Einführung

Deutsche Banken sind im Durchschnitt weniger profitabel als ihre internationalen Wettbewerber. Diese Beschreibung ist die zusammenfassende Erkenntnis verschiedener Studien der letzten Jahre, die besonders auf zwei wichtige Faktoren verweisen. Erstens zeigen Studien der OECD und anderer Institutionen, dass die

---

1 Diesem Beitrag dient als Grundlage die folgende Veröffentlichung: *Dombret, A., Gündüz Y., and Rocholl, J.* (2017). "Will German banks earn their cost of capital?" Deutsche Bundesbank Discussion Paper No. 01/2017.

DOI 10.1515/9783110577433-001

durchschnittlichen Aufwandsquoten deutscher Banken wesentlich höher liegen als diejenigen von Banken in anderen Ländern. So weisen deutsche Banken im Zeitraum zwischen 1999 und 2009 mit knapp über 70% sogar die höchsten durchschnittlichen Aufwandsquoten von Banken in allen OECD-Ländern auf. Während die OECD den Ländervergleich seit dem Jahr 2009 nicht mehr aktualisiert hat, belegt der Monatsbericht der Deutschen Bundesbank vom September 2015, dass die Aufwandsquote deutscher Banken auch im Jahr 2014 bei 69,8% und damit fast so hoch liegt wie in den früheren Statistiken der OECD.[2] Vergleiche mit anderen Ländern deuten zudem darauf hin, dass diese hohen Werte eher geringen Erträgen und nicht höheren Kosten geschuldet sind.

Zweitens weisen deutsche Banken im Durchschnitt eine höhere Abhängigkeit von Zinserträgen auf als Banken in allen anderen OECD-Ländern. Wiederum zeigen Daten der OECD, dass deutsche Banken etwa 75% ihrer Erträge im Zinsgeschäft erzielen, während die verbleibenden 25% ihrer Erträge aus dem Provisionsgeschäft stammen. Die OECD hat auch hier nach dem Jahr 2009 aufgehört, über diese Zahlen zu berichten. Die Statistiken der Bundesbank für das Jahr 2014 zeigen jedoch, dass die zinsunabhängigen Erträge mit 24,8% weiterhin einen relativ geringen Anteil der Gesamterträge deutscher Banken repräsentieren. Diese Zahlen decken sich also wiederum fast mit den früheren Daten der Statistiken der OECD.[3]

Die Kombination aus hohen Aufwandsquoten und einer starken Abhängigkeit von Zinserträgen stellt für deutsche Banken im internationalen Vergleich eine besondere Situation dar. Sie entwickelt sich zu einer substantiellen Herausforderung in Zeiten anhaltender Niedrigzinsen, in denen Zinserträge als Hauptertragsquelle unter signifikanten Druck geraten.[4]

2 Die Eigenkapitalrenditen deutscher Banken

Deutsche Banken erwirtschaften traditionell eine durchschnittlich geringere Eigenkapitalrendite als ihre internationale Konkurrenz. Eigene Berechnungen auf Basis von Daten der Bundesbank ergeben, dass die Eigenkapitalrenditen

---

2 Deutsche Bundesbank (2015), September Monatsbericht, „Die Ertragslage der deutschen Kreditinstitute im Jahr 2014."

3 Ibid.

4 Siehe, beispielsweise, *Brunner* et al. (2004), Sachverständigenrat (2008) und die Eröffnungsrede von Andreas Dombret (2014) anlässlich der Vorstellung des Finanzstabilitätsberichts der Deutschen Bundesbank, „Die Risikolage im deutschen Finanzsystem", 25. November 2014.

deutscher Banken in der Regel und im langjährigen Mittel bei unter 10% liegen, bei den privaten Banken wie auch bei den Landesbanken und Sparkassen in vielen Jahren sogar darunter, zum Beispiel im Jahr 2013 bei unter 5%.

Diese Daten müssen im Kontext der erforderlichen Kapitalkosten von Banken eingeordnet werden. Der Internationale Währungsfond (IWF) berichtet, dass die Rentabilität des Bankensektors global abnimmt. An dieser Stelle ist vor allem der Global Financial Stability Report 2015 zu nennen, der die Eigenkapitalrendite im Jahr 2014 auf 8% beziffert, verglichen mit 13% im Zeitraum zwischen 2000 und 2006.[5] Die Zahlen stammen aus einer Stichprobe von 300 weltweit operierenden Banken. Gleichzeitig schätzt der Bericht die gegenwärtigen Kapitalkosten durch die Anwendung des CAPM-Modells für ähnliche Banken auf ungefähr 13%, ein Rückgang gegenüber dem Höchststand im Jahr 2010, aber dennoch höher als der Durchschnitt im Zeitraum zwischen 2000 und 2005.[6] Angesichts dieser Zahlen scheint es deutschen Banken im Allgemeinen nicht möglich zu sein, die Kapitalkosten zu erwirtschaften, die von internationalen Investoren gefordert werden.

Diese Beobachtung wirft Fragen auf hinsichtlich der Nachhaltigkeit des deutschen Bankensektors – und *„damit sind wir bei der größten Herausforderung für den deutschen Bankensektor.“*[7] Denn das anhaltende Niedrigzinsumfeld hat die deutschen Banken gerade aufgrund der beschriebenen hohen Abhängigkeit von Zinserträgen unter Druck gesetzt. Einerseits sind die Kosten verzinslicher Verbindlichkeiten bereits bei der Null-Prozent-Grenze angekommen, andererseits fallen die Erträge aus verzinslichen Vermögenswerten kontinuierlich, da neue Kredite nur noch zu niedrigeren Zinsen als zuvor vergeben werden können. Diese Entwicklungen sind von besonderer Bedeutung für die Bankenaufsicht, die das Ziel verfolgt, ein gut funktionierendes System mittels des Instruments der mikro- und makroprudentiellen Aufsicht aufrechtzuerhalten. In diesem Zusammenhang hat die Bundesbank 1,459 kleine und mittelgroße deutsche Banken im Jahr 2014 zu ihrer Ertragserwartung in Zeiten niedriger Zinssätze befragt. Die Umfrage ergab, dass die Institute einen Rückgang ihrer Rentabilität um 25% bis zum Jahr 2019 erwarten. Es wurden verschiedene Zinssatzszenarien durchgespielt, bei denen die befragten Institute ihre Ertragserwartung angeben sollten. Die Ergebnisse der Bundesbankumfrage deuten darauf hin, dass die anhaltend niedrigen Zinssätze für deutsche Banken eine besondere Herausforderung darstellen.

---

5 International Monetary Fund (2015), Global Financial Stability Report, Seiten 17-21.

6 International Monetary Fund (2014), Global Financial Stability Report, Seiten 23.

7 Rede von Andreas Dombret anlässlich der Vorstellung des Finanzstabilitätsberichts (2015), „Die Lage im deutschen Bankensektor – Herausforderungen zwischen Ertragsschwäche und Niedrigzinsumfeld“, 25. November 2015.

3 Ergebnisse der empirischen Analyse

Diese Erkenntnisse sind Grundlage und Motivation für die Untersuchung von Dombret, Gündüz und Rocholl (2017), die auf der Zinsstatistik monetärer Finanzinstitute (MFI) der Bundesbank basiert. Anstatt die Zinssatzerwartungen kleiner und mittlerer Banken der oben beschriebenen Umfrage als Grundlage zu nehmen, ist es das Ziel dieser Untersuchung, das Kerngeschäft einer Bank und damit ihre Zinsmarge, also die Differenz zwischen den Zinserträgen aus Krediten und den Zinsaufwendungen für Einlagen, zu untersuchen. Die Forschungsfrage ist, ob das Kerngeschäft der Banken im Niedrigzinsumfeld noch profitabel ist. Eine Besonderheit des deutschen Bankenwesens gemäß Handelsgesetzbuch (HGB), §§ 340f und 340g, besteht darin, dass deutsche Banken in wirtschaftlich guten Zeiten stille und offene Reserven bilden können, die sie in schwierigen Zeiten wieder auflösen können. Im Prinzip können deutsche Banken diese Reserven besonders in Zeiten andauernder Stressphasen nutzen, wie sie durch anhaltende Niedrigzinssätze hervorgerufen werden. Daher konzentrieren wir uns insbesondere auf das Volumen an Reserven, das übrigbleibt, wenn man den projizierten Rückgang der Zinsmarge im Kerngeschäft berücksichtigt. Die empirischen Ergebnisse der Untersuchung ergeben, dass der projizierte Rückgang der Zinsmarge im Kerngeschäft ohne Nutzung der Reserven dazu führen wird, dass bis zum Jahr 2018 höchstens 20% der deutschen Banken eine Eigenkapitalrendite von 8% erwirtschaften werden. Nutzen die Banken allerdings die stillen und offenen Reserven in einer Weise, die es ermöglicht, die Höhe des jährlichen Nettoertrags auf dem Niveau des Jahres 2014 zu stabilisieren, so müssten bis zum Jahr 2018 nur 10% der Banken ihre Reserven vollständig auflösen, und nur 7% der Banken würden einen negativen Ertrag und aufgebrauchte Reserven aufweisen, vorausgesetzt die Bilanzen blieben statisch und die Banken sähen von anderen Maßnahmen ab.

Das Vorgehen bei der empirischen Untersuchung soll nachfolgend genauer beschrieben werden: Um die zukünftige Entwicklung der Zinsmarge im Kerngeschäft analysieren zu können, wird diese aus Flussdaten errechnet. Diese beinhalten das Volumen an neuen Geschäftsaktivitäten auf der Aktiv- und Passivseite einer Bank und die dazugehörigen Zinssätze. Voraussetzung für die Untersuchung sind die Annahmen über die Laufzeiten dieser Geschäftsaktivitäten, also dazu, über welchen Zeitraum Geschäftspartner Zinsen erhalten oder zahlen. Es wird dabei angenommen, dass beispielsweise für Einlagen privater Haushalte sowie nichtfinanzieller Kapitalgesellschaften mit einer Laufzeit unter einem Jahr Zinsen für ein halbes Jahr gezahlt werden, während für Einlagen mit einer Laufzeit von über zwei Jahren Zinsen für fünf Jahre gezahlt werden. Entsprechend wird für Kredite an Privathaushalte und nichtfinanzielle Kapitalgesellschaften mit einer Laufzeit zwischen einem und fünf Jahren angenommen, dass sie drei

Jahre lang Zinsen einbringen, während Haushaltskredite mit einer Laufzeit von über zehn Jahren 15 Jahre lang Zinsen einbringen.

In einer Analyse verschiedener Szenarien wird die Sensitivität der Zinsmarge im Kerngeschäft betrachtet. Als Ausgangsbasis wird dabei ein konstantes Niveau des Geschäftsvolumens aus dem Jahr 2015 angenommen. Eine weitere Annahme für die kommenden vier Jahre ist, dass das neue Einlagen- und Kreditvolumen der Banken trotz anhaltender Niedrigzinssätze sich nicht verändern wird. Drei Szenarien sind für die Untersuchung von besonderer Bedeutung: (i) die Zinssätze bleiben für die kommenden vier Jahre konstant, (ii) die Zinssätze fallen um 1% in den ersten zwei Jahren und bleiben dann für die nächsten zwei Jahre konstant, (iii) die Zinssätze bleiben in den ersten zwei Jahren konstant und steigen in den letzten zwei Jahren um 1%.[8] Ferner wird angenommen, dass unterschiedliche Formen der Weitergabe von Zinsen für Einlagen und Kredite vorliegen, in Übereinstimmung mit den Analysen der Europäischen Zentralbank (EZB) und der US-Notenbank (DeBondt, 2002; Driscoll and Judson, 2013). Daraus folgt, dass beispielsweise eine Erhöhung des Zinssatzes um 1,0% sich in einem Anstieg von 0,8% in den Kreditzinssätzen und einem Anstieg von 0,4% in den Einlagenzinssätzen widerspiegelt.

Die Ergebnisse zeigen, dass 1,500 oder 86,7% der Banken im Jahr 2018 nach Berücksichtigung des Rückgangs bei der Zinsmarge eine positive Eigenkapitalrendite aufweisen. Legt man allerdings erforderliche Kapitalkosten von 8% zugrunde, dann werden lediglich 345 oder 19,9% der Banken diese Kapitalkosten im Jahr 2018 erwirtschaften – unter der Annahme, dass keine Reserven aufgelöst werden. Zudem sollte erwähnt werden, dass 13,2% der Banken im Jahr 2018 negative Erträge erwirtschaften werden, wiederum bei der Annahme statischer Bilanzen. Nimmt man andererseits an, dass alle verbleibenden Reserven im Jahr 2018 als Einmaleffekt aufgelöst werden sollten, dann würden 1,542 oder 89% der Banken im Jahr 2018 ihre Kapitalkosten in Höhe von 8% erwirtschaften.

4 Gegenwärtige Handlungsimplikationen

Das deutsche Bankensystem ist traditionell als ertragsschwach zu bezeichnen. Eine im internationalen Vergleich sowohl hohe Aufwandsquote als auch hohe Abhängigkeit von Zinserträgen verstärken gerade in einer Phase anhaltender

8 Diese Szenarien ähneln jenen Stresstestannahmen in der Umfrage der Deutschen Bundesbank im Jahr 2015.

Niedrigzinsen den Druck auf das deutsche Bankensystem. Die Ergebnisse der vorliegenden Untersuchungen zeigen, dass die anhaltende Niedrigzinsperiode die von deutschen Banken zu erwirtschaftende Zinsmarge im Kerngeschäft reduzieren wird.

Daraus ergeben sich zwei unmittelbare Implikationen. Erstens müssen deutsche Banken ihre Aufwandsquote deutlich reduzieren. Dem deutschen Bankensektor ist es in der Vergangenheit nicht gelungen, die laufenden Betriebskosten signifikant zu senken. Auch wenn es vielfältige Versuche gegeben hat, Kosten zu reduzieren, hatten diese nur einen vorübergehenden Effekt. Der schon über die letzten Jahre deutlich erkennbare Rückgang bei der Anzahl an Bankfilialen in Deutschland dürfte sich in der kommenden Zeit verstärkt fortsetzen. Der Rückgang in der Zinsmarge spielt hier eine wichtige Rolle, das veränderte Kundenverhalten bei zunehmender Digitalisierung eine vielleicht noch bedeutendere. Die fortschreitenden Informationstechnologien eröffnen der Bankenwelt neue Möglichkeiten; dazu gehören die steigende Zahl der Onlinekonten, innovative Fintech-Lösungen und solide Alternativen, um die Zahl der P2P-Kredite zu erhöhen. Um die potentiellen Einsparmöglichkeiten im herkömmlichen Bankengeschäft ausschöpfen zu können, erscheint die technologische Revolution ein vielversprechenderer Weg. Damit könnte ein grundsätzlicher Wandel in der Kostenstruktur einhergehen. Ebenso sollte sich die Konsolidierung im Bankensektor weiter beschleunigen, die Anzahl der Banken in Deutschland wird sich weiter reduzieren, hier insbesondere bei den Sparkassen und Volksbanken.

Zweitens müssen Banken ihre Geschäftsmodelle überdenken. Mit dem Druck des Niedrigzinsumfelds auf die Margen der deutschen Banken wächst deren Anreiz, ihre Geschäftstätigkeiten und die relative Bedeutung von Zins- und Provisionserträgen zu überdenken. Im Bereich der Zinserträge und -aufwendungen werden Sichteinlagen mit einem Null-Prozent-Zinssatz derzeit teilweise über dem üblichen Marktniveau vergütet. Daher hängen die Zinsmargen davon ab, ob Banken in der Lage sind, genügend hochverzinsliche Kredite zu vergeben. Das Marktergebnis hängt jedoch entscheidend vom Umfang des Wettbewerbs ab; die niedrige Konzentration des deutschen Bankensystems könnte systematisch höhere Kreditmargen deutlich erschweren.

Banken werden sich daher gezwungen sehen, ihre Provisionserträge deutlich zu erhöhen. Die gegenwärtige Rechtsprechung setzt dieser Möglichkeit allerdings einige Grenzen. Dabei ist die ganze Bandbreite an Provisionserträgen zu betrachten, sowohl im Privat- als auch im Firmenkundengeschäft. Eine besondere Bedeutung kommt dabei den Provisionserträgen aus Kapitalmarkttransaktionen zu, also aus der Begleitung von Unternehmensfusionen und –übernahmen (M&A), Börsenneuemissionen (IPOs), Kapitalerhöhungen (SEOs) oder der Platzierung von Unternehmensanleihen. Bezeichnend hier ist, dass ausländische

Wettbewerber mit ihren Niederlassungen in Deutschland seit vielen Jahren einen Großteil und teilweise mehr als 80% dieser Provisionserträge für sich vereinnahmen, während deutsche Banken mit wenigen Ausnahmen in diesen Transaktionen keine Rolle spielen. Diese Erkenntnisse sollten dringend berücksichtigt werden bei der politischen und öffentlichen Betrachtung und Bewertung dieses auch volkswirtschaftlich bedeutenden Teils des Investmentbankings.

Die Ergebnisse dieser Untersuchung erweitern und ergänzen die Erkenntnisse aus der im Jahr 2015 in Deutschland von Bundesbank und Bundesanstalt für Finanzdienstleistungsaufsicht (BaFin) durchgeführten Umfrage zum Niedrigzinsumfeld. Die aus der Befragung von 1,459 kleinen und mittelgroßen deutschen Banken gewonnenen Erkenntnisse hatten schon gezeigt, dass der projizierte Vorsteuergewinn auf ein historisches Tief schrumpfen könnte. Wenn ähnliche Zinsszenarien für die zu erwirtschaftenden Zinserträge jener Banken der MFI-Stichprobe der Bundesbank durchgespielt werden, beobachtet man ebenfalls einen Rückgang der Zinsmarge bei den 230 Finanzinstituten, auch bei den größten deutschen Geschäftsbanken. Die neue Untersuchung baut auf die Ergebnisse der Umfrage auf und zeigt, dass diese großen Institute ihre Zinsmarge im Kerngeschäft auf ähnliche Weise erwirtschaften wie die kleinen und mittleren Institute, d.h., indem sie fällig gewordene, renditenstarke Kredite aus der Vergangenheit durch aktuelle Geschäftsabschlüsse mit geringeren Renditen ersetzen. Während die Zinssensitivität unter den Bankentypen variiert, so bleibt doch die grundsätzliche Herausforderung des Niedrigzinsumfelds für alle Banken gleich.

Steht das Schlimmste noch bevor? Die Zahlen für das Jahr 2016 belegen für alle deutsche Banken einen Rückgang um €0,9 Mrd. für Erträge aus dem traditionellen Zinsgeschäft. Ausgeglichen wurde dieser Rückgang allerdings durch einen Anstieg im Aktiengeschäft, durch nicht festverzinsliche Wertpapiere und durch Zinsen und Anteile an verbundenen Unternehmen, die insgesamt €2,5 Mrd. einbrachten. Diese speisten sich aus drei Quellen: (i) einer verhältnismäßig steilen Zinskurve, die (a) eine Fristentransformation profitabler macht und die (b) implizit zu höheren Volumeneffekten bei langfristigen Wohnungsbaudarlehen führt, (ii) einer fallenden Tendenz beim Niveau der Zinskurve, die eine Höherbewertung des derzeitigen Wertes der Vermögenswerte in der Zeitwertbilanzierung ermöglicht und (iii) einem Anstieg in Höhe von € 1,2 Mrd. an Provisionseinnahmen, die 23,8% des operativen Ergebnisses ausmachten, also 1,5 Prozentpunkte höher als das langjährige Mittel. Es ist allerdings unklar, ob die Zahlen sich langfristig auf diesem Niveau halten und dadurch die Stabilität des Bankensektors sichern können.

Während diese Untersuchung offene und stille Reserven als wichtige Absicherung gegen einen unmittelbaren negativen Einfluss der Niedrigzinsphase herausstellt, zeigen die beschriebenen Größenordnungen der Ertragsminderungen durch die Niedrigzinsphase die Notwendigkeit schnellen und nachhaltigen Handelns auf Seite der Banken. Die durch die Puffer gewonnene Zeit muss effektiv und effizient genutzt werden, um insbesondere die Aufwandsquote zu reduzieren und die Erträge zu diversifizieren. Die Erkenntnisse aus der Untersuchung zeigen damit die großen Herausforderungen der anhaltenden Niedrigzinsphase.

Sie implizieren allerdings nicht, dass eine Umkehr des Trends, also ein Anstieg des Zinsniveaus ausschließlich positive Auswirkungen nach sich ziehen würde. Das Zinsänderungsrisiko könnte im Gegenteil neue Herausforderungen für die Banken schaffen. Steigt nämlich der Zinssatz, werden langfristige Anlagen wie Wohnungsbaudarlehen, die zu Zeiten gewährt wurden, als der Zinssatz fast die Null-Prozent-Grenze erreicht hatte, kaum etwas einbringen. Die Zinsaufwendungen für neue Einlagen und kurzfristige Verbindlichkeiten könnten hingegen zunehmen. Die Bankenaufsicht wird also auch in diesem Fall weiter vor Herausforderungen stehen, vielleicht sogar vor noch größeren Herausforderungen als im jetzigen Umfeld.

Univ.-Prof. Dr. Matthias Casper, Universität Münster

Zulässigkeit von Bankenentgelten

DOI 10.1515/9783110577433-002

1 Ausgangspunkt

1.1 Fragestellung und Vorgehensweise

Die langanhaltende Niedrigzinsphase hat dazu geführt, dass sich die Einnahmesituation der Kreditwirtschaft nachhaltig verschlechtert hat, wegen der Einzelheiten sei auf den Beitrag von *Rocholl* in diesem Band verwiesen. So liegt es nahe, dass Banken verstärkt nach neuen Einnahmequellen Ausschau halten, um auch langfristig ertrags- und damit auch international konkurrenzfähig zu bleiben. Folglich sind auf breiter Front in der deutschen Kreditwirtschaft neue Gebührenmodelle zu verzeichnen, die neben erhöhten Pauschalen für die Kontoführung auch auf die Bepreisung einzelner Leistungen setzen. Die Vereinbarung von Postenentgelten, also einer Gebühr pro Buchungsposten, ist ein Paradebeispiel für diesen Ansatz. Aber auch die vermehrt zu beobachtende Gebühr für die Versendung von Transaktionsnummern per SMS gehört in diesen Kontext. Nicht zuletzt, und wirtschaftlich von durchaus größerer Bedeutung, sind in diesem Zusammenhang Bearbeitungsentgelte für den Abschluss eines Darlehensvertrages zu nennen, mit denen der einmalige Aufwand bei Begründung des Darlehens, wie die Prüfung der Kreditwürdigkeit, der Werthaltigkeitsprüfung von Sicherheiten und die interne Dokumentation und Einrichtung entsprechender Konten bepreist wurde, was die Rechtsprechung jedoch zunächst 2014 für Verbraucherverträge und nunmehr im Sommer 2017 flächendeckend untersagt hat (vgl. sub 3. 2).

Da die Vereinbarung derartiger Gebühren in der Praxis fast ausschließlich durch AGB geschieht, hat sich die AGB-Kontrolle von Entgelten insoweit in den letzten Jahren zum Lackmustest für Bankenentgelte entwickelt. Diese Rechtsprechung ist seit den frühen 1990er Jahren stetig fortentwickelt worden. Den Startschuss bildete die Grundsatzentscheidung in BGHZ 114, 330 und insbes. BGHZ 124, 254 zu Entgelten für Baraus- und/oder -einzahlungen auf das eigene Konto, die heute wie unter 4.2) zu zeigen sein wird, jedoch durch das heutige Zahlungsdiensterecht überholt ist. In einer Vielzahl von Entscheidungen, die vor allem in den letzten fünf Jahren deutlich zugenommen haben, hat der XI. Zivilsenat die Entgeltpolitik der Kreditwirtschaft in ein enges AGB-rechtliches Korsett geschnürt. Die so erreichte, gebührenrechtlich noch zulässige Taille hat dabei ein viktorianisches Maß angenommen, das kaum noch zu steigern ist. Wie im Folgenden näher herauszuarbeiten sein wird, werden sämtliche Entgelte von der Rechtsprechung konsequent untersagt, die für die Erfüllung gesetzlicher oder nebenvertraglicher Pflichten oder aber für Leistungen erhoben werden, die ausschließlich oder überwiegend im eigenen wirtschaftlichen Interesse erbracht werden. Dem sog. Verursacherprinzip, wonach diejenigen Kunden nur für solche Leistungen zahlen, die sie auch wirklich in Anspruch genommen haben bzw. diejenigen Kunden gesondert zur Kasse gebeten werden, die zusätzlichen Aufwand produzieren, hat der BGH schon früh eine Absage erteilt.[1] Dies hat zur Folge, dass Banken zunehmend dazu übergehen, sämtlichen Aufwand in den Darlehenszins oder in pauschale Kontoführungsgebühren einzupreisen. Dies wiederum verursacht einen rechtsökonomisch bedenklichen All-inclusive-Zwang.[2] Es ist eine Binsenweisheit, dass der asketisch lebende Kunde mit einer All-inclusive-Pauschalreise schlecht beraten ist, bei der man nach dem Frühstück mit Sekt und Lachs schon vormittags am Pool kostenfrei zum ersten Cocktail übergehen kann, um sodann – *für umme* – beim Mittag- und beim Abendessen wieder so richtig zuzulangen. Denn er bezahlt denselben Reisepreis wie der Völlerer, auch wenn er morgens nur sein Müsli verspeist und allenfalls abends einem Glas Rotwein zuspricht. Nun kann der Reisende dieser Quersubventionierung des Genusssüchtigen leicht entgehen, indem er am Markt eine Reise ohne All-inclusive bucht, die sich auf Übernachtung ggf. mit Frühstück beschränkt. Dem Bankkunden scheint diese Möglichkeit – wie im Folgenden näher darzulegen sein wird – aber zunehmend verwehrt zu werden.

Nach diesem eher narrativen Problemaufriss wird es also notwendig sein, die Grundsätze der AGB-rechtlichen Rechtsprechung zur Kontrolle von Bankenentgelten, wie sie sich in den vergangenen knapp 30 Jahren entwickelt haben, nochmals nachzuzeichnen (sub 1.2). Dabei werden die beiden neuralgischen Ansatzpunkte, nämlich die Frage, ob nach § 307 Abs. 3 S. 1 BGB nicht eine kontrollfreie Hauptleistung vorliegt und die Frage, wann ein Entgelt den Kunden nach § 307 Abs. 1 und Abs. 2 BGB unangemessen benachteiligt und somit im Wege der Inhaltskontrolle zu beanstanden ist, zu unterscheiden sein. Sodann sollen einzelne Fallgruppen aus der bankbetriebswirtschaftlichen Landschaft näher auf ihre AGB-rechtliche Zulässigkeit hin untersucht werden. Dabei werden

---

1 Grundlegend dazu weiterhin *Canaris*, AcP 200 (2000), 273, 337 ff.; allg. zur ökonomischen Analyse von Bankenentgelten *Köndgen*, ZBB 1997, 117 ff.

2 Erstmals deutlich herausgearbeitet *Bitter*, ZBB 2007, 237, 242 f. sowie ZIP 2008, 2155, 2158 ff.; s. auch *ders.*, JZ 2015, 170 ff. In diesem Sinne auch *Becher/Krepold*, BKR 2014, 45, 55; *Müller/Marchant/Eilers*, BB 2017, 2243, 2246.

zunächst verschiedene Kontoführungsmodelle im Vordergrund stehen, da insoweit die AGB-rechtlichen Fragen noch nicht vollständig ausdiskutiert sind (vgl. 2). Anschließend wird abermals die neuere Rechtsprechung zu Bearbeitungsentgelten bei Darlehensverträgen aufgearbeitet. Angesichts der nunmehr flächendeckenden Stellungnahmen des BGH zu Verbraucherdarlehen, gewerblichen Krediten sowie Förder- und Bauspardarlehen wird sich die Darstellung neben einer grundsätzlichen Kritik an dieser Rechtsprechung vor allem auf offene Folgefragen beschränken. Dazu zählt in erster Linie die Frage, ob durch das alternative Angebot eines Darlehensvertrages mit und ohne Abschlussgebühren und jeweils einem unterschiedlich hohen Zinsniveau die Kontrollfreiheit nach § 307 Abs. 3 S. 1 BGB wieder eröffnet werden kann. Ferner wird der Frage nachzuspüren sein, ob die Erbringung von echten Sonderleistungen neben der Finanzierung, wie etwa die Übernahme von Beratungsfunktionen im Rahmen einer Bauträgerfinanzierung, zur Vereinbarung einer gesonderten Vergütung berechtigt. Abschließend soll untersucht werden, ob das bisherige AGB-rechtliche Verbot, Nebenleistungen gesondert zu bepreisen, durch §§ 675f Abs. 5 S. 2, § 675d Abs. 3 BGB oder aber § 675o Abs. 1 S. 4 BGB ins Wanken geraten ist. Alle drei Vorschriften, zu denen sich soeben § 675l Abs. 1 S. 3 BGB n.F. hinzugesellt hat, könnten als eine ansatzweise Wiederbelebung des Verursacherprinzips verstanden werden. Dies soll anhand einiger aktueller Beispiele illustriert werden, wozu vier Fallgruppen aus der aktuellen Diskussion herausgegriffen werden: Gebühren für den SMS-Versand von Transaktionsnummern, die Bepreisung des Aussetzens von Daueraufträgen oder der Erstellung von Zweitschriften sowie Gebühren für die Rückgabe von SPEA-Lastschriften mangels Deckung.

1.2 Kontrollfähigkeit (§ 307 Abs. 3 S. 1 BGB) – die Position des BGH im Überblick

1.2.1 Keine Inhaltskontrolle des Preises der vertraglichen Hauptleistung

Zu Recht geht die ständige Rechtsprechung des XI. Senats davon aus, dass die Parteien aufgrund der verfassungsrechtlich verbrieften Privatautonomie sowie unter Rückgriff auf § 307 Abs. 3 S. 1 BGB „Leistung und Gegenleistung grundsätzlich frei bestimmen können“ und somit sog. Preishauptabreden, „die Art und Umfang der vertraglichen Hauptleistungspflicht und den dafür zu zahlenden Preis unmittelbar regeln, ... der Inhaltskontrolle“ entzogen sind.[3] Damit wird die Bestimmung

3 BGH, Urt. v. 30.11.1993 – XI ZR 80/93, BGHZ 124, 254, 256 – Ein- und Auszahlungen; BGH, Urt.

der Hauptleistung zur Gretchenfrage. Dies hat sich nicht zuletzt bei den Entscheidungen zu Bearbeitungsentgelten bei Darlehensverträgen gezeigt, wo es auch maßgeblich um die Frage ging, ob der Darlehensvertrag nur ein synallagmatisch verknüpftes Paar von Hauptleistungspflichten, nämlich die Pflicht zur Überlassung der Darlehensvaluta und die daraus resultierende Pflicht zur Zinszahlung kenne oder ob auch die Zurverfügungstellung der Darlehensvaluta zu den Hauptleistungspflichten zähle und somit gesondert bepreist werden kann. Denn zu bloßen Nebenleistungen, seien sie vertraglicher oder gesetzlicher Natur, hat die Rechtsprechung seit Jahren eine klare Position entwickelt. Sie lautet: „Kontrollfähig sind dagegen (Preis-)Nebenabreden, das heißt Abreden, die zwar mittelbar Auswirkungen auf Preis und Leistung haben, an deren Stelle aber, wenn eine wirksame vertragliche Regelung fehlt, dispositives Gesetzesrecht treten kann".[4] Zu einer engen Interpretation des Begriffs der Hauptleistung durch die Rechtsprechung hat aber auch beigetragen, dass der Begriff der Rechtsvorschrift iSd. § 307 Abs. 3 S. 1 BGB weit ausgelegt worden ist. Hierzu zählen nicht nur Gesetzesvorschriften im Sinne eines formellen Gesetzes, sondern auch allgemein anerkannte Rechtsgrundsätze, die die wesentlichen Rechte und Pflichten beschreiben, die sich aus der Natur des jeweiligen Vertragsverhältnisses ergeben.[5] Insbesondere Letzteres führt dazu, dass es sich bei der Diskussion um das Vorliegen einer kontrollfreien Preishauptabrede und der unangemessenen Benachteiligung iSd. § 307 Abs. 1 BGB um ein System miteinander kommunizierender Röhren handelt. Auffällig ist dabei zweierlei: Eine Grundlagenentscheidung, die eine Inhaltskontrolle unter Rückgriff auf § 307 Abs. 3 S. 1 BGB verneint, fehlt. Auch wenn jüngst in einer Entscheidung zu Förderdarlehen der KfW ausnahmsweise einmal ein Bearbeitungsentgelt als kontrollfreie Hauptleistung anerkannt wurde,[6] kann hieraus nicht viel verallgemeinernder Honig gesogen werden, da die Entscheidung eine Sondersituation, nämlich die Vergabe von Darlehen mit günstigen Zinsen aufgrund des Einsatzes staatlicher Fördermittel, betraf. Auch sind Fälle selten, in denen einerseits das Vorliegen einer kontrollfähigen Preisnebenabrede bejaht, andererseits eine unangemessene Benachteiligung verneint wird. Auch das insoweit in jüngerer Zeit aufgetauchte Beispiel BGHZ 187, 360 betraf eine Sondersituation, nämlich die Zulässigkeit der Abschlussgebühr bei Bausparverträgen.[7]

v. 07.05.1991 – XI ZR 244/90, BGHZ 114, 330, 333 – Ausfertigung von Löschungsbewilligungen bei Grundpfandrechten.

4 So grundlegend erstmals BGH, Urt. v. 15.07.1997 – XI ZR 269/96, BGHZ 136, 261, 264 – kein Entgelt für die Bearbeitung eines steuerlichen Freistellungsauftrages.

5 Palandt/*Grüneberg*, BGB, 78. Aufl. 2018, § 307 Rn. 51.

6 BGH, Urt. v. 16.02.2016 – XI ZR 454/14, BGHZ 209, 71, Rn. 20, 22, 25.

7 BGH, Urt. v. 07.12.2010 – XI ZR 3/10, BGHZ 187, 360, Rn. 17, 47 ff. – im Gegensatz zu den auch bei

Damit zeigt sich, dass in einer großen Vielzahl der Urteile eine Verneinung der Kontrollfreiheit quasi mit denselben oder spiegelbildlichen Argumenten auch zur Unangemessenheit im Rahmen der Inhaltskontrolle führt. Auch wenn sich eine gewisse Parallelität der Argumente im Bereich des grundlegenden Pflichtenkanons nicht verleugnen lässt, ist doch gleichwohl vor einem Automatismus oder Gleichlauf nachdrücklich zu warnen.[8] Die gilt vor allem im Bereich gewerblicher Kunden. Den Besonderheiten des unternehmerischen Verkehrs ist gerade im Wege einer Interessenabwägung im Rahmen des § 307 Abs. 1 BGB Rechnung zu tragen. Derartige Argumente können naturgemäß noch nicht auf der Ebene der Kontrollfreiheit berücksichtigt werden. Folglich ist dem in der Rechtsprechung seit vielen Jahren zu beobachtenden System der kommunizierenden Röhren zwischen § 307 Abs. 3 S. 1 BGB und der Inhaltskontrolle mit großer Skepsis zu begegnen, wie im Folgenden vor allem für den Bereich der Weitergabe von Betriebskosten oder Aufwand für eine Tätigkeit im eigenen Interesse zu zeigen sein wird.

1.2.2 Kontrollfreiheit von rechtlich nicht geregelten, zusätzlich angebotenen Sonderleistungen

Zur zweiten Fallgruppe von Preisklauseln, die nach ständiger Rechtsprechung des BGH ebenfalls kontrollfähig sind, zählen Abreden, wonach Sonderleistungen erbracht werden, zu deren Erbingen die Bank aber ohnehin schon nebenvertraglich verpflichtet ist. Nur solche „Klauseln, die das Entgelt für eine zusätzlich angebotene Sonderleistung regeln, wenn für die Frage einer solchen Sonderleistung keine rechtlichen Regelungen bestehen“ sind der Inhaltskontrolle entzogen.[9] Diese Fallgruppe kann man als unechte Preisnebenabreden bezeichnen, die keine echte (Gegen-)Leistung zum Gegenstand haben.[10] Auch insoweit ist eine trennscharfe Abgrenzung zur unangemessenen Benachteiligung oft nicht möglich, sodass das System der kommunizierenden Röhren verstärkt wird. Gleichwohl wird diese Fallgruppe im Bereich der Darlehensverträge künftig an Bedeutung gewinnen. Nachdem die Rechtsprechung Bearbeitungsentgelte flä-

Bauspardarlehen unzulässigen Abschlussgebühren, vgl. BGH, Urt. v. 08.11.2016 – XI ZR 552/15, WM 2017, 87, Rn. 16, 31 ff. und näher zum Ganzen unten 3.4.

8 Kritisch zum Ganzen auch *Servartius*, ZIP 2017, 745, 747 ff., der insoweit plastisch von einer verkappten Inhaltskontrolle im Rahmen des § 307 Abs. 3 BGB spricht.

9 BGH, Urt. v. 14.10.1997 – XI ZR 167/96, BGHZ 137, 27, 29 f. – Sonderentgelte für Kreditkarteneinsatz im Ausland.

10 BGH, Urt. 16.02.2016 – XI ZR 454/14, WM 2016, 699 Rn. 23 – Darlehensabschlussgebühren (für BGHZ vorgesehen).

chendeckend für unwirksam erklärt hat, wird in der weiteren Debatte herauszuarbeiten sein, unter welchen Voraussetzungen eine zusätzliche (Service-)Leistung erbracht wird, auf die der Kunde nach dem Vertragstyp Darlehen gerade keinen Anspruch hat. Die bisherige Kasuistik hat insoweit noch keine klare Linie zu Tage gefördert. Bei einem Darlehen soll zumindest in der Zinsfestschreibungsphase die Einräumung von Sondertilgungsrechten eine zusätzliche Leistung sein, für deren Gewährung ein zusätzliches Entgelt in Form einer Einmalzahlung (Bearbeitungsentgelt) verlangt werden kann.[11] Verallgemeinernd wird man sagen können, dass es sich also nicht um eine nach dem jeweiligen Leitbild des Vertrages atypische Leistung wird handeln müssen, sondern vielmehr jede zusätzliche Leistung genügt, die nach dem Leitbild des konkreten Vertrages nicht bereits als vertragliche Nebenleistung geschuldet ist.

1.2.3 Weitergabe von Betriebskosten oder Aufwand für eine Tätigkeit im eigenen Interesse

Ein wirklicher Dammbruch der beiden miteinander kommunizierenden Röhren wird ausgelöst, wenn man bereits im Rahmen des § 307 Abs. 3 S. 1 BGB danach fragt, ob eine Klausel dazu dient, allgemeine Betriebskosten, den Aufwand für die Erfüllung eigener Pflichten oder die Kosten für Tätigkeiten im eigenen Interesse auf den Kunden abzuwälzen. Dies hat die Rechtsprechung in der Vergangenheit wiederholt getan und primär oder ausschließlich mit diesem Argument eine Kontrollfähigkeit bejaht.[12] Dieses Argument ist indes mehr als bedenklich.[13] Mit derselben Begründung könnte man auch die pauschale Kontoführungsgebühr oder die Festlegung der konkreten Zinshöhe für kontrollfähig erklären, was bisher freilich von niemandem auch nur ansatzweise erwogen worden ist. Vielmehr besteht allseitige Einigkeit, dass die Kreditinstitute mit dieser Vergütung Gewinn erwirtschaften dürfen, was freilich unabdingbar voraussetzt, dass zunächst angefallene Fixkosten oder die jeweiligen Gemeinkosten im Zusammenhang mit dem Vertrag an den Kunden weitergegeben worden sind. Dass diese Betriebskosten auch im eigenen Interesse erbracht werden, wird man nicht ernsthaft bezweifeln können. Selbstverständlich kann man mit der Rechtsprechung die Urkonstella-

---

11 BGH (Fn. 10) Rn. 24.

12 So etwa BGHZ 201, 168, Rn. 24 – Abschlussgebühr beim Verbraucherdarlehensvertrag; BGH WM 2015, 519, Rn. 9 – Preis pro Buchungsposten; BGH WM 2016, 35, Rn. 16 – Entgelt für Ersatzkarte.

13 Zu Recht kritisch deshalb auch *Servartius*, ZIP 2017, 745, 749 ff.

tionen des § 307 Abs. 3 S. 1 dadurch retten, dass man in einem engen Bereich geradezu vertragsprägender Hauptleistungen auf dieses Kriterium nicht zurückgreift. Jedoch zeigt sich durch eine derartige Konstruktion, wie fragwürdig dieses Argument insgesamt ist. Es hat zumindest auf der Ebene des § 307 Abs. 3 S. 1 BGB nichts zu suchen und ist allenfalls auf der Ebene der Inhaltskontrolle aufzugreifen. Insgesamt ist es aber gerade dieses Argument, das einem nicht veranlassten All-inclusive-Denken weiter Vorschub leistet.

1.3 Die Leitlinien des XI. Senats zur Inhaltskontrolle von Entgelten in der Kreditwirtschaft

Mustert man die bisherige Rechtsprechung des BGH zur Inhaltskontrolle von Entgelten durch, so zeigt sich abermals das System kommunizierender Röhren. Die Argumente und Fallgruppen, die für § 307 Abs. 3 S. 1 BGB maßgeblich waren, spielen auch für die Frage, ob eine unangemessene Benachteiligung vorliegt, eine zentrale Rolle. Dies wird deutlich, wenn man die drei Konstellationen betrachtet, in denen der XI. Senat regelmäßig eine Inhaltskontrolle bejaht. Danach greift § 307 Abs. 1 bzw. Abs. 2 BGB ein, wenn:
1. das Entgelt für eine Leistung erhoben wird, die die Bank bereits von Gesetzes wegen erbringen muss,
2. das Entgelt eine Tätigkeit vergütet, die die Bank schon aus einer Nebenpflicht zum Vertrag schuldet,
3. das Entgelt eine Tätigkeit vergütet, die die Bank ganz oder überwiegend im eigenen Interesse erbringt.

Zumindest das zuletzt genannte Kriterium ist auch in diesem Zusammenhang bedenklich. Es verkennt, dass Banken wie jeder Unternehmer stets und zuvörderst im eigenen Interesse handeln, da sie ein unternehmerisches Risiko übernommen haben. Auch wenn Banken aufgrund ihrer besonderen Stellung als Beauftragter und als Dienstleister die Interessen ihrer Kunden zu wahren haben, bleiben sie private Unternehmen, die Gewinne erwirtschaften wollen und sollen. Eine zu starke Beschneidung der Preisgestaltungsfreiheit ist bedenklich. In jedem Fall ist deshalb davor zu warnen, es zum tragenden oder gar zum alleinigen Argument in der Inhaltskontrolle zu erheben. Vielmehr kann es allenfalls – gerade im b-to-b-Verkehr nur als ein mögliches Argument in die Gesamtabwägung eingestellt werden.

Aufgabe dieses Beitrages ist es nicht, sämtliche Entscheidungen zu Bankenentgelten nochmals darzustellen, um diese Systematisierung im Einzelnen zu untermauern. Insoweit kann auf die schon vorhandenen Darstellungen zur

Entgeltkontrolle verwiesen werden.[14] Vielmehr hat sich dieser Aufsatz das Ziel gesetzt, aktuelle und im Fluss befindliche Entwicklungen, die auch Auswirkungen auf die momentan zu beobachtende Neujustierung der Gebührenmodelle in der Kreditwirtschaft zeitigen, auszuloten und zu kommentieren.

2 Kontoführungsgebühren

2.1 All-inclusive-Modelle beim Girokonto

Eine weiterhin weitverbreitete Form der Bepreisung von Girokonten stellt die monatlich zu entrichtende Kontoführungspausale dar, die sämtliche Leistungen im Zusammenhang mit dem Girokonto, insbesondere alle Buchungen umfasst. Nur die Ausgabe von Zahlungskarten, die nach dem ZAG ein eigenes Zahlungsgeschäft (§ 1 Abs. 1 S. 2 Nr. 3 lit. b ZAG) bildet, wird in der Regel gesondert in Rechnung gestellt. Eine Kontoführungsgebühr von bspw. 9,95 Euro pro Monat, die alle Leistungen abdeckt, ist aus der All-inclusive-Sicht des Bundesgerichtshofs die erstrebenswerte Idealform der Bepreisung eines Girokontos. Derartige Kontoführungsentgelte sind bereits wegen § 307 Abs. 3 S. 1 BGB nicht zu beanstanden, da es sich um die Hauptleistung des Kunden aus dem mit der Bank geschlossenen Zahlungsdiensterahmenvertrag handelt. Man könnte geneigt sein, dieses Ergebnis auch über einen Rückgriff auf § 675f Abs. 5 S. 1 BGB abzusichern, der klarstellt, dass der Kunde die für die Erbringung von Zahlungsdiensten vereinbarte Gegenleistung zu erbringen hat. § 675f Abs. 5 S. 1 BGB ist somit die speziellere Norm zu § 307 Abs. 3 S. 1 BGB oder begründet zumindest im Rahmen der Inhaltskontrolle ein entsprechendes Leitbild.[15] Die höchstrichterliche Rechtsprechung hat sich bisher zwar noch nicht ausdrücklich mit derartigen Kontoführungsmodellen beschäftigt,[16] was aber nicht bedeutet, dass an dem hier gefundenen Ergebnis irgendwelche Zweifel bestehen.[17] Vielmehr dürfte die Rechtsprechung bisher nur

---

14 Vgl. etwa Derleder/Knops/Bamberger/Knops/*Pallas*, Handbuch zum deutschen und europäischen Bank- und Kapitalmarktrecht, Band 2, 3. Aufl. 2017, § 15 Rn. 8 ff., Schimansky/Bunte/Lwowski/*Bunte*, Bankrechts-Handbuch, Band 1, 5. Aufl. 2017, § 17 Rn. 23 ff. sowie *Kropf/Habl*, BKR 2012, 141 ff.; *dies*. BKR 2013, 103 ff.; *dies*. BKR 2014, 145 ff.; *dies*., BKR 2015, 316 ff.

15 Für Letzteres MünchKommBGB/*Casper*, 7. Aufl. 2017, § 675f Rn. 52.

16 Andeutungsweise aber zumindest OLG Düsseldorf, Urt. v. 08.06.2000 – Az. 6 U 145/99 (Rn. 40 nach juris).

17 Ebenso Schimansky/Bunte/Lwowski/*Bunte*, Bankrechts-Handbuch, Band 1, 5. Aufl. 2017, § 17 Rn. 29; Derleder/Knops/Bamberger/*Knops/Pallas*, Handbuch zum deutschen und europäischen

keine Möglichkeit gehabt haben, sich mit dieser Form der Bepreisung zu beschäftigen, da zu Recht niemand auf die Idee kommt, ein derartiges Gebührenmodell zu beanstanden. Dass insoweit auch Leistungen eingepreist werden, die die Bank im eigenen Interesse erbringt, ist auch nach der Ansicht des BGH – wie beim Zins –[18] nicht zu beanstanden. Aus einer rechtsökonomischen Perspektive ist diese Tendenz indes bedenklich, da dieses Modell dazu führt, dass Kunden, die wenig Aufwand verursachen, Kunden mit Sonderwünschen bzw. einem hohen Aufwand mitfinanzieren müssen, da die Banken zur Quersubventionierung gezwungen werden.

2.2 Modelle mit Postenentgelten

Das Gegenmodell zur Kontoführungspauschale bilden – neben kostenfreien Girokonten, die angesichts der Ertragslage stark im Rückzug begriffen sind – die Postenentgelte. Typischerweise wird ein Entgelt pro Buchungsposten erhoben, wobei die Summen in der aktuellen Bankpraxis zwischen 0,10 und 0,50 Euro schwanken und maßgeblich davon abhängen, ob neben den Postenentgelten auch noch eine moderate Grundgebühr vereinbart ist (zu diesen Kombinationsmodellen vgl. sogleich unter 2.3). Postenentgelte werden in der neueren Rechtsprechung zunehmend kritisch beurteilt. Die von der Rechtsprechung gezogenen Grenzen lassen sich in zwei Kategorien einteilen.

2.2.1 Freiposten für Barabhebungen

In zwei Entscheidungen aus den Jahren 1993 und 1996 hatte der BGH die Bepreisung von Bargeldabhebungen am Kassenschalter mit der Begründung beanstandet, dass ein Entgelt für den Rückzahlungsanspruch aus einer irregulären Verwahrung (Girokonto) den Kunden unangemessen benachteilige.[19] Allerdings wurden Postenentgelte im Allgemeinen gebilligt, sofern dem Kunden im Monat mindestens fünf Freibuchungen für Bargeldabhebungen am Schalter zugestan-

Bank- und Kapitalmarktrecht, Band 2, 3. Aufl. 2017, § 15 Rn. 46.

18 BGH, Urt. v. 15.07.1997 – XI ZR 269/96, BGHZ 136, 261, 266; BGH, Urt. v. 13.05.2014 – XI ZR 405/12, BGHZ 201, 168, Rn. 66 und BGH, Urt. v. 16.02.2016 – XI ZR 454/14, BGHZ 209, 71, Rn. 39 f. Indirekt auch BGH, Urt. v. 04.07.2017 – XI ZR 562/15, NJW 2017, 2986, Rn. 19.

19 BGH, Urt. v. 30.11.1993 – XI ZR 80/93, BGHZ 124, 254 ff. sowie BGH, Urt. v. 07.05.1996 – XI ZR 217/95, BGHZ 133, 10 ff.

den werden. Damit waren Postenentgelte zumindest im Grundsatz anerkannt. Diese Rechtsprechung hat sich freilich seit November 2009 durch die Einführung von § 675f Abs. 4 S. 1 (nunmehr Abs. 5 S. 1) BGB erledigt.[20] Ein- und Auszahlungen von Bargeld sind Zahlungsdienste (§ 1 Abs. 2 Nr. 1 ZAG) und somit gesondert bepreisbar. Mit § 675f Abs. 5 S. 1 BGB hat der Gesetzgeber ein Leitbild im Gesetz verankert, nach dem die Bepreisung von Barauszahlungen zulässig ist. Die Höhe der vereinbarten Entgelte ist im Rahmen des Abs. 4 S. 1 grundsätzlich nicht beschränkt. Es gelten allerdings die Vorgaben der VO (EG) 924/2009 über grenzüberschreitende Zahlungen in Euro in ihrer durch die VO (EU) 260/2012 geänderten Fassung. Danach dürfen für grenzüberschreitende Zahlungsvorgänge innerhalb des EWR keine höheren Gebühren als für vergleichbare Zahlungsvorgänge im Inland erhoben werden.

Selbst wenn man § 675f Abs. 5 S. 1 BGB nicht für anwendbar hält, wird man abweichend von der rechtstatsächlichen Ausgangslage in den Jahren 1993/1996 ein Modell, das Auszahlungsgebühren am Schalter verlangt, dann nicht beanstanden können, wenn zum einen die Auszahlung am Geldausgabeautomaten (GAA) kostenfrei ist und der Kunde zum anderen zwischen einem „online"- und einem „analogen"-Kontoführungsmodell wählen kann, bei dem Barauszahlungen am Schalter umsonst oder durch Freiposten abgedeckt sind.[21] Selbst wenn man in derartigen Fällen § 307 Abs. 3 S. 1 BGB wegen der Wahlmöglichkeit nicht für anwendbar erachtet, würde die Möglichkeit kostenlos Geld abheben zu können, einer Beanstandung nach § 307 Abs. 1 BGB entgegenstehen. Eine Verweisung auf den GAA ist in der heutigen Zeit nicht mehr zu beanstanden, sofern die Bank dem Kunden eine wie auch immer geartete Zahlungskarte aushändigt, die zumindest den Zugang zu den institutseigenen GAA ermöglicht. Es ist ein berechtigtes Interesse der Bank anzuerkennen, die Kosten für die Sicherung von Bargeldbeständen und den Personalaufwand für die Bargeldauszahlung möglichst gering zu halten, sodass der „nostalgische" Wunsch, Geld am Schalter mit dem freundlichen Lächeln eines Kassiers entgegenzunehmen, hintanzustehen hat.

---

20 MünchKommBGB/*Casper*, 7. Aufl. 2017, § 675f Rn. 52; OLG Bamberg WM 2013, 1705, 1706. Die anschließende aufhebende Revision stützt der BGH gerade nicht auf die Einordnung als Hauptleistungspflicht, BGH, Urt. v. 27.01.2015 – XI ZR 174/13, WM 2015, 519, Rn. 15; offenlassend allerdings noch BGH, Urt. v. 28.07.2015 – XI ZR 434/14, BGHZ 206, 305, Rn. 33 f.

21 Überzeugend LG Hannover, Urt. v. 16.11.2004 – 14 O 209/02, S. 6, n.V. unter Hinweis auf LG München I, Urt. v. 13.07.2004 – 4 O 9529/03, Bl. II 377 ff. d.A., n.V.

2.2.2 Keine Bepreisung von Stornobuchungen

Daneben hat der Bundesgerichtshof in jüngerer Zeit mehrfach entschieden, dass mittels Postenklauseln keine Entgelte für Stornobuchungen, insbesondere nicht für solche nach § 675u S. 2, 675y Abs. 1 S. 2, Abs. 2 S. 2 und Abs. 4 BGB verlangt werden dürfen. Dies gilt nicht nur im Verkehr mit Verbrauchern, sondern auch mit Unternehmern.[22] Dabei wurden pauschal formulierte Klauseln wie „Preis pro Posten 0,32 Euro“ beanstandet, da ein Verbraucher sie dahin verstehen könne, dass hierdurch auch Stornobuchungen erfasst würden. Diese Interpretation beinhaltet eine Übersteigerung des Grundsatzes der kundenfeindlichsten Auslegung. Aus der Natur der Stornobuchung, die eine kostenpflichtige Belastungs- oder Habenbuchung rückabwickelt, folgt bei verständiger Auslegung vielmehr, dass die Buchung einschließlich des Postenentgelts rückabgewickelt wird, der Kunde also so stehen würde, als wäre die Buchung nie erfolgt. Die gegenteilige Auffassung des XI. Senats wird nur dazu führen, dass die AGB künftig alle möglichen Stornobuchungen detailliert beschreiben werden, um sie sodann von dem Postenentgelt auszunehmen. Ob dies die Transparenz der AGB steigert, darf nachhaltig bezweifelt werden. Erste Beispiele für diese Tendenz finden sich bereits in der instanzgerichtlichen Rechtsprechung. So soll die Formulierung „Preis wird nur erhoben, wenn die Buchungen im Auftrag oder Interesse des Kunden fehlerfrei erfolgen“ den vom BGH aufgestellten Anforderungen nach dieser Auffassung nicht genügen.[23] Akzeptiert man die Sichtweise des BGH, ist diese Auslegung zumindest konsequent. Geboten ist dann eine ausdrückliche Nennung der jeweiligen kostenfreien Stornobuchungen. Denkbar wäre z.B.: „Ausgenommen sind alle Stornobuchungen, insbesondere solche nach § 675u S. 2, 675y Abs. 1 S. 2, Abs. 2 S. 2 und Abs. 4 BGB“.

2.3 Kombinationsmodelle

Die vorstehend skizzierten Einschränkungen gelten auch dann, wenn Postenentgelte mit einer moderaten Grundgebühr kombiniert werden. Die Höhe des Postenentgelts ist nach § 307 Abs. 3 S. 1 BGB der Inhaltskontrolle entzogen. Ob bei dessen Kalkulation auch allgemeine Betriebskosten oder Leistungen im Interesse der Bank auf den Kunden abgewälzt werden, ist unerheblich. Etwas anderes gilt

22 BGH, Urt. v. 28.07.2015 – XI ZR 434/14, WM 2015, 1704, Rn. 42.

23 So LG Frankenthal, Urt. v. 17.12.2015 – 7 O 210/15, BeckRS 2016, 03366.

nur dann, wenn das Postenentgelt nicht für jede Buchung, sondern nur für ganz bestimmte Buchungen im Zusammenhang mit einer Einzelleistung erhoben wird.

AGB-rechtlich ebenfalls nicht zu beanstanden sind Postenentgelte, die *nur* für papiergestützte Buchungen erhoben werden. § 675s Abs. 1 S. 3 BGB liegt die für § 307 Abs. 1 BGB verallgemeinerungsfähige Wertung zugrunde, dass zwischen den aufwendigeren papiergebundenen und den papierlosen Aufträgen bei den Entgelten differenziert werden darf, sofern nicht von Gesetzes wegen die Schriftform angeordnet ist. Folglich sind auch unterschiedlich hohe Buchungsentgelte nicht zu beanstanden.

2.4 Folgefrage Transparenz

Mit Blick auf das Transparenzgebot ist die vom BGH wiederholt offengelassene Frage, ob ein Postenentgelt gegen § 307 Abs. 2 S. 2 BGB verstößt, da „der ‚Preisaushang' einzelne Zahlungsdienste in weiteren Abschnitten gesondert behandelt, ohne klarzustellen, in welchem Verhältnis die dort zur Entgeltlichkeit getroffenen Regelungen zu dem ‚Preis pro Buchungsposten' stehen",[24] dahin zu entscheiden, dass weitere Gebühren für besondere Zahlungsdienste dann nicht intransparent sind, wenn für einen durchschnittlichen Kunden erkennbar ist, dass diese zusätzlich zu dem Buchungsentgelt anfallen. Dies ist insbesondere bei Zusatzgebühren für Zahlungsaufträge mit Beteiligung von Drittstaaten, Eilüberweisungen oder vergleichbare Leistungen zu bejahen, bei denen für den Kunden erkennbar ist, dass die Bank über ihren normalen Leistungsumfang hinausgeht.

2.5 Besonderheiten bei P-Konten bzw. bei Basiskonten

2.5.1 Pfändungsschutzkonten

Mit Blick auf den Wortlaut und die Gesetzesmaterialien des § 850k VII ZPO sind die Entscheidungen des BGH aus den Jahren 2012 und 2013 nicht zu beanstanden, wonach Klauseln, die für P-Konten ein höheres Entgelt vorsehen, nach § 307 Abs. 1, Abs. 2 Nr. 1 BGB zu beanstanden sind,[25] da dem Gesetz die Vorstellung zugrunde liegt, dass ein P-Konto kein aliud zum normalen Girokonto darstellt.

---

24 BGH (Fn. 20), BGHZ 206, 305, Rn. 44 sowie BGH (Fn. 20), WM 2015, 519, Rn. 17.

25 BGH, Urt. v. 13.11.2012 – XI ZR 500/11, BGHZ 195, 298, Rn. 17 ff. und BGH, Urt. v. 16.07.2013 – XI ZR 260/12, BGH NJW 2013, 3163, Rn. 17 ff.

Damit sind höhere Entgelte im Vergleich zum regulären Konto sowohl im Fall der Einrichtung wie der Umwandlung nach § 307 Abs. 1, Abs. 2 BGB unwirksam. Die Verkürzung des Leistungsumfangs eines P-Kontos ist nur dann zulässig, wenn sie im Wege einer Änderungskündigung erfolgt. Eine automatische Anpassung in den AGB verstößt hingegen gegen § 307 Abs. 2 Nr. 1 BGB. Etwas anderes gilt allein für die Verkürzung des täglichen Verfügungsrahmens bei Zahlungskarten.[26]

Rechtspolitisch ist hingegen eine Möglichkeit anzumahnen, P-Konten gesondert zu bepreisen, da der Aufwand höher, die Verdienstmöglichkeiten durch „Cross-Selling" geringer sind und es nicht angängig ist, dass „rechtstreue" Kontoinhaber die P-Konten mitfinanzieren müssen. Auch hier wäre es sachgerechter, nach dem Verursacherprinzip bepreisen zu dürfen.

2.5.2 Basiskonten

Entsprechendes gilt, sofern man den §§ 40, 41 Abs. 2 ZKG eine weitgehende Verpflichtung zur gebührenrechtlichen Gleichbehandlung von Zahlungskonten mit grundlegender Funktion (sog. Basiskonto) mit regulären Zahlungskonten entnimmt.[27] Die Vorstellung des Gesetzgebers, dass dem Inhaber eines Basiskontos wegen § 38 Abs. 2 Nr. 2 lit. c, Abs. 2 iVm. § 40 ZKG eine Debitkarte angeboten werden muss, mit der er Verpflichtungen der Bank gegenüber Dritten auslösen kann, sofern derartige Karten regulären Kunden ohne Bonitätsprüfung ausgehändigt werden, ist ein Stück aus dem rechtspolitischen Tollhaus. Auch beim Basiskonto ist rechtspolitisch die Möglichkeit zur gesonderten Bepreisung entsprechend dem Verursacherprinzip anzumahnen.

---

26 Zu den Details vgl. BGH, Urt. v. 16.07.2013 – XI ZR 260/12, BGH NJW 2013, 3163, Rn. 32 ff.

27 Nach der Gesetzesbegründung (RegE BT-Drucks. 18/7204, S. 86.) erscheint ein Entgelt angemessen, das sowohl die Kosten der Bank deckt als auch ihr einen Gewinn sichert. Das soll dadurch erreicht werden, dass auf die marktüblichen Entgelte Bezug genommen werden soll, was zwar nicht als strenge Gebührengleichbehandlung zu verstehen sein dürfte, aber zumindest in diese Richtung tendiert. Insgesamt ist diese Diskussion aber wenig klar, so rät z.B. *Bülow*, in: Bülow/Artz, ZKG, § 41 Rn. 7 Instituten mit ungünstiger Kostenstruktur, sich an den Entgelten des Marktes zu orientieren; ähnlich *Artz*, ZBB 2016, 191, 195; großzügiger *Herresthal*, BKR 2016, 133, 137.

2.6 Kontoführungsgebühren für Darlehens- und Depotkonten

Die Beanstandung von Kontoführungsgebühren von Darlehenskonten steht in einem engen sachlichen Zusammenhang mit dem Verbot von Darlehensabschlussgebühren bei Darlehensverträgen.[28] Sie begegnet derselben Kritik wie dem Totalverbot von Abschlussgebühren in Darlehensverträgen (vgl. dazu näher sub 3). Auch wenn man das Verbot von Abschlussgebühren für sachlich gerechtfertigt hält, ist diese Rechtsprechung nicht auf andere Sonderkonten verallgemeinerungsfähig. Insbesondere sind Kontoführungsgebühren für Depotkonten und/oder dazugehörige Erträgniskonten nicht zu beanstanden, da diese dieselbe Funktion wie ein reguläres Konto erfüllen und keine Gefahr für die Umgehung des Verbots, Abschlussgebühren zu nehmen, besteht. Ob sowohl ein Wertpapierdepot als auch das dazugehörige Erträgniskonto bepreist werden darf, ist eine offene Frage, die aber trotz des funktionellen Zusammenhangs zu bejahen ist.

3 Abschlussgebühren

3.1 Die Rechtsprechung zu Verbraucherkreditverträgen

Der XI. Senat hat in zwei Grundsatzurteilen aus dem Jahr 2014 Darlehensabschlussgebühren in Verbraucherdarlehensverträgen nach § 307 Abs. 1 BGB beanstandet.[29] Davon hat die Praxis auszugehen, nicht zuletzt wegen des zwischenzeitlich in Kraft getretenen § 312a Abs. 3 BGB. Gleichwohl überzeugt das Ergebnis aus den nachstehend genannten Gründen aus Sicht des AGB-Rechts nicht.[30]

Der Zins ist nicht die einzige zulässige Entgeltart für Leistungen des Darlehensgebers. Ein gesetzliches Leitbild, wonach der Darlehensgeber alle Kosten im Zusammenhang mit dem Darlehensvertrag in den Zins einpreisen muss, besteht – anders als der BGH meint[31] – nicht. Akzeptiert man die Existenz von nichtlaufzeitabhängigen Entgelten beim Darlehensvertrag, wären Bearbeitungsentgelte schon der Inhaltskontrolle nach § 307 Abs. 3 S. 1 BGB entzogen. Zumindest gibt

---

28 BGH, Urt. v. 07.06.2011 – XI ZR 388/10, BGHZ 190, 66, Rn. 27 ff.

29 BGH, Urt. v. 13.05.2014 – XI ZR 405/12, BGHZ 201, 168, Rn. 32 ff.; BGH, Urt. v. 13.05.2014 – XI ZR 170/13, WM 2014, 1325 Rn. 42 ff.; dazu etwa *Casper*, EWiR 2014, 437 f.

30 So im Ergebnis für das österreichische Recht auch OGH, Urt. v. 30.03.2016 – 6Ob 13/16d, ZIP 2016, 2011, 2012 f. (sub 3.3.4 ff.).

31 BGH, Urt. v. 13.05.2014 – XI ZR 405/12, BGHZ 201, 168, Rn. 32 ff.; BGH, Urt. v. 13.05.2014 – XI ZR 170/13, WM 2014, 1325 Rn. 42 ff.; dazu etwa *Casper*, EWiR 2014, 437 f.

es keine gesetzliche Vermutung, dass Bearbeitungsentgelte automatisch nur für eigennützige Tätigkeiten (Bonitätsprüfung, Einrichtung des Darlehenskontos, Bestellung und Prüfung von Sicherheiten) erhoben werden. Sie sind Entgelt für die Zurverfügungstellung der Valuta.

Allein die fehlende Rückzahlung im Falle einer vorzeitigen Vertragsbeendigung oder die pauschalierte Erhebung in Abhängigkeit von der Kreditsumme vermögen eine Unangemessenheit nicht zu begründen. Bei einem Gebrauchsüberlassungsvertrag ist es zulässig, Kosten, die im Zusammenhang mit dem Vertragsschluss entstehen, laufzeitunabhängig einzupreisen und somit einer anteiligen Erstattung bei vorzeitiger Vertragsbeendigung zu entziehen, da sie bereits vollständig angefallen sind.[32] Zur Frage der unzulässigen Mitfinanzierung vgl. sogleich unten unter 3.2.

3.2 Die fragwürdige Übertragung dieser Rechtsprechung auf gewerbliche Kredite durch den BGH

Während sich in der instanzgerichtlichen Rechtsprechung Befürworter und Gegner einer Übertragung der Rechtsprechung des XI. Senats zum Verbraucherdarlehen auf Darlehensverträge mit Unternehmern bis Sommer 2017 in etwa die Waage gehalten hatten,[33] hat der Bundesgerichtshof wenige Tage nach dem Vortrag auf dem Bankrechtstag 2017, der dieser Schriftfassung zugrunde liegt, Abschlussgebühren auch bei gewerblichen Verträgen in Bausch und Bogen verworfen.[34] Diese Rechtsprechung ist zu Recht ganz überwiegend auf Kritik gestoßen.[35] Ihre mangelnde Überzeugungskraft soll hier nur nochmals schlagwortartig wiederholt werden, im Übrigen ist auf die Vorarbeiten von *Casper/Möllers*, WM 2015, 1689 ff., zu verweisen.

---

32 Vgl. näher *Casper/Möllers*, BKR 2014, 59, 63 f.

33 Gegen eine die Übertragung befürwortende Entscheidung des OLG Celle (Urt. v. 02.12.2015 – 3 U 113/15) sowie zwei ablehnende Entscheidungen des OLG München (Urt. v. 13.04.2014 – 27 U 1088/14) und des 17. Senats des OLG Frankfurt (Urt. v. 12.10.2016, WM 2017, 129) war zum Zeitpunkt des Vortrages noch die Revision anhängig.

34 BGH, Urt. v. 04.07.2017 – XI ZR 562/15, NJW 2017, 2986, Rn. 28 ff.; BGH, Urt. v. 04.07.2017 – XI ZR 233/16, Rn. 31 ff.

35 Mit Unterschieden im Detail und meist resignierendem Ton zu dieser Rechtsprechung *Piekenbrock*, ZBB 2017, 325, 326 ff.; *v. Westphahlen*, BB 2017, 2051, 2053 ff.; *Tröger*, NJW 2017, 2994, 2995; *Pfeiffer*, LMK 2017, 394827; *Müller/Marchant/Eilers*, BB 2017, 2243, 2244 ff.: „juristischer Elfenbeinturm"; *Lammeyer/Singbartl*, BKR 2017, 462; *Etzbach/Janning*, DB 2017, 2275 ff.; *Herlitz*, NJ 2017, 397, 398 f. *Servais*, BKR 2017, 462; *Kräft*, GWR 2017, 377; *Huber*, EWiR 2017, 677, 678.

Hält man die Rechtsprechung des BGH zum Bearbeitungsentgelt bei Verbraucherdarlehensverträgen allerdings für überzeugend, so ist in einem ersten Schritt festzuhalten, dass Bearbeitungsentgelte auch im unternehmerischen Verkehr nach § 307 Abs. 3 S. 1 BGB als Preisnebenabrede der Inhaltskontrolle unterliegen, da es nicht zwei unterschiedliche Typen des Darlehensvertrags gibt, nur weil einmal ein Verbraucher und einmal ein Unternehmer Darlehensnehmer ist.

Somit ist ausgehend von dem System der miteinander kommunizierenden Röhren (s.o. 1.2.1) festzuhalten, dass Bearbeitungsentgeltklauseln auf Basis der Rechtsprechung des BGH zu Verbraucherkrediten auch im gewerblichen Bereich gegen das gesetzliche Leitbild des § 488 Abs. 1 BGB verstoßen, sodass die unangemessene Benachteiligung des Darlehensnehmers nach § 307 Abs. 2 Nr. 1 BGB indiziert wird.

Allerdings ist in der Rechtsprechung anerkannt, dass dieses Indiz im unternehmerischen Verkehr widerlegt werden kann, auch wenn bei entsprechenden Verträgen mit Verbrauchern von einer Unwirksamkeit der entsprechenden Klausel auszugehen ist.[36] Insbesondere kann eine abweichende Interessenabwägung vorzunehmen sein.[37] Diese fällt im unternehmerischen Verkehr zugunsten der Bank aus, dabei können sich insbesondere bankbetriebswirtschaftliche Erwägungen gegen etwaig berührte Interessen des Darlehensnehmers durchsetzen. Hierfür spricht:

(1) Der Darlehensgeber hat ein berechtigtes betriebswirtschaftliches Interesse an einer vernünftigen Kostenkalkulation, die auch die Deckung der vor Vertragsschluss anfallenden Fixkosten gewährleistet. Auch für den Darlehensnehmer kann die Vereinbarung eines Bearbeitungsentgelts vorteilhaft sein, da er anderenfalls gezwungen wird, den Mehraufwand für andere Kunden über erhöhte Zinsen mitzufinanzieren, was gegen den Zwang zum All-inclusive-Modell gerade auch im unternehmerischen Geschäftsverkehr spricht. Zudem streitet die jahrelange Praxis im gewerblichen Kreditbereich gegen die Indizwirkung des § 307 Abs. 2 BGB.[38] Es kann insoweit nicht auf das Vorliegen eines Handelsbrauchs ankommen, den der BGH im Ergebnis zu Recht ablehnt.[39] Vielmehr ist bereits die Üblichkeit im kaufmännischen Geschäftsverkehr geeignet, die Indizwirkung zu

---

36 BGH, Urt. v. 14.05.2014 – VIII ZR 114/13, BGHZ 201, 230, Rn. 43 f. – Energielieferungsverträge.

37 Dies für Förderdarlehen anerkennend auch BGH, Urt. v. 16.02.2016 – XI ZR 454/14, BGHZ 209, 71, Rn. 48 f.

38 Ablehnend aber BGH, Urt. v. 04.07.2017 – XI ZR 562/17, NJW 2017, 2986, Rn. 57 f.

39 BGH, Urt. v. 04.07.2017 – XI ZR 562/17, BKR 2017, 453, Rn. 57.

entkräften.[40] Schließlich ist die im b-to-b-Bereich stärker zu gewichtende Vertragsfreiheit zu berücksichtigen.

(2) Es bleibt allerdings auch im gewerblichen Verkehr eine Benachteiligung durch die unterbleibende Rückzahlung des Bearbeitungsentgelts bei vorzeitiger Rückführung des Darlehensvertrages. Dieser Aspekt kann in der Interessenabwägung aber nicht durchschlagen, da der Gesetzgeber einem unternehmerischen Darlehensnehmer in Fällen vorzeitiger Vertragsbeendigung insgesamt einen geringeren Schutz zuweist als einem privaten Darlehensnehmer.[41]

(3) Die These des BGH aus dem Jahr 2014, dass aus der Mitfinanzierung des Bearbeitungsentgelts stets eine Benachteiligung des Darlehensnehmers folge, ist hingegen nicht haltbar. Im Gegenteil führt die Mitfinanzierung regelmäßig dazu, dass der Kunde sich wirtschaftlich günstiger stellt, sofern er die gesparte Eigenliquidität statt zur gesonderten Bezahlung des Bearbeitungsentgelts als Eigenkapital zur Finanzierung einsetzen kann, wodurch sich der als Fremdkapital zu finanzierende Darlehensbetrag verringert. Die so gesparten (anteiligen) Zinsen und Bearbeitungsgebühren sind höher als die zusätzlichen Zinsen für die Mitfinanzierung des Bearbeitungsentgelts.[42] Dies hat der Bundesgerichtshof in seiner Entscheidung vom 04.07.2017 auch anerkannt, ohne sich ausdrücklich von seiner gegenteiligen Auffassung drei Jahre zuvor zu distanzieren.[43] Diese in 2014 noch als zentrales Argument gewichtete Aussage soll nach Ansicht des XI. Senats plötzlich nicht mehr so wichtig sein, zumindest nicht den Abwägungsvorgang zugunsten der Bank beeinflussen können.[44]

Ebenso wenig kann man das Argument ins Feld führen, dass Kleingewerbetreibende oft genauso schutzwürdig wie Verbraucher seien. Diese Überlegung verkennt Grundwertungen des HGB und die durch §§ 13, 14 BGB gezogene Trennlinie. Es wird vom BGH denn auch zu Recht nicht aufgegriffen, der sich vielmehr hinter dem Gesichtspunkt der einseitigen Ausnutzung der Vertragsgestaltungsfreiheit verschanzt, weshalb hinsichtlich der beanstandeten Klausel „Unternehmer nicht

40 Überzeugend bereits *Piekenbrock*, ZBB 2015, 13, 19; a.A. BGH, Urt. v. 04.07.2017 – XI ZR 562/17, NJW 2017, 2986, Rn. 58.

41 Vgl. näher *Casper/Möllers*, WM 2015, 1689, 1695.

42 Berechnungsbeispiele finden sich bei *Casper/Möllers*, WM 2015, 1689, 1697 f.

43 BGH, Urt. v. 04.07.2017 – XI ZR 562/17, NJW 2017, 2986, Rn. 53.

44 BGH, Urt. v. 04.07.2017 – XI ZR 562/17, NJW 2017, 2986, Rn. 53: „Es bleibt unabhängig von der Frage, ob dieses zusätzliche Entgelt finanziert oder aus Eigenkapital aufgebracht wird, bei der durch die streitgegenständischen Klauseln ausgelösten und – zumindest teilweise – nicht ausgeglichenen Benachteiligung des Kunden, entgegen § 307 Abs. 2 Nr. 1 BGB das zusätzliche Bearbeitungsentgelt zahlen zu müssen“. Übersetzt: „Es kann nicht sein, was nicht sein darf“.

weniger schutzwürdig als Verbraucher" seien.[45] Ebenso wenig kann das Argument überzeugen, dass ein Unternehmer noch mehr als ein Verbraucher auf Darlehen angewiesen sei, weshalb die Rechtsprechung zum Verbraucherdarlehen erst recht gelten müsse. Es geht um eine unterschiedliche Interessenabwägung. Diese hat der BGH erwartungsgemäß, aber letztlich doch wenig überzeugend erneut zulasten der Banken vorgenommen und damit die Preisgestaltungsfreiheit über Gebühr beschränkt.

Zusammenfassend bleibt festzuhalten, dass die Entscheidung ein rechtspolitscher Unglücksfall ist. Das nun ausgesprochene Verbot von Abschlussgebühren wird zu einer vermehrten Wahl ausländischen Rechts führen. Schon heute wird bei großen gewerblichen Finanzierungen häufig auf den sog. Style der London Loan Market Association[46] zugegriffen, deren Vertragsmuster wie selbstverständlich Abschlussgebühren zulassen. Da liegt es dann nahe, im Wege der Rechtswahl auch gleich englisches oder österreichisches Recht zu vereinbaren. Der ohnehin mühselige Weg zurück ins deutsche Recht und seine Kultur, für den die VdP-Standards bei Immobilienfinanzierungen pars pro toto stehen,[47] wird so nicht gerade befördert. Ökonomische Sachgründe dafür, einen derartigen Exodus aus dem deutschen Recht zu befördern, bestehen indes nicht.[48]

3.3 Folgefragen

Damit könnte man es bei einem seufzenden „*Roma Locuta – Causa finita*" bewenden lassen. Dies würde aber zu kurz greifen. In der Rechtspraxis bleiben einigen offenen Folgenfragen, denen hier zumindest ansatzweise kurz nachgegangen werden soll.

3.3.1 Verjährung der Rückforderungsansprüche

Die erste betrifft die Frage, für welchen Zeitraum Kreditinstitute mit der Rückzahlung von in der Vergangenheit bei gewerblichen Darlehen vereinnahmten Zinsen rechnen müssen. Insoweit ist der Bundesgerichtshof der Kreditwirtschaft entgegengekommen, in dem er die Verjährung für die Vergangenheit eng zieht. Ausge-

---

45 BGH, Urt. v. 04.07.2017 – XI ZR 562/15, NJW 2017, 2986, Rn. 62 ff., insbes. Rn. 67.
46 http://www.lma.eu.com/documents-guidelines.
47 https://www.pfandbrief.de/cms/_internet.nsf/tindex/de_65.htm.
48 *Lenkaitis/Löwisch*, ZIP 2009, 441, 442 f., 444 f. mwN; ähnlich auch *Bitter*, JZ 2015, 170, 172 f.

hend von der dreijährigen Regelverjährung geht der BGH davon aus, dass auch Gewerbetreibende mit der sich im Jahr 2011 verfestigenden oberinstanzlichen Rechtsprechung zur Unwirksamkeit von Abschlussgebühren, wissen konnten, dass ein entsprechender Rückzahlungsanspruch besteht, sodass die für §§ 195, 199 BGB erforderliche Kenntnis ab diesem Zeitpunkt bejaht werden kann.[49] Dies hat zur Konsequenz, dass vor 2012 geschlossene Darlehensverträge nicht mehr beanstandet werden können, da die Verjährung längst eingetreten ist. Aber auch alle bis zum 31.12.2014 vereinbarten Abschlussgebühren sind damit seit dem 01.01.2018 verjährt, sodass eine Rückforderung nur noch für die Jahre ab 2015 möglich ist.[50] Zumindest insoweit hat der XI. Zivilsenat Augenmaß bewiesen, weshalb diesem Teil des Urteils zuzustimmen ist, auch wenn die bis 2011 entschiedenen Fälle ganz überwiegend Verbraucherdarlehen betrafen.[51]

3.3.2 Wiedereröffnung der Kontrollfreiheit durch Alternativangebote?

Fraglich ist, ob sich die Kontrollfreiheit iSd. § 307 Abs. 3 S. 1 BGB dadurch erreichen lässt, indem man dem Kunden zwei wesensgleiche Angebote auf einen Darlehensvertrag eröffnet, die sich allein durch die Zinshöhe unterscheiden und das Angebot mit dem niedrigeren Zins mit einem Bearbeitungsentgelt verbindet. In diesem Fall hätte der Kunde die Wahl, den günstigeren Kredit mit Abschlussgebühr zu wählen oder aber darauf zugunsten des höheren Zinses zu verzichten. Es sprechen deshalb gute Gründe dafür, in dieser Konstellation die Kontrollfreiheit nach § 307 Abs. 3 S. 1 für „wieder eröffnet" zu erachten. Diesem Ergebnis könnte aber eine Entscheidung des OLG Düsseldorf vom 28.04.2016 entgegenstehen.[52] Dort war im Verbraucherverkehr ein entsprechendes Wahlrecht angeboten und beanstandet worden. In der Entscheidung hat das OLG allerdings nur das Vorliegen einer Individualabrede verneint. Die hohen Hürden für ein Aushandeln werden sich in der Tat regelmäßig nicht überwinden lassen.[53] Offen bleibt allerdings die Frage, ob es sich dann bei den beiden Preismodellen um eine kontrollfreie Hauptleistung handelt, was man zu bejahen hat, da der Kunde zwischen

49 BGH, Urt. v. 04.07.2017 – XI ZR 562/17, NJW 2017, 2986, Rn. 87 ff. Grundsätzlich kritisch zu dieser Rechtsprechung *Bitter/Alles*, NJW 2011, 2081 ff.; *Bitter*, JZ 2015, 170, 173 ff.

50 Sofern man für im Jahre 2014 vereinbarte Bearbeitungsentgelte nicht mit einer Klageerhebung vor dem 31.12.2017 die Verjährung unterbrochen hat.

51 Kritisch deshalb *Lammeyer/Singbartl*, BKR 2017, 462, 463.

52 OLG Düsseldorf, Urt. v. 28.04.2016 – I-6 U 152/15, WM 2017, 664, 667.

53 Ebenso *Piekenbrock*, ZBB 2017, 325, 332; *Müller/Marchant/Eilers*, BB 2017, 2243, 2245.

zwei Preismodellen wählen kann.[54] Ob sich diese Ansicht in der höchstrichterlichen Rechtsprechung jedoch durchsetzt, bleibt abzuwarten und dürfte eher unwahrscheinlich sein.[55]

3.3.3 Entgelt für zusätzliche Beratungsleistungen

Ein weiterer Weg, Bearbeitungsentgelte zu suggerieren, könnte darin liegen, Entgelte für gesonderte Leistungen, die über den Pflichtenkanon des Darlehensvertrags hinausgehen, zu vereinbaren. Diskutiert werden insoweit in erster Linie die Erhebung von Gebühren für Wertgutachten im Rahmen der Immobilienfinanzierung.[56] Voraussetzung dafür, dass derartige Gebühren erhoben werden dürfen, ist, dass es sich bei der Leistung um eine wirkliche Zusatzleistung handelt, die weder im eigenen Interesse noch im Rahmen einer gesetzlichen Pflicht erbracht wird.[57] Für den Fall von Wertgutachten wird zu Recht darauf abgestellt, dass diese den Kunden zur freien Verfügung ausgehändigt werden müssen.[58] Denn ein Wertgutachten, dass allein den Sinn und Zweck hat, die Werthaltigkeit einer von der Bank geforderten Kreditsicherheit zu verifizieren und sonst nicht vom Kunden verwertet werden kann, würde diesen Anforderungen nicht genügen. Die Vorgabe in § 505c BGB für Verbraucherdarlehen ist in diesem Zusammenhang unergiebig, da er nur Anforderungen an den Wertgutachter, nicht aber eine gesetzliche Pflicht zur Erstellung eines Wertgutachtens erhebt.[59] In der Praxis könnten sog. Finanzierungsgutachten zum Lackmustest werden. Unter Finanzierungsgutachten versteht man solche Gutachten, die die Realisierbarkeit des zu finanzierenden Vorhabens beurteilen. Auch insoweit wird man zu fordern haben, dass das Gutachten keinen zwingenden Bestandteil des Darlehensvertrags zum Erhalt der Darlehensvaluta darstellt, sondern nicht nur der Bank, sondern auch dem Kunden einen echten Mehrwert bringt. Auch insoweit ist zu fordern, dass der Kunde die Aushändigung des Gutachtens verlangen und anderweitig einsetzen kann. Ob sich Gebühren für zusätzliche Dienstleistungen bei Vertragsschluss als Königsweg erweisen werden, ist eher zu bezweifeln. Zulässig bleiben aber in jedem Fall Konsortialgebühren, also Zuschläge für den Konsortialführer.[60] Genau-

54 Ebenso *Bitter,* JZ 2015, 170, 177; a.A. aber *Piekenbrock,* ZBB 2017, 325, 331 f.
55 Dies für ausgeschlossen erachtend *Piekenbrock,* ZBB 2017, 325, 332.
56 Überblick zum Diskussionstand vgl. etwa *Piekenbrock,* ZBB 2017, 325, 332.
57 Ebenso statt Vieler *Müller/Marchant/Eilers,* BB 2017, 2243, 2245.
58 *Piekenbrock,* ZBB 2017, 325, 332.
59 Ebenso *Piekenbrock,* ZBB 2017, 325, 332.
60 *Müller/Marchant/Eilers,* BB 2017, 2243, 2246.

erer Betrachtung bedürfen hingegen sog. Arrangierungsprovisionen. Soweit im Zweipersonenverhältnis damit letztlich nur Kosten für die Prüfung der Kreditwürdigkeit oder Werthaltigkeit von Sicherheiten weitergegeben würden, wäre dies zu beanstanden. Soweit aber eine Bank die Finanzierung durch mehrere Banken organisiert, ist eine Zulässigkeit zu bejahen, da es sich um nichts anderes als um eine Konsortialgebühr handelt.[61]

3.3.4 Angebot von Darlehen über schweizerische oder österreichische Tochtergesellschaften mit Rechtswahlklausel

Rechtswahlklauseln scheiden in Verträgen mit Verbrauchern wegen Art. 6 Abs. 2 S. 2 Rom-I-VO aus.[62] Auch jenseits der Verbraucherverträge bleibt die Rechtswahl mit Tücken behaftet. Zwar kann nach Art. 3 Abs. 1 Rom-I-VO grundsätzlich ausländisches Recht vereinbart werden. Eine Schranke bildet jedoch Art. 3 Abs. 3 Rom-I-VO, wonach – vereinfacht ausgedrückt – von zwingendem Recht nur dann abgewichen werden kann, wenn auch ein Anknüpfungspunkt zu der gewählten Rechtsordnung existiert. Dies hat man auch bei einer Rechtswahl, mit der die Inhaltskontrolle nach § 307 BGB vermieden werden soll, zu bejahen.[63] Anbieten könnte sich die Wahl österreichischen Rechts, da der OGH Darlehensabschlussgebühren sogar bei Verbraucherdarlehensverträgen nicht verworfen hat.[64] Bietet eine deutsche Bank durch ihre inländischen Filialen einem in Deutschland ansässigen Kunden ein Darlehen an, ohne dass irgendein Bezug zum alpinen Nachbarn erkennbar ist, wäre die Rechtslage also wegen Art. 3 Abs. 3 Rom-I-VO unwirksam. Ob bereits das schlichte Angebot über eine österreichische Tochtergesellschaft einer deutschen Bank oder bloß einer unselbständigen österreichischen Filiale genügt, bleibt zweifelhaft.[65] Allerdings wird man dann keine Bedenken haben, wenn die Bank zwei Preismodelle anbietet, für eine Finanzierung nach „deutschem Style“ ohne Abschlussgebühr, aber mit höherem Zins, und nach dem österreichischen Modell, mit einem niedrigen Zins plus Abschlussgebühr. Denkbar ist daneben auch die Wahl schweizerischen Rechts, das aber mit Blick auf § 32 KWG und den fehlenden Passport regelmäßig ausscheiden dürfte,[66] weswegen

61 Ähnlich *Müller/Marchant/Eilers*, BB 2017, 2243, 2246.
62 *Piekenbrock*, ZBB 2017, 325, 333; im Grundsatz auch *Bitter*, JZ 2015, 170, 172.
63 Ebenso *Piekenbrock*, ZBB 2017, 325, 333.
64 Vgl. den Nachw. oben in Fn. 30.
65 Bejahend *Piekenbrock*, ZBB 2017, 325, 333; so wohl auch *Müller/Marchant/Eilers*, BB 2017, 2243, 2245.
66 Vgl. näher *Piekenbrock*, ZBB 2017, 325, 333 m. weit. Nachw.

mit Blick auf den Brexit auch die Wahl englischen Rechts in der Zukunft schwierig werden könnte. Ein weiterer Weg kann darin bestehen, eine Schiedsklausel in den gewerblichen Darlehensvertrag aufzunehmen und darauf zu hoffen, dass das jeweilige Schiedsgericht Bearbeitungsentgelte nicht beanstanden wird.[67]

3.4 Keine Unwirksamkeit bei Abschlussgebühren in Bausparverträgen/-darlehen

Der BGH hat in seiner Entscheidung vom 07.12.2010 die Abschlussgebühr („Eintrittsgebühr") bei einem Bausparvertrag in der Ansparphase nach § 307 Abs. 3 S. 1 BGB für kontrollfähig erachtet, dann aber zu Recht nicht nach § 307 Abs. 1, Abs. 2 BGB beanstandet.[68] Dies wird allerdings überwiegend mit den Besonderheiten des Bausparsystems begründet, sodass die Entscheidung im obigen Kontext wenig aussagekräftig ist.

Folgt man dem BGH zur Unangemessenheit von Darlehensabschlussgebühren in Verträgen mit Verbrauchern, ist die am 08.11.2016 erfolgte Beanstandung von Abschlussgebühren des Bauspardarlehens konsequent.[69] Die Frage, ob aus § 5 Abs. 3 Nr. 3 BSpkG auch ein Recht zur Erhebung einer Abschlussgebühr für den Darlehensvertrag folgt, hat der BGH verneint. Meines Erachtens ist dies zumindest dann zu bejahen, wenn keine Abschlussgebühr für den Bausparvertrag erhoben wird. Eine doppelte Gebühr ist aber auch bausparrechtlich nicht geboten.

Kaum verallgemeinerungsfähig sind auch die beiden Entscheidungen zu durchgeleiteten KfW-Förderdarlehen, da die Zulässigkeit von Bearbeitungsentgelten hier vor allem mit der spezifischen Funktion der KfW und den mit der Förderung verbundenen Vorteilen für den Darlehensnehmer begründet wird.[70] Einen Hoffnungsschimmer hatte die Entscheidung allerdings für gewerbliche Darlehen bedeutet, da anerkannt wurde, dass eine Abweichung vom gesetzlichen Leitbild den Kunden nicht zwangsläufig unangemessen benachteiligen müsse. Auch wenn der BGH diesen Weg bei gewerblichen Darlehensverträgen bedauerlicher-

---

67 Vgl. näher hierzu *Müller/Marchant/Eilers*, BB 2017, 2243, 2246 f. sowie *Piekenbrock*, ZBB 2017, 325, 333 f.

68 BGH, Urt. v. 07.12.2010 – XI ZR 3/10, BGHZ 187, 360, Rn. 46. Speziell zu Aufwandspauschalen bei Bausparverträgen vgl. *Feldhusen*, WM 2017, 1490, 1495 ff.

69 BGH, Urt. v. 08.11.2016 - XI ZR 552/15, WM 2017, 87, Rn. 16, 31 ff.

70 BGH (Fn. 37), BGHZ 209, 71 Rn. 47 f.; BeckRS 2016, 6441 Rn. 37 f.

weise nicht gegangen ist, bleibt dieser Fingerzeig für künftige Entscheidungen in anderem Zusammenhang gleichwohl von Bedeutung.

4 Grenzen des bisherigen AGB-rechtlichen Verbots zur Bepreisung von Nebenleistungen durch das Zahlungsdiensterecht

4.1 Der bisherige Status quo

Eine gesonderte Bepreisung von gesetzlichen Pflichten oder vertraglichen Nebenleistungen hat der BGH in der Vergangenheit immer wieder beanstandet. Beanstandet wurden u.a. Entgelte für Barauszahlungen am Schalter,[71] Freistellungsaufträge,[72] Pfändungsentgelte,[73] Entgelte für die Benachrichtigung über die Nichteinlösung von Einzugsermächtigungslastschriften[74] oder Entgelte für die Bearbeitung von Nachlassfällen[75].

Die damit einhergehende Tendenz zum All-inclusive-Modell und der Zwang zur Quersubventionierung ist wiederholt zu Recht kritisiert worden.[76] Entlarvend ist die Begründung in BGHZ 136, 261, 266: „Nach dispositivem Gesetzesrecht hat jeder Rechtsunterworfene die Aufwendungen, die ihm durch die Erfüllung seiner dem Staat gegenüber bestehenden Pflichten erwachsen, als Teil seiner Gemeinkosten selbst zu tragen. Er kann sie nicht unter Berufung auf das Verursacherprinzip offen auf Dritte abwälzen [...]. Vielmehr muß er wie jeder andere diese Gemeinkosten durch die im freien Wettbewerb erzielbaren Leistungspreise erwirtschaften.“ Da Banken keine gemeinnützigen Bedürfnisanstalten sind, bleibt ihnen nur der Weg, diese Kosten des Verursachers über höhere Grundgebühren oder Zinsen an alle Kunden weiterzugeben; rechtsökonomisch eine klare Fehlallokation.

---

71 BGH (Fn. 19), BGHZ 124, 254.

72 BGH (Fn. 18), BGHZ 136, 261.

73 BGH, Urt. v. 18.05.1999 – XI ZR 219/98, BGHZ 141, 380.

74 BGH, Urt. v. 13.02.2001 – XI ZR 197/00, BGHZ 146, 377, 380 ff.; BGH, Urt. v. 22.05.2012 - XI ZR 290/11, BGHZ 193, 238, Rn. 11 ff.

75 BGH, Urt. v. 08.02.2011 – XI ZR 232/10, WM 2011, 399.

76 Vgl. *Bitter*, ZBB 2007, 237, 242 f.; *ders.*, JZ 2017, 170, 171. Grundlegend zur diesen Fragen weiterhin auch *Köndgen*, ZBB 1997, 117 ff.

4.2 Grenzen durch das unionsrechtliche Zahlungsverkehrsrecht

4.2.1 Reichweite des § 675f Abs. 5 BGB

4.2.1.1 Aussagegehalt des § 675f Abs. 5 S. 1 BGB

§ 675f Abs. 5 S. 1 BGB bestimmt, dass die Erbringung von Zahlungsdiensten iSd. § 1 Abs. 2 ZAG bepreist werden darf und entzieht diese Entgelte damit wie § 307 Abs. 3 S. 1 BGB der Inhaltskontrolle. Es geht also nicht um die Bepreisung eines Zahlungsdiensterahmenvertrages als Ganzes, sondern um die Vereinbarung von Entgelten im Zahlungsdiensterahmenvertrag für die Erbringung von einzelnen Zahlungsdiensten als dessen Hauptleistung. Danach kann etwa für die Barauszahlung, die Einrichtung eines Dauerauftrages oder die Ausgabe einer Zahlungskarte ein Entgelt vereinbart werden. Ob § 675f Abs. 5 S. 1 BGB daneben auch Entgelte für Leistungen aufgrund einer vertraglichen Nebenpflicht des Zahlungsdiensterahmenvertrages erfasst, ist bisher nicht abschließend geklärt,[77] dürfte aber kaum der Position des XI. Senats entsprechen. Aufwendungsersatzansprüche bleiben unberührt.[78] Deren Pauschalierung mittels AGB darf aber nicht dazu führen, dass auch solche Aufwendungen ersetzt werden, die nach § 670 BGB nicht ersatzfähig wären.[79]

4.2.1.2 Reichweite des § 675f Abs. 5 S. 2 BGB

Demgegenüber besteht Einigkeit, dass der Anwendungsbereich des § 675f Abs. 5 S. 2 BGB auf gesetzliche Nebenpflichten nach den §§ 675c-676c BGB begrenzt ist.[80] Sie dürften grundsätzlich nicht gesondert bepreist werden, soweit das Recht der Zahlungsdienste hierfür nicht wie in §§ 675o Abs. 1 S. 4, 675p Abs. 4 S. 3 und § 675y Abs. 3 S. 3 BGB sowie neuerdings § 675l Abs. 1 S. 3 BGB n.F. eine Ausnahme vorsieht. In diesen Fällen muss die Gebühr wie in § 675d Abs. 3 S. 2 BGB zudem angemessen sein (zu den Einzelheiten vgl. noch sogleich sub 4.2.2). Da vertragliche Nebenpflichten nicht erfasst sind, hat § 675f Abs. 5 S. 2 BGB jenseits der von ihm erfassten Fälle keine Auswirkung auf die bisherige Rechtsprechung, solange man nicht die Bepreisung von vertraglichen Nebenpflichten unter § 675f Abs. 5 S. 1 BGB subsumiert.

---

77 Zum Diskussionstand vgl. MünchKommBGB/*Casper*, 7. Aufl. 2017, § 675f Rn. 49.
78 MünchKommBGB/*Casper*, 7. Aufl. 2017, § 675f Rn. 50.
79 MünchKommBGB/*Casper*, 7. Aufl. 2017, § 675f Rn. 50.
80 MünchKommBGB/*Casper*, 7. Aufl. 2017, § 675f Rn. 54.

Ob man in den §§ 675f Abs. 5 S. 2, 675d Abs. 3 BGB einen Übergang zum Verursacherprinzip[81] sehen kann, ist noch nicht abschließend geklärt. Zumindest ist keine Totalrevision der bisherigen AGB-rechtlichen Rechtsprechung zu erwarten. Es ist aber immerhin anzuerkennen, dass das Unionsrecht in Teilbereichen auf das Verursacherprinzip und nicht allein auf das All-inclusive-Modell setzt, was zumindest für die weitere rechtspolitische Debatte von Bedeutung ist.

Gebühren für die Ausstellung einer Ersatzkarte nach Verlust oder Diebstahl der Karte hat der XI. Senat beanstandet,[82] da aus § 675k Abs. 2 S. 5 BGB die gesetzliche Nebenpflicht folge, eine neue Karte ausstellen zu müssen.[83] Dem ist auf der Basis der BGH-Rechtsprechung und vor dem Hintergrund des § 675f Abs. 4 S. 2 BGB zuzustimmen. Aus Sicht des Verursacherprinzips sind freilich Bedenken anzumelden. Beschädigt der Kunde die Karte, scheint eine Ersatzgebühr denkbar, da § 675k Abs. 2 S. 5 BGB mangels Sperre nicht anwendbar ist. Indes kann der Kunde die Karte jederzeit als verloren melden, sodass eine derartige Bepreisung betriebswirtschaftlich wenig ergiebig sein dürfte. Seit dem 13.01.2018 ist BGHZ 207, 176 freilich Rechtsgeschichte, da künftig nach § 675l Abs. 1 S. 3 BGB Entgelte für die Neuausstellung gesperrter Karten vereinbart werden dürfen, sofern deren Höhe nur die „unmittelbar mit dem Ersatz verbundenen Kosten abdeckt“. Auch diese neue Vorschrift reiht sich in das Verursacherprinzip ein.

Das Entgelt für die Übermittlung in sog. SMS-TAN-Verfahren ist derzeit nur dann zulässig, wenn die Bank dem Kunden ein gleich sicheres Zugangsverfahren zum Online-Banking kostenfrei anbietet (wie z.B. eine kartengestützte Anmeldung mit einem Kartenlesegerät oder eine Secure-App). Seit dem Inkrafttreten des neuen Zahlungsverkehrsrechts (in Großteilen zum 13.01.2018) muss es sich insoweit um ein kostenfreies starkes Authentifizierungsverfahren handeln. Bereits zuvor war die Bank aufgrund einer gesetzlichen Nebenpflicht zur Abrede, die die Teilnahme am Online-Banking eröffnet, aus §§ 675f Abs. 5 S. 2, 675j Abs. 1 S. 3, 675m Abs. 1 S. 1 Nr. 1 BGB verpflichtet, dem Kunden zumindest ein hinreichend sicheres Zugangsverfahren kostenfrei anzubieten,[84] was nunmehr aus § 55 ZAG iVm. § 675f Abs. 5 S. 2 BGB (bisher § 675f Abs. 4 S. 2 BGB) folgt. Eine zusätzliche Hürde hat der XI. Zivilsenat in seiner Entscheidung vom 25.07.2017 aufgestellt. Dort hatte er eine Klausel, wonach pro übermittelter SMS-TAN eine Gebühr von 0,10 Euro zu zahlen war, beanstandet, da so auch solche übersandten TANs bepreist würden, die gar nicht zum Einsatz eines Zahlungsauftrages

81 Grundlegend dazu weiterhin *Canaris*, AcP 200 (2000), 273, 337 ff.

82 BGH, Urt. v. 20.10.2015 – XI ZR 166/14, BGHZ 207, 176, Rn. 18 ff.

83 Vgl. näher zum Ganzen etwa MünchKommBGB/*Jungmann*, 7. Aufl. 2017, § 675k Rn. 38.

84 A.A. OLG Frankfurt, Urt. v. 29.05.2015 – 10 U 35/13, ZIP 2015, 1967, 1968.

führen, etwa da der Kunde die TAN nicht rechtzeitig einsetzt oder aber Opfer von Phishing-Attacken wird.[85] Letzteres ist erneut eine Überdehnung des Gebots der kundenfeindlichsten Auslegung. In der künftigen Vertragsgestaltung wird man diesen Anforderungen aber leicht Rechnung tragen können, indem die Gebühr für solche TANs in Rechnung gestellt wird, die der Kunde auch für einen von ihm autorisierten Zahlungsvorgang eingesetzt hat, was von der Bank automatisiert geprüft werden kann. Bei Phishing-Attacken muss die Bank die Gebühr erstatten, einen solchen Anspruch sollte sie ausdrücklich in die AGB aufnehmen, um den Anforderungen der jüngsten Rechtsprechung zu genügen. Die entscheidende, hier verneinte Frage, ob jede Zugangsform zum Internetbanking bepreist werden kann, hat der BGH nicht entscheiden müssen. Demgegenüber ist eine monatliche Grundgebühr für die Teilnahme am Onlinebanking nach §§ 675 Abs. 5 S. 1, 307 Abs. 3 S. 1 BGB zulässig.

In der instanzgerichtlichen Rechtsprechung ist derzeit umkämpft, ob die Aussetzung eines Dauerauftrages (DAT) gesondert bepreist werden kann[86] oder ob dies einen Verstoß gegen § 675f Abs. 2 S. 2 BGB darstellt.[87] Nach richtiger Auffassung ist der DAT eine generelle Weisung, die auf eine Vielzahl von einzelnen Zahlungsaufträgen gerichtet ist,[88] nicht hingegen ein eigenständiger Zahlungsdiensterahmenvertrag.[89] Seine ein- oder mehrmalige Aussetzung ist folglich weder Kündigung (§ 675h BGB) noch Teilwiderruf oder Gesamtwiderruf plus Neuerteilung eines DAT, sondern vielmehr eine Modifizierung der ursprünglichen Weisung. Diese ist gesondert bepreisbar, da die Bank zur Beachtung der Modifikation der ursprünglichen Weisung anders als bei einem Widerruf nicht verpflichtet ist, weshalb § 675f Abs. 5 S. 2 BGB nicht anwendbar ist. § 675p Abs. 4 S. 3 BGB ist ebenfalls nicht einschlägig. Wer hingegen die Aussetzung des DAT als Widerruf des bisherigen DAT und als gleichzeitige Neuerteilung qualifiziert,[90]

---

85 BGH, Urt. v. 25.07.2017 – XI ZR 260/15, ZIP 2017, 1740, Rn. 24 ff. - Revision zu OLG Frankfurt ZIP 2015, 1967.

86 So LG Nürnberg-Fürth, Urt. v. 09.12.2014 – 7 O 7878/14; LG Frankfurt a.M., Urt. v. 26.08.2014 – 2 – 07 O 261/14, WM 2014, 1956 sowie Beschl. v. 22.08.2014 – 2-10 314/14, jew. Juris.; *Kropf/Habl*, BKR 2015, 216, 318.

87 So die 12. Kammer des LG Frankfurt, Urt. v. 06.10.2014 – 2-12 O 379/14, juris.

88 LG Frankfurt a. M. (Fn. 86), WM 2014, 1956; MünchKommBGB/*Casper*, 7. Aufl. 2017, § 675f Rn. 21; Langenbucher/Bliesener/Spindler/*Herresthal*, Bankrechts-Kommentar, 2. Aufl. 2016, 2. Kap., § 675f Rn. 14a; BeckOGK/*Zahrte*, EGBGB, 43. Edition, Art. 248 EGBGB § 3 Rn. 6; *ders.*, BKR 2012, 12 (14); MünchKommHGB/*Häuser*, ZahlungsV Rn. B 52.

89 *Rösler/Werner*, BKR 2009, 1, 7; Kümpel/Wittig/*Werner*, 4. Aufl. 2011, Rn. 7.134; *Winkelhaus*, Der Bereicherungsausgleich bei fehlerhafter Überweisung nach Umsetzung des neuen Zahlungsdiensterechts, 2012, S. 36 f.

90 OLG Frankfurt, Urt. v. 10.11.2015- 3 U 173/14, Juris (Rn. 65 f.).

kann eine Bepreisung nur dann bejahen, wenn bereits für die (erstmalige) Erteilung des DAT eine Gebühr erhoben wird.

4.2.2 Die Reichweite des § 675d Abs. 3 BGB am Beispiel von Zweitschriften

Ein gelungenes Beispiel für ein maßvolles Verursacherprinzip stellt die anlassbezogene Bepreisung von überobligatorischen Informationen in § 675d Abs. 3 BGB dar. Mit Recht betont der XI. Senat: „Artikel 32 Abs. 3 der Zahlungsdiensterichtlinie und § 675d Abs. 3 Satz 2 BGB verbieten eine Quersubventionierung der Minderheit durch die überwiegende Mehrheit“.[91] Die Gebühr für überobligatorische Informationen wie die Erstellung von Zweitschriften „muss angemessen und an den tatsächlichen Kosten des Zahlungsdienstleisters ausgerichtet sein“ (§ 675f Abs. 5 S. 2 BGB). Mit Recht hat der BGH eine Gebühr von 15 Euro für jegliche Zweitschriften verworfen, sofern diese Kosten sich nur bei Ersatzauszügen für einen länger zurückliegenden Zeitraum von z.B. mehr als sechs Monaten rechtfertigen lassen, nicht aber für die Periode davor.[92] Folglich sind Gebührensätze, die nach verschiedenen Zeiträumen differenzieren, gerechtfertigt, sofern in den unterschiedlichen Perioden unterschiedlich hohe Kosten anfallen.[93]

Keine Aussagen finden sich in BGHZ 199, 281 zur Überprüfung der Angemessenheit, da im konkreten Fall die Höhe der Gebühr schon nicht vom prozessualen Vortrag der beklagten Bank gedeckt war. Die Regelung in § 675d Abs. 3 S. 2 BGB enthält eine objektive Komponente („angemessen“ im Sinne eines Marktvergleichs) und eine subjektive Komponente (Orientierung an den tatsächlichen Kosten beim jeweiligen Kreditinstitut), auch wenn sich beide Kriterien in Satz 2 nicht trennscharf voneinander abgrenzen lassen.[94] Die Orientierung an den tatsächlichen Kosten bedeutet nicht, dass diese in jedem Einzelfall zu ermitteln sind. Es genügt, die Kosten für einen typisierten Arbeitsvorgang auf Basis eines üblichen Stundensatzes zu pauschalieren. Sonstige Betriebskosten (Miete, Energie, etc.) dürfen nicht miteinbezogen werden. Der Kunde genügt seiner Darlegungslast, wenn er vorträgt, dass die Gebühr im Vergleich zu anderen Banken unangemessen hoch oder mit Blick auf übliche Kosten eines Bankmitarbeiters

---

91 BGH, Urt. v. 17.12.2013 - XI ZR 66/13, BGHZ 199, 281, Rn. 25 – ganz im Gegensatz zu BGH (Fn. 18), BGHZ 136, 261, 266.

92 BGH (Fn. 91), BGHZ 199, 281, Rn. 19 ff.

93 Vgl. näher zum Ganzen MünchKommBGB/*Casper*, 7. Aufl. 2017, § 675d Rn. 20.

94 MünchKommBGB/*Casper*, 7. Aufl. 2017, § 675d Rn. 20 m. weit. Nachw.

nicht plausibel ist. Die Bank ist sodann im Rahmen ihrer sekundären Darlegungslast verpflichtet, ihre Kalkulation der Kosten offenzulegen.

4.2.3 Gebühren für die Benachrichtigung der SEPA-Lastschriftrückgabe (§ 675o Abs. 1 S. 4 BGB)

Die in BGH WM 2012, 1383 zuletzt bestätigte Rechtsprechung, dass eine Gebühr für die Benachrichtigung über die Rückgabe von Lastschriften nach § 307 BGB unzulässig ist, lässt sich auf Basis des § 675o Abs. 1 S. 4 BGB nicht länger aufrechterhalten, was der XI. Zivilsenat inzwischen auch höchstselbst anerkannt hat.[95] Nach der vollständigen Umstellung des Lastschriftverfahrens auf SEPA-Lastschriften[96] sind derartige Gebühren sowohl im Verhältnis zu Verbrauchern wie zu Unternehmern zulässig. Rechtsökonomisch ist auch § 675o Abs. 1 S. 4 BGB ein gelungenes Beispiel für das Verursacherprinzip.

5 Gesamtwürdigung und Ausblick

Die Rechtsprechung zur Entgeltkontrolle kann nicht durchweg überzeugen. Die Grenze zwischen der Kontrollfreiheit (§ 307 Abs. 3 S. 1 BGB) und der unangemessenen Benachteiligung (§ 307 Abs. 1, Abs. 2 BGB) verschwimmt zunehmend. Insbesondere überzeugt es nicht, bereits bei § 307 Abs. 3 S. 1 BGB danach zu fragen, ob eine Klausel dazu dient, allgemeine Betriebskosten, den Aufwand für die Erfüllung eigener Pflichten oder die Kosten für Tätigkeiten im eigenen Interesse auf den Kunden abzuwälzen.

Die Rechtsprechung zur Entgeltkontrolle führt zu ökonomischen Fehlallokationen, insbesondere dadurch, dass sie All-inclusive-Modellen unnötig Vorschub leistet. Dies führt zu Quersubventionen zulasten solcher Kunden, die wenig Aufwand verursachen. Zudem ist gerade im gewerblichen Bereich eine Intransparenz zu bemängeln, die dadurch verursacht wird, dass möglichst viele Kosten im Zins oder in pauschalen Kontoführungsgebühren eingepreist werden.

Rechtsökonomisch wäre der verstärkte Übergang zu einem moderaten Verursacherprinzip wünschenswert, wie es bereits in §§ 675d Abs. 3, 675f Abs. 5 S. 2 BGB und nunmehr in § 675l Abs. 1 S. 3 BGB n.F. zum Ausdruck kommt. Da eine

95 So in BGH, Urt. v. 22.05.2012 – XI ZR 290/11, WM 2012, 1383, Rn. 54.
96 Vgl. dazu nur MünchKommBGB/*Casper*, 7. Aufl. 2017, § 675f Rn. 74 ff.

Entwicklung der Rechtsprechung in dieser Hinsicht nicht zu erwarten steht, ist insoweit verstärkt auf Interventionen durch den Gesetzgeber zu setzen. Wie diese aussehen können, kann hier nicht mehr näher entfaltet werden und bedarf künftiger gesonderter Untersuchungen. Abgesehen von der vermutlich geringen politischen Bereitschaft, Banken zulasten von Bankenkunden zu privilegieren, bleibt die Frage nach dem Regelungsstandort. Zu diskutieren werden sein eine Bereichsausnahme in § 310 BGB zugunsten einer gesonderten, auf dem Verursacherprinzip basierenden, bankenspezifischen Lösung an anderer Stelle im BGB oder eine Klarstellung in §§ 488 ff. BGB bezüglich der Zulässigkeit von Bearbeitungsentgelten bzw. eine Aussage in § 307 BGB, dass Entgelte, die für Tätigkeiten, die auch im eigenen Interesse erbracht werden, nicht allein deshalb unangemessen seien. Eine bankenspezifische Spezialregelung könnte systematisch gut bei der überfälligen Kodifikation des privaten Bankvertragsrechts erfolgen. Hierauf zu hoffen, scheint indes selbst für einen unverbesserlichen Optimisten vermessen.

Univ.-Prof. Dr. Sebastian Omlor, LL.M. (NYU), LL.M. Eur.,
Universität Marburg

Negativzinsen

DOI 10.1515/9783110577433-003

1 Marktumfeld

Die Zinsmärkte in Europa und weltweit befinden sich seit wenigen Jahren aus wirtschaftsgeschichtlicher Sicht in einem Ausnahmezustand. Nicht nur verschiedene Zinssätze der EZB und anderer Notenbanken sind in den negativen Bereich gefallen. Auch die realen Zinsen haben historische Tiefststände erreicht. Die *Bank of Japan* hatte ihren Leitzins schon zum 1. Dezember 2008 auf 0,3% reduziert. Bereits seit September 1995 überschritt er nicht mehr die Grenze von 0,75%. Diese Marke erreichte der EZB-Leitzins für das Hauptrefinanzierungsgeschäft erst im Juli 2012. Den Wert von 0% legte die EZB zum März 2016 fest.

EZB-Zinssatz für das Hauptrefinanzierungsgeschäft

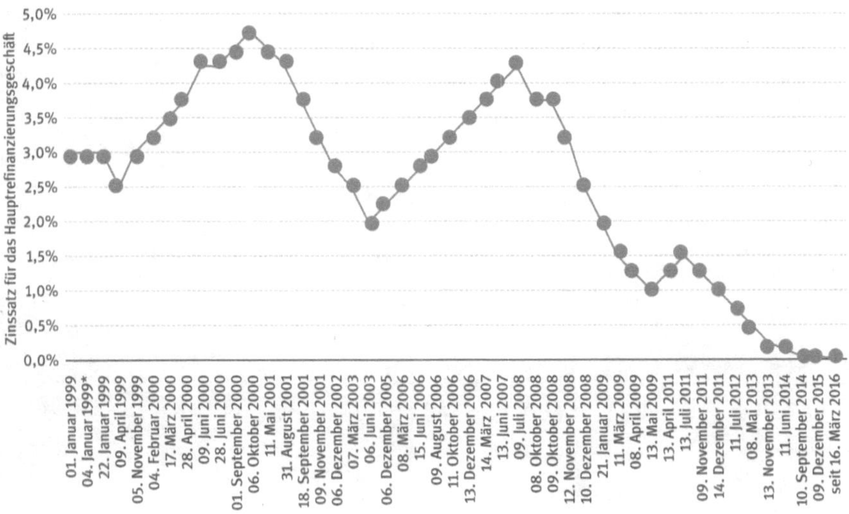

Quelle: EZB/de.statista.com

Für die Einlagensätze ist der Trend ähnlich. Schon zum 1. Juli 2012 senkte die Dänische Nationalbank den Einlagesatz auf -0,07% ab. Nach einem kurzen positiven Intermezzo liegt der Wert inzwischen konstant im negativen Bereich. Auch die Schweizerische Nationalbank operiert seit dem 1. August 2012 mit negativen Einlagesätzen. Für die Schweiz handelt es sich aber nicht um eine Novität, da bereits in den 1970er Jahren negative Einlagesätze festgelegt wurden. Am 11. Juni 2014 schließlich senkte die EZB den Zinssatz ihrer Einlagefazilität auf -0,05% ab. Seit März 2016 liegt er konstant bei -0,40%.

EZB-Zinssatz für die Einlagenfazilität

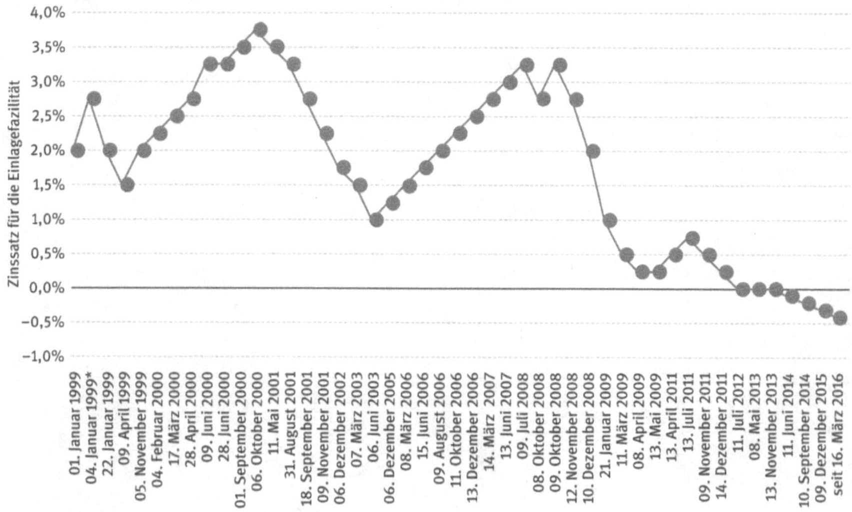

Quelle: EZB/de.statista.com

Auch die realen Zinsen kennen seit mehreren Jahren bis Jahrzehnten vor allem den Weg in Richtung zur Nullmarke und darüber hinaus. Seit Mai 2015 befindet sich der 3-Monats-EURIBOR im negativen Bereich, gleiches gilt für den 3-Monats-LIBOR.

Durchschnittlicher Geldmarktzins

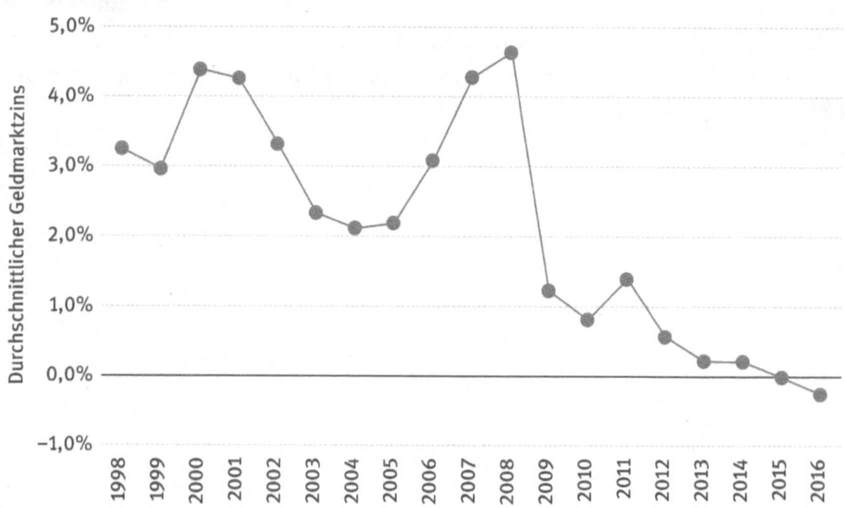

Quelle: EZB/de.statista.com

Für die Rechtsordnung, vor allem für die Privatrechtsordnung, bergen diese negativen Werte bei Einlagesätzen der Notenbanken und bei Referenzgrößen für reale Zinsen – verbreitet als „Negativzinsen" bezeichnet – eine enorme Herausforderung. Kennt unsere Privatrechtsordnung negative Zinsen im Rechtssinne? Können sich bestehende Darlehensverträge durch Zinsklauseln oder einseitige Leistungsbestimmungsrechte dergestalt fortentwickeln, dass sie eine Entgeltzahlungspflicht des Darlehens*gebers* vorsehen? Welche Auswirkungen haben negative Basiszinsen auf vertragliche und gesetzliche Zinsschulden? Können Zins-Swaps ihre Absicherungsfunktion in Zeiten negativer Bezugsgrößen noch erfüllen?

Im Folgenden wird vom Rechtsbegriff des Zinses ausgegangen und sodann vor allem das Kreditgeschäft fokussiert. Im Anschluss ist zu prüfen, inwieweit diese Erkenntnisse auf das Einlagengeschäft übertragen werden können. Die Sonderkonstellation um Zinsderivate am Beispiel der Zins-Swaps schließt sich an. Aufklärungspflichten im vorvertraglichen Stadium und Inhaberschuldverschreibungen runden schließlich die Kapitel ab, bevor eine kurze Zusammenfassung folgt.

2 Rechtsbegriff des Zinses

2.1 Notwendigkeit einer Nominaldefinition

Das BGB lässt zentrale Begriffe unserer Rechts- und Wirtschaftsordnung undefiniert. Dazu gehört nicht nur der schillernde Begriff des Geldes,[1] sondern auch derjenige des Zinses. Vielfach ist in unserer alt-ehrwürdigen Privatrechtskodifikationen von Zinsen die Rede.[2] Ebenso wie der Begriff des Geldes ist derjenige des Zinses durch außerrechtliche und vor allem ökonomische Faktoren vorgeprägt. Dennoch erfordert unsere Privatrechtsordnung eine eigenständige Zinsdefinition, die wirtschaftswissenschaftliche Erkenntnisse zwar nicht ausblendet, aber sich den spezifischen Bedürfnissen des Rechts unterordnet.[3] Ziel ist daher die Formulierung einer Nominaldefinition des Zinses, die eine Systematisierung des

1 Vgl. *Omlor*, Geldprivatrecht, 2014, S. 59 ff.

2 §§ 101 Nr. 2, 212 Abs. 1 Nr. 1, 216 Abs. 3, 246-248, 256, 288-291, 301, 358 Abs. 4 S 4, 367, 379 Abs. 2, 396 Abs. 2, 488, 489 Abs. 2, 494 Abs. 2-5, 497 Abs. 2-3, 501, 502 Abs. 1, 505 Abs. 3, 507 Abs. 3, 551 Abs. 3 S 1, 559a Abs. 2, 675g Abs. 3, 675t Abs. 1 S 2, 675y Abs. 4, 675z S. 2 BGB.

3 Ähnlich *Mülbert*, AcP 192 (1992) 447, 495; *Hingst/Neumann*, BKR 2016, 95, 97.

privaten Zinsrechts trägt und damit dessen dogmatische Durchdringung katalysiert. Vor diesem Hintergrund ist der Zinsbegriff kein statischer, sondern er steht in einer Wechselwirkung mit der jeweiligen *lex lata*.

2.2 Tradierte Zinsdefinition mit gewohnheitsrechtlichen Zügen

2.2.1 Entwicklung einer allgemein anerkannten Definition

Nach neuerer Auffassung ist Zins im Rechtssinne das für die Möglichkeit des Gebrauchs von zeitweilig überlassenem Kapital zu leistende Entgelt, das zeitabhängig, aber zugleich gewinn- und umsatzunabhängig berechnet wird.[4] Diese Definition geht auf die Rechtsprechung des Reichsgerichts[5] zurück und hat sich seitdem mit Änderungen im Detail als ganz herrschend in Rechtsprechung wie Literatur verfestigt. Schon im römischen Recht wurde unter Zinsen das Entgelt für die Nutzung oder Nutzungsmöglichkeit von fremdem Geld oder sonstiger vertretbarer Sachen verstanden.[6] Bis zum erstmaligen Auftreten von negativen Zinsen vor wenigen Jahren existierte in Deutschland kein Streit über die Frage, ob Zinsen ein Entgelt darstellen, das ausschließlich derjenige zu zahlen hat, dem zeitweilig Kapital überlassen wird.[7] Die Zinsdefinition steht zudem im Einklang mit der in Rechtsprechung[8] wie Literatur[9] gefestigten Ansicht, wonach Zinsen Zivilfrüchte i.S.v. § 99 Abs. 3 BGB darstellen. Als solch ein Ertrag, den Kapital vermöge eines Rechtsverhältnisses gewährt, lässt sich nur eine positive Vergütung an denjenigen verstehen, welcher die Sache bzw. das Recht zur Verfügung

---

4 BGHZ 201, 168 Rn. 43; *Canaris*, NJW 1978, 1891, 1892; *Bezzenberger*, WM 2002, 1617 f.; Staudinger/*Omlor*, 2016, § 247 Rn. 23 ff.; *Krepold*, in: Schimansky/Bunte/Lwowsky (Hrsg.), Bankrechts-Handbuch, 5. Auflage 2017, § 78 Rn. 1; ebenso der Sache nach Staudinger/*Blaschczok*, 1997, § 246 Rn. 7 ff.

5 RGZ 86, 399, 400 f.; RGZ 94, 137, 138; RGZ 118, 152, 155; RGZ 160, 71, 78 ff.; RGZ 168, 284, 285 f.; RG JW 1936, 921.

6 *Kaser*, Das römische Privatrecht, Band I, 2. Auflage 1971, S. 496); *Honsell/Mayer-Maly/Selb*, Römisches Recht, 4. Auflage 1987, S. 241.

7 Vgl. *Becker*, WM 2013, 1736, 1737; *Hingst/Neumann*, BKR 2016, 95, 97; *Grunwald/Walter/Zipse*, BKR 2016, 450, 453; Staudinger/*Omlor*, 2016, § 246 Rn. 42.

8 BGHZ 81, 8, 13.

9 MünchKomm BGB/*Stresemann*, 7. Auflage, § 99 Rn. 12; Staudinger/*Omlor*, 2016, § 246 Rn. 44; a.A. Staudinger/*Stieper*, 2017, § 99 Rn. 17; *Soergel/Marly*, 13. Auflage, § 99 Rn. 15; Erman/*J. Schmidt*, 15. Auflage, § 99 Rn. 6 (unmittelbare Früchte nach § 99 Abs. 2 BGB).

stellt.[10] Zivilfrucht ist die „Gegenleistung für die Überlassung ... an andere zur Nutzung“[11].

2.2.2 Kontinuität und Vertrauensschutz

Im Hinblick auf die Konstanz der höchstrichterlichen Rechtsprechung über einen Zeitraum von mehr als einem Jahrhundert und eine in diesem Punkt bislang allgemeine Ansicht in der Literatur liegt eine Annahme von Gewohnheitsrecht nicht fern. Selbst wenn eine gewohnheitsrechtliche Anerkennung abzulehnen wäre, sprechen gegen eine *ad hoc*-Änderung dieses Konsenses Gründe des Vertrauensschutzes. Betroffen ist auch, aber nicht nur die Änderung einer feststehenden höchstrichterlichen Rechtsprechung, für welche die Verfassungsrechtsprechung[12] eine hinreichende Begründung und eine Voraussehbarkeit fordert. Angesichts des Fehlens jeglicher Anzeichen für eine Rechtsprechungsänderung fehlte es vorliegend an einer solchen voraussehbaren Entwicklung. Es bedarf aus Gründen der Rechtssicherheit auch darüber hinaus gewichtiger Gründe, um eine terminologische wie zinsdogmatische Übung mit gewohnheitsrechtlichem Touch ohne Vorlaufzeit nach mehr als 100 Jahren zu kippen und durch ein konträres Konzept zu ersetzen. Der Rechtsverkehr vertraut auf den Fortbestand der rechtlichen Institution des Zinses mit seinem tradierten Bedeutungsgehalt. Damit wird der Zinsbegriff keinesfalls ohne Fortentwicklungsperspektive festgeschrieben. Für eine Änderung bedarf es zuvor jedoch hinreichender Maßnahmen, um das bestehende Vertrauen in den unveränderten Inhalt des Zinsbegriffes zu zerstören. Dabei sind die Anforderungen an die vertrauensbeendenden Akte umso höher, je tiefgreifender der Zinsbegriff umgestaltet werden soll. Eine Umgestaltung von einem Entgelt des Kapitalnehmers zu einem Entgelt des Kapitalgebers tangierte den Zinsbegriff in seinem Wesenskern. Eine solche Änderung könnte daher vertrauensschützend lediglich mit *ex nunc*-Wirkung erfolgen.[13]

---

10 Vgl. Staudinger/*Stieper*, 2017, § 99 Rn. 18.

11 BGHZ 180, 285 Rn. 12.

12 BVerfGE 122, 248, 277; zurückhaltend hingegen BGHZ 132, 119, 130; BGH NJW 2007, 2987 Rn. 28 ff. (regelmäßig zulässige unechte Rückwirkung).

13 Vgl. zur Aufgabe einer gefestigten Rechtsprechung BVerfGE 122, 248, 277 f.

2.2.3 Abgrenzung

Nicht verfangen vermag dabei der Hinweis auf die empirische Tatsache, dass die Europäische Zentralbank seit dem 11. Juni 2014 mit negativen Sätzen für die Einlagefazilität operiert. Ebenso wie das Zivilrecht allgemein eine Eigenständigkeit gegenüber dem Währungsrecht aufweist, vermag die konturenschwache Parömie von der „Einheit der Rechtsordnung" keine unreflektierte Transplantation von Begrifflichkeiten und Rechtsinstituten zu legitimieren.[14] Währungspolitik und Zivilrechtsdogmatik verfolgen keinesfalls die identischen Ziele mit paralleler Methodik. Damit hängt unmittelbar zusammen, dass es sich bei den Zinssätzen für Einlagen bei einer Notenbank nicht um Zinsen im Rechtssinne handelt, denn die Notenbank verfolgt erkennbar nicht das Ziel, sich eine Kapitalnutzungsmöglichkeit zu verschaffen und dafür ein Entgelt zu entrichten.[15] Auch § 247 BGB vermag nicht als Kronzeuge einer Akzeptanz von Negativzinsen durch das BGB dienen: Es handelt sich beim Basiszinssatz lediglich um eine fiktive Rechengröße, nicht um den gesetzlich vorgegebenen Inhalt einer Zinsschuld.[16]

2.3 Normative Verankerung des rechtlichen Zinsbegriffs

Entgegen einer verbreiteten Argumentationslinie in der Literatur ist die Rechtsnatur des Zinses als Entgelt desjenigen, der Kapital auf Zeit erlangt hat, keinesfalls eine gesetzesferne These – gleichsam eine terminologische Laune unflexibler Stimmen aus Literatur und Rechtsprechung ohne legislativen Erhaltungsimperativ. Im BGB selbst, aber auch in der Insolvenzordnung und im UN-Kaufrecht finden sich verschiedene Vorschriften, welche eine einheitliche gesetzgeberische Vorstellung zu einem einheitlichen rechtlichen Zinsbegriff widerspiegeln.

---

14 A.A. *Hingst/Neumann*, BKR 2016, 95, 97.

15 *Zellweger-Gutknecht*, «Negativzins» und Bilanzsituation der SNB aus monetärrechtlicher Sicht, in: Jusletter 9. Februar 2015, S. 11 f.

16 Diese Rechtsnatur verkennen *Hingst/Neumann*, BKR 2016, 95, 97; *Söbbing/von Bodungen*, ZBB 2016, 39, 41; *Schürmann/Langner*, in: Schimansky/Bunte/Lwowski (Hrsg.), Bankrechts-Handbuch, 5. Auflage 2017, § 70 Rn. 25a.

2.3.1 Erfüllungsrecht

Im Erfüllungsrecht ordnet § 367 Abs. 1 BGB die subsidiäre Erfüllungsreihenfolge für Zinsen und Kosten an. Dort heißt es im Wortlaut: „Hat der Schuldner ... Zinsen zu entrichten ...". An dieser Stelle des Allgemeinen Schuldrechts ist noch offen, wer im konkreten Fall Schuldner der Zinszahlung ist. Gäbe es negative Zinsen im Rechtssinne, könnte es sich hierbei auch um diejenige Partei handeln, welche das zu verzinsende Kapital zur Verfügung gestellt hat. Diese Offenheit endet jedoch bei systematischer Betrachtung gemeinsam mit § 497 Abs. 3 Satz 1 BGB. Diese Vorschrift des Verbraucherdarlehensrechts sieht in Abweichung von § 367 Abs. 1 BGB eine andere Tilgungsreihenfolge vor. Vor allem aber heißt es dort wörtlich: „Zahlungen des Darlehensnehmers ... werden ... auf die Zinsen ... angerechnet". Das Gesetz stellt auf diese Weise klar, dass bei der vertragstypnotwendigen Zinszahlung ein Zahlungsstrom ausschließlich vom Darlehensnehmer an den Darlehensgeber erfolgt. Damit steht im Einklang, dass sowohl die allgemeine Verbraucherkreditrichtlinie[17] als auch die speziellere Wohnimmobilienkreditrichtlinie[18] jeweils zinslose Darlehen aus ihrem Anwendungsbereich ausnehmen. Der deutsche Gesetzgeber interpretierte in beiden Fällen „zinslos" als „für den Verbraucher unentgeltlich" (vgl. § 491 Abs. 2 und 3 BGB). Schließlich liegt dem allgemeinen § 488 Abs. 1 Satz 2 BGB dieses Zinsverständnis zugrunde, wonach als potentieller Zinsschuldner ausschließlich der Darlehensnehmer benannt wird.

2.3.2 Insolvenzrecht

Auch im Insolvenzrecht findet sich die gesetzgeberische Vorstellung wieder, wonach derjenige eine Zinszahlung erhält, dem ein Gegenstand zeitweise nicht zur Verfügung steht. Nach § 169 Satz 1 InsO kann dem absonderungsberechtigten Gläubiger ein Ausgleichsanspruch in Gestalt einer Zinszahlung zustehen, wenn er während des Verfahrens durch Maßnahmen des Insolvenzverwalters (vgl. § 21 Abs. 1, Abs. 2 Nr. 3 InsO) an einer Verwertung des Aussonderungsguts zeitweise gehindert ist.[19] Die Vergleichbarkeit mit den Fällen der Verzinsung einer Geld-

---

17 Art. 2 Abs. 2 lit. f Richtlinie 2008/48/EG über Verbraucherkreditverträge vom 23.04.2008, ABl. EU Nr. L 133 S. 66 vom 22.05.2008.

18 Art. 3 Abs. 2 lit. c 2014/17/EU über Wohnimmobilienkreditverträge für Verbraucher vom 04.02.2014, ABl. EU Nr. L 60 S. 34 vom 28.02.2014.

19 Zur ratio legis vgl. *Becker*, in: Nerlich/Römermann, Insolvenzordnung, Stand: 31. EL Januar 2017, § 169 Rn. 1 f.; *Sinz*, in: K. Schmidt (Hrsg.), Insolvenzordnung, 19. Auflage 2016, § 169 Rn. 1.

schuld aus § 497 Abs. 3 BGB wird – ungeachtet der normspezifischen Besonderheiten in § 169 InsO – nicht bereits dadurch gehindert, dass bei § 169 InsO keine Geldzahlung, sondern eine verzögerte Verwertung eines Aussonderungsguts betroffen ist. Die verzinsungsfähige Kapitalschuld im Sinne der Zinsdefinition kann sich nicht nur auf Geld, sondern auch auf vertretbare Sachen beziehen.[20] Die Richtung der Zinszahlungsströme in § 497 Abs. 3 Satz 1 BGB und in § 169 InsO ist ungeachtet normspezifischer Details parallel.

2.3.3 UN-Kaufrecht

Auch dem Recht des internationalen Handelskaufs in Gestalt des UN-Kaufrechts, das in der Bundesrepublik Deutschland seit Anfang 1991 infolge Ratifikation[21] gilt, lässt sich unzweideutig das identische Zinsverständnis – wenn auch für den Spezialfall der Verzugszinsen – entnehmen. Nach Art. 78 CISG steht dem Gläubiger des Kaufpreises oder eines anderen fälligen Betrags ein Zinsanspruch gegen den Schuldner dieses Geldzahlungsanspruchs zu; materiell handelt es sich um einen Fall der Verzugszinsen. Ebenso ordnet Art. 84 Abs. 1 CISG eine Verzinsungspflicht des Verkäufers und Geldschuldners an, sofern der Kaufvertrag infolge Aufhebung rückabgewickelt wird. Hierdurch soll ein Vorteilsausgleich zwischen den Parteien für die zeitweilige Erlangung des Kaufpreises stattfinden.[22] Eine Zinszahlung des Geldgläubigers an den Geldschuldner kennt das CISG nicht. Dies belegen die Zinszahlungspflichten des Geldschuldners aus Art. 78 und Art. 84 Abs. 1 CISG.

2.3.4 Zwischenergebnis

Zusammenfassend ergibt sich somit, dass der Rechtsbegriff des Zinses eine definitorische Untergrenze bei 0% aufweist, bei deren Erreichen die Pflicht zur Zinszahlung entfällt. Eine Umkehrung der Leistungsrichtung von der Partei, die das Kapital zur Verfügung stellt, an die Partei, welche das Kapital zeitweilig erlangt, ist mit dem geltenden Zinsbegriff unvereinbar. Aus Sicht der deutschen Privat-

---

20 *Soergel/Arnold*, 13. Auflage, § 246 Rn. 4; Staudinger/*Omlor*, 2016, § 246 Rn. 24; BeckOGK BGB/*Coen*, Stand: 01.09.2017, § 246 Rn. 50 f.
21 BGBl. 1989 II S. 586 f.
22 MünchKomm BGB/*Huber*, 7. Auflage 2016, Art. 84 CISG Rn. 1.

rechtsordnung existieren somit negative Zinsen nicht.[23] Dogmatisch handelt es sich um ein Verwahrungsentgelt[24] bei einem Zinssatz von 0%[25], wodurch vor allem ein Ausgleich für das Geldwertrisiko für den Kapitalnehmer erfolgen soll[26].

3 Negative Basiszinsen

Das BGB selbst normiert in § 247 BGB mit dem Basiszinssatz eine Bezugsgröße, die gegenwärtig einen negativen Wert aufweist. Ob damit die soeben dargelegte Zinsdefinition torpediert wird, hängt zentral von der Rechtsnatur des Basiszinssatzes ab.

3.1 Gesetzgebungsgeschichte

Der Basiszinssatz des § 247 BGB versteht sich entstehungsgeschichtlich als Gegenentwurf zum starren gesetzlichen Zinssatz des § 246 BGB. Vor allem ab dem Ende der 1970er Jahre sah sich der gesetzliche Zinssatz einer zunehmenden rechtspolitischen wie verfassungsrechtlichen Kritik ausgesetzt. Hauptangriffspunkt war die Verwendung des gesetzlichen Zinssatzes für die Berechnung der gesetzlichen Verzugszinsen. Eine konzeptionelle Änderung erzwang schließlich die erste Zahlungsverzugsrichtlinie[27] aus dem Jahr 2000, die für Zahlungsverpflichtungen im Geschäftsverkehr einen variablen Mindestzinssatz und einen fixen Zuschlag von sieben Prozentpunkten vorsah.[28] Im Zuge der Schuldrechtsreform wurde der variable Basiszinssatz in das BGB integriert und ersetzte den früheren Basiszinssatz nach dem Diskont-Überleitungs-Gesetz (DÜG). Die zweite Zahlungsverzugsrichtlinie[29] ließ den Basiszinssatz als solchen unverändert.

---

23 *Becker*, WM 2013, 1736, 1738; Ernst, ZfpW 2015, 250, 251; Staudinger/*Omlor*, 2016, § 246 Rn. 42; jurisPK-BGB/*Schwintowski*, 8.Auflage, § 488 Rn. 37.1; BeckOGK BGB/*C. Weber*, Stand: 01.08.2017, § 488 Rn. 226; a.*A. Hingst/Neumann*, BKR 2016, 95, 97; *Söbbing/von Bodungen*, ZBB 2016, 39, 41 *Langner/Müller*, WM 2015, 1979, 1980.

24 *Ernst*, ZfPW 2015, 250, 252.

25 *Becker*, WM 2013, 1736, 1742.

26 *Zellweger-Gutknecht*, ZfPW 2015, 350, 371.

27 Richtlinie 2000/35/EG zur Bekämpfung von Zahlungsverzug im Geschäftsverkehr vom 29.06.2000, ABl. EU Nr. L 200 S. 35 vom 08.08. 2000.

28 Art. 3 Abs. 1 lit. d Richtlinie 2000/35/EG.

29 Richtlinie 2011/7/EU zur Bekämpfung von Zahlungsverzug im Geschäftsverkehr vom 16.02.2011, ABl. EU Nr. L 48 S.1 vom 23.02.2011.

3.2 Berechnungsweise

3.2.1 Bezugsgröße

Die Berechnungsgrundlage wird durch die Zahlungsverzugsrichtlinie vorgegeben. Für den Euroraum legt Art. 2 Nr. 7 lit. a Richtlinie 2011/7/EU den Bezugszinssatz fest als entweder
„i) den von der Europäischen Zentralbank auf ihre jüngsten Hauptrefinanzierungsoptionen angewendeten Zinssatz oder
ii) den marginalen Zinssatz, der sich aus Tenderverfahren mit variablem Zinssatz für die jüngsten Hauptrefinanzierungsoptionen der Europäischen Zentralbank ergibt".

Der deutsche Gesetzgeber hat sich in § 247 Abs. 1 Satz 3 BGB dafür entschieden, den Zinssatz der jüngsten Hauptrefinanzierungsoption in Bezug zu nehmen. Die praktische Berechnungsweise nimmt als Ausgangspunkt den in § 247 Abs. 1 Satz 1 BGB genannten Zinssatz von 3,62%. Dieser galt eine juristische Sekunde vor dem Inkrafttreten des Schuldrechtsmodernisierungsgesetzes[30] am 1. Januar 2002 um 0 Uhr und änderte sich erstmals mit dessen Inkrafttreten. Addiert oder subtrahiert wird jeweils die absolute Differenz der Veränderung der Bezugsgröße. Da der Hauptrefinanzierungssatz am 1. Januar 2002 um 0 Uhr 3,45% betrug und zu diesem Zeitpunkt der Basiszinssatz 2,57%, liegt der Basiszinssatz stets 0,88 Prozentpunkte unterhalb des jeweiligen Hauptrefinanzierungssatzes.

3.2.2 Entstehung eines negativen Basiszinssatzes

Die Problematik eines negativen Basiszinssatzes entsteht somit immer dann, wenn sich der maßgebliche Hauptrefinanzierungssatz auf weniger als 0,88% beläuft. Zum 11. Juli 2012 wurde der Hauptrefinanzierungssatz der EZB auf 0,75% gesenkt. Bei der nächsten Anpassung des Basiszinssatzes zum 1. Januar 2013 stand daher eine Absenkung auf -0,13% an. Seither sank der Hauptrefinanzierungssatz bis auf die seit dem 16. März 2016 geltenden 0,0%. Sofern aus unionsrechtlichen oder währungspolitischen Gründen ein weiteres Sinken des Hauptrefinanzierungssatzes für ausgeschlossen gehalten wird[31], hat der Basiszinssatz mit dem aktuellen Wert von -0,88% sein Allzeittief erreicht.

30 Gesetz zur Modernisierung des Schuldrechts vom 26.11.2001, BGBl. I S. 3138.

31 BeckOGK BGB/*Coen*, Stand 01.09.2017, § 247 BGB Rn. 35; *ders.* NJW 2012, 3329, 3330.

3.3 Basiszins und Zinsschuld

3.3.1 Rechtsnatur als fiktive Rechengröße

Zinsrechtsdogmatisch bereitet ein negativer Basiszinssatz unmittelbar keine ernsthaften Probleme.

Der Basiszinssatz des § 247 BGB ist als fiktive Rechengröße ausgestaltet,[32] ohne aus sich heraus eine Zinsschuld begründen zu können. Seiner Konzeption nach taugt der Basiszinssatz lediglich als Ausgangspunkt für die Bestimmung des maßgeblichen Zinssatzes einer Zinsschuld. Negative Basiszinsen sind daher der Dogmatik des § 247 BGB immanent.[33] Die eigentlichen Rechtsanwendungsprobleme entstehen vor allem dann, wenn eine vertragliche oder gesetzliche Regelung den Basiszinssatz gänzlich ohne oder mit einer zu geringen zusätzlichen Zinsspanne in Bezug nimmt.

3.3.2 Verzugszinsen

Beim gesetzlichen Verzugszinssatz des § 288 Abs. 1 Satz 2, Abs. 2 BGB ist dies nicht der Fall. Die Zinsspanne von fünf bzw. neun Prozentpunkten versteht sich dabei nicht als Mindestverzugszinssatz.[34] Die *ratio legis* des § 288 BGB und der zugrundeliegenden Bestimmungen der Zahlungsverzugsrichtlinien ist auf die Förderung einer „Kultur der unverzüglichen Zahlung"[35] ausgerichtet. Inwieweit ein effektiver Anreiz zur gesetzgeberisch erwünschten fristgerechten Zahlung gesetzt wird, richtet sich nach dem jeweiligen Zinsmarktumfeld. Insofern wird die Kernfunktion von Verzugszinsen nicht verfehlt, wenn der Basiszinssatz in den negativen Bereich fällt und der finale Verzugszinssatz daher unter den absoluten Wert der Zinsspannen von fünf bzw. neun Prozentpunkten sinkt.

Vertragliche Modifikationen am Verzugszinssatz sind zulässig. Zu fragen ist jedoch, ob solchen Zinsklauseln ein Mindestverzugszinssatz entnommen werden kann, so dass der relevante Basiszinssatz eine Untergrenze von 0% erhielte. Für eine solche einseitig gläubigerfreundliche Annahme bedarf es hinreichender Anhaltspunkte; sie darf nicht ohne weiteres unterstellt werden. Zu berücksich-

---

32 Staudinger/*Omlor*, 2016, § 247 Rn. 24; ähnlich *Becker* WM 2013, 1736, 1738; BeckOGK BGB/*Coen* Stand 01.09.2017, § 247 Rn. 21.

33 Staudinger/*Omlor*, 2016, § 247 Rn. 24; im Ergebnis ebenso *Coen*, NJW 2012, 3329, 3330.

34 DNotI, DNotI-Report 2013, 21, 22; a.A. *Klose*, NJ 2014, 13, 14 f.

35 Erwägungsgrund 12 Satz 2 Richtlinie 2011/7/EU.

tigen ist weiterhin, dass die Konzeption von § 288 Abs. 1 Satz 2, Abs. 2 BGB als gesetzliches Leitbild i.S.v. § 307 Abs. 2 Nr. 1 BGB fungiert. Auch ist eine Mindestverzugszinssatzklausel an § 309 Nr. 5 BGB zu messen.[36] Gegenüber Unternehmern greift jedoch nicht nur die Erleichterung aus § 310 Abs. 1 Satz 2 Halbsatz 2 BGB, sondern vor allem die Zielsetzung der Zahlungsverzugsrichtlinie ein: Verschärfungen der Verzugshaftung im geschäftlichen Verkehr werden tendenziell unterstützt. Daher hält eine Zinsklausel mit einem Mindestverzugszinssatz im Anwendungsbereich der Zahlungsverzugsrichtlinie einer AGB-Kontrolle stand,[37] während sie gegenüber Verbrauchern regelmäßig unangemessen ist.[38]

3.3.3 Gesetzliche Zinsschulden ohne Zinsspanne

Anders als bei § 288 BGB existieren auch gesetzliche Verweisnormen, die ohne eine zusätzliche Zinsspanne auskommen. § 29 Abs. 2 AVBFernwärmeV und § 29 Abs. 2 AVBWasserV inkorporieren den unveränderten Basiszinssatz für die Höhe der Verzinsung von Barsicherheiten zugunsten von Versorgungsunternehmen. Ein Absinken unter den Wert von 0% ist in beiden Fällen ausgeschlossen.[39] Ansonsten wäre die Höhe der Barsicherung betroffen, welche abschließend durch das Angemessenheitskriterium in § 29 Abs. 1 AVBFernwärmeV und § 29 Abs. 1 AVBWasserV festgelegt wird. Im Übrigen folgt im Einzelfall aus der Auslegung der konkreten Norm, ob eine ungeschriebene Zinsuntergrenze existiert oder nicht. Im Zweifel ist eine Untergrenze von 0% anzunehmen, wenn das Gesetzgebungsverfahren vor dem 1. Januar 2013 abgeschlossen worden ist.[40]

3.3.4 Vertragliche Zinsschulden

Vertragliche Vereinbarungen, die auf den Basiszinssatz verweisen, bedürfen einer Auslegung nach den allgemeinen Regeln der §§ 133, 157 BGB. Besondere Bedeutung kommt dem normativierten Erwartungs- und Erfahrungshorizont der Parteien zu.[41] Frühestens ab der Festlegung eines Hauptrefinanzierungssatzes

36 BGH NJW 1984, 2941 f.

37 DNotI, DNotI-Report 2013, 21, 23.

38 MünchKomm BGB/*Wurmnest*, 7. Auflage, § 309 Nr. 5 Rn. 18.

39 *Coen*, NJW 2012, 3329, 3332.

40 Staudinger/*Omlor*, 2016, § 247 Rn. 41.

41 Vgl. allgemein Erman/*Arnold*, 15. Auflage, § 133 Rn. 19; Prütting/Wegen/Weinreich/*Ahrens*, 12. Auflage, § 133 Rn. 22; *Mittelstädt*, Die Auslegung empfangsbedürftiger Willenserklärungen,

von unter 0,88% am 11. Juli 2012 kann es als mit hinreichender Wahrscheinlichkeit erwartbar eingeordnet werden, dass der Basiszinssatz auch zukünftig unter die Nullmarke fallen könnte. Zuvor mögen negative Basiszinsen wirtschaftsgeschichtlich zwar als möglich erschienen sein; normativ musste ein verständiger Vertragspartner für Euro-Geldschuldverhältnisse aber regelmäßig nicht mit ihnen rechnen. Für Deutschland[42] stellen sie – soweit ersichtlich – eine zinsgeschichtliche Novität dar. Da der Basiszinssatz einen halbjährigen Anpassungsturnus aufweist und bis zum Halbjahresende noch ein Richtungswechsel des Hauptrefinanzierungssatzes möglich gewesen wäre, ist wie bei gesetzlichen Verweisnormen auf den 1. Januar 2013 als zeitliche Wasserscheide für die Klauselauslegung abzustellen. Vorher kann regelmäßig von einer konkludenten Zinsuntergrenze von 0% ausgegangen werden. Danach hingegen beinhaltet der normativierte Erfahrungs- und Erwartungshorizont auch negative Basiszinssätze, so dass bei Fehlen konkreter gegenteiliger Anhaltspunkte und Vorliegen einer entsprechenden Zinsklausel eine Pflicht zur Zahlung eines Verwahrungsentgelts durch den Zins*gläubiger* anzunehmen ist.

Die Einfügung einer additiven Zinsspanne ändert an diesen Grundsätzen nichts. Die Parteien nutzen den Basiszinssatz in seiner Funktion als fiktive Rechengröße. Eine Zinsuntergrenze folgt auch bei einem margensichernden Charakter der Klausel nicht automatisch aus der Existenz einer zusätzlichen Zinsspanne. Selbst wenn der Zinsgläubiger eine solche erwartete, bedürfte es eines rechtsgeschäftlichen Einverständnisses des Zinsschuldners mit einer solchen Risikoverlagerung. Hierfür sind konkrete Anhaltspunkte im Wortlaut der Klausel oder den Umständen des Einzelfalls zu fordern. Ansonsten darf beispielsweise der Darlehensnehmer davon ausgehen, dass die Refinanzierungskosten des Darlehensgebers im gleichen Maße wie der Basiszinssatz gesunken sind, so dass ihm die feste Zinsspanne zur Kostendeckung und Gewinnerzielung ausreicht.

4 Negative Zinsen und Kreditgeschäft

Zinsklauseln in bestehenden Darlehensverträgen können im gegenwärtigen Zinsmarktumfeld mitunter rechnerisch zu einem Negativzins führen. Droht den kre-

2016, S. 35 ff.

42 Der Hinweis auf die Schweiz in den 1970er Jahren (so *Hingst/Neumann*, BKR 2016, 95) verfängt zumindest bei Rechtsgeschäften ohne Bezug zum Währungsraum der Schweiz nicht.

ditgebenden Banken damit nicht nur eine Zinslosigkeit, sondern darüber hinaus auch eine Entgeltzahlungspflicht gegenüber dem Darlehensnehmer?

4.1 Typologie des BGB-Darlehens

4.1.1 Meinungsstand

Für die Dogmatik des Darlehensvertrags hat die Frage der Existenz oder Nichtexistenz von negativen Zinsen im Rechtssinne eine grundlegende, wenn nicht gar existenzielle Bedeutung. Teilweise wird in der Literatur angenommen, als Darlehensvertrag i.S.d. §§ 488 ff. BGB lasse sich auch eine Geldüberlassung auf Zeit mit einer Entgeltzahlung vom Darlehensgeber an den Darlehensnehmer erfassen.[43] Die Höhe des Zinses lasse die Interessenlage der Parteien unverändert, die auf der einen Seite in der Aufnahme von Geldmitteln und auf der anderen Seite in deren Zurverfügungstellung bestünde.[44] Wie bei Darlehen mit positiven Zinsen werde ein Finanzierungsbedarf des Darlehensnehmers gedeckt. Der Darlehensgeber vermöge durch noch günstigere Refinanzierungsbedingungen weiterhin einen Gewinn zu erzielen. Die Konditionen nebst Kreditsicherheiten blieben auf die Risikostruktur des jeweiligen Darlehensnehmers angepasst. Die Gegenauffassung geht hingegen davon aus, dass ein gesetzestypischer Darlehensvertrag keine Entgeltzahlungspflicht des Darlehensgebers an den Darlehensnehmer vorsehen könne.[45]

4.1.2 Interessenlage beim gesetzestypischen Darlehensvertrag

Als Ausgangspunkt und Grenze einer jeden Gesetzesauslegung dient der Wortlaut des Gesetzes. In § 488 Abs. 1 Satz 2 BGB heißt es, der Darlehensnehmer sei verpflichtet, einen geschuldeten Zins zu zahlen. Auch die Kündigungsregelungen der §§ 488 Abs. 3 Satz 2, 489 Abs. 2 BGB bringen die gesetzliche Vorstellung zum Ausdruck, dass Zinsen nur vom Darlehensnehmer geschuldet sein können. Schon die nur simplistisch scheinende Verknüpfung der tradierten und dem BGB

---

43 Staudinger/*Freitag*, 2015, § 488 Rn. 51a; *Langner/Müller*, WM 2015, 1979, 1981; *Hingst/Neumann*, BKR 2016, 95, 98; *Schürmann/Langner*, in: Schimansky/Bunte/Lwowski (Hrsg.), Bankrechts-Handbuch, 5. Auflage 2017, § 70 Rn. 25a.

44 Zum Folgenden Staudinger/*Freitag*, 2015, § 488 Rn. 51a.

45 BeckOGK BGB/*Binder*, Stand: 01.05.2017, § 488 Rn. 24; *Tröger*, NJW 2015, 657, 658.

zugrundeliegenden Zinsdefinition mit dem Gesetzeswortlaut legt überaus nahe, dass mit den vertraglich nicht modifizierten §§ 488 ff. BGB keine Entgeltzahlung des Darlehensgebers an den Darlehensnehmer für die Kapitalüberlassung auf Zeit in Einklang zu bringen ist. Auch bleibt von einem Richtungswechsel der Zahlungsströme die typische Interessenlage der Parteien nicht unbeeinflusst: Ihr Schwerpunkt verlagert sich von der Deckung des Kapitalbedarfs einer Partei zur sicheren Unterbringung von Liquidität, um sie vor Deflation oder einem negativen Einlagezins der Notenbank zu bewahren.[46] Aus dem Vertrag zur Kapitalbeschaffung wird ein Vertrag zur Kapitalverwahrung.[47] Ob und auf welche Weise der Darlehensgeber seine Kosten decken kann, ist vertragstypologisch unbeachtlich.

Keinesfalls darf die Dispositivität des BGB-Gelddarlehensrechts herangezogen werden, um den gesetzlichen Strukturtypus des Gelddarlehensvertrags in seinem Kern aufzuweichen. Die privatautonome Freiheit der Parteien, einen Vertrag beliebigen Inhalts zu schließen, wird lediglich durch die allgemeinen Grenzen der §§ 134, 138 BGB eingeschränkt. Dass ein solcher Vertrag wirksam auf der Grundlage des BGB geschlossen werden kann, steht außer Zweifel. Die relevante Abgrenzung ist eine andere: Innerhalb welcher Gestaltungsgrenzen kann noch die gesetzliche Typik der §§ 488 ff. BGB angenommen werden? Was vereinbaren Parteien im Zweifel, wenn sie schlicht von einem „Darlehen“ sprechen?

4.1.3 OGH-Rechtsprechung

Der österreichische OGH, der sich anders als der deutsche BGH[48] zuletzt offener für darlehensvertragliche Entgeltgestaltungen zeigte,[49] hat sich jüngst für den Fall des Verbraucherdarlehensvertrags nach österreichischem Recht im Ergebnis der zweiten Meinungsgruppe angeschlossen.[50] Bei der Gestaltung des Entgelts hätten die Parteien zwar „freie Hand“. Allerdings „sind sich die Parteien eines Verbraucherkreditvertrags regelmäßig darüber einig, dass der Kreditnehmer als Gegenleistung für die Zurverfügungstellung der Kreditvaluta (laufend) Zinszahlungen zu leisten hat. In keinem Fall rechnet ein Kreditnehmer – gemessen am Maßstab eines redlichen Erklärungsempfängers – bei Vertragsabschluss damit,

46 Allgemein zur Abgrenzung von Darlehen und unregelmäßiger Verwahrung vgl. Staudinger/*Freitag*, 2015, § 488 Rn. 51 m.w.N.

47 Insofern zutreffend *Kropf*, WM 2017, 1185, 1188.

48 Zur formularvertraglichen Unzulässigkeit von Bearbeitungsentgelten vgl. BGH, Urt. v. 04.07.2017 – XI ZR 562/15 = ZIP 2017, 1610.

49 Zur Zulässigkeit von Bearbeitungsentgelten vgl. OGH 30.3.2016, 6 Ob 13/16d = ÖBA 2016, 446.

50 OGH 21.03.2017, 10 Ob 13/17k = ÖBA 2017, 338.

zu irgendeinem Zeitpunkt während der Kreditlaufzeit Zahlungen vom Kreditgeber zu erhalten ... Ebenso wenig ist der Kreditgeber zu irgendeiner Zeit gewillt, irgendwelche Zahlungen an den Kreditnehmer zu leisten ... Es besteht insofern beim Kreditvertrag allgemein ein übereinstimmender Parteiwille über Vertragsgegenstand und Vertragsinhalt, der eine – irreführend als ‚Negativzinsen' bezeichnete ... – Zahlungsverpflichtung der kreditgebenden Bank an den Kreditnehmer ausschließt".

4.1.4 Abgrenzung zum Vertrag mit mehrfachtypischer Leistung

Der Rechtsanwender darf schließlich nicht davor zurückschrecken, die Vertragsrechtsdogmatik in ihrer ganzen Breite auszuschöpfen. Wollen die Parteien eine Entgeltzahlung als Gegenleistung für die Entgegennahme und Aufbewahrung von Geldmitteln vorsehen, liegt ein unregelmäßiger Verwahrungsvertrag vor. Sind Schwankungen mit positiven und „negativen" Zinsen nach der Vereinbarung möglich, handelt es sich um einen Typenkombinationsvertrag aus Gelddarlehen und unregelmäßiger Verwahrung, genauer: um einen Vertrag mit mehrfachtypischer Leistung. Je nach Richtung des Zahlungsstroms finden auf diesen §§ 488 ff. BGB unmittelbar oder mittelbar über den Verweis aus § 700 Abs. 1 BGB Anwendung. Die Herausforderungen für die Rechtsanwendung sind damit überschaubar. Warum ein Typenkombinationsvertrag „rechtsmethodologisch fragwürdig"[51] oder „unnötig kompliziert"[52] sein soll, erschließt sich somit weder zivilrechtsdogmatisch noch rechtspraktisch. Es existieren auch keine zwei Parallelrechtsordnungen: eine praxistaugliche und eine dogmatisch stimmige. Beide Ziele sind in ein symbiotisches Miteinander zu bringen.

4.2 Zinsanpassungsklauseln

Bei bestehenden Darlehensverträge tritt die Problematik um „Negativzinsen" in aller Regel nur im Zusammenspiel mit Zinsanpassungsklauseln auf.

51 *Söbbing/von Bodungen*, ZBB 2016, 39, 41.
52 *Langner/Müller*, WM 2015, 1979, 1981.

4.2.1 Typen

Zinsanpassungsklauseln kennen im Wesentlichen drei Gestaltungsformen.[53] Zinsgleitklauseln führen zu einer automatischen und selbsttätigen Fortschreibung der Zinssätze, ohne dass es *ad hoc* einer Willensbetätigung der Parteien bedürfte. Zinsanpassungsklauseln im engeren Sinne kennen hingegen einen solchen Automatismus nicht, sondern erfordern konstitutiv die Erklärung einer Vertragspartei. Häufig wird dem Zinsgläubiger ein einseitiges Leistungsbestimmungsrecht i.S.d. § 315 BGB zugestanden. Einen Unterfall hierzu bilden schlichte Neuverhandlungsklauseln. Demgegenüber bewirken Kündigungsklauseln keine Fortschreibung des bestehenden Vertrages mit modifizierten Konditionen, sondern eine einseitige Vertragsbeendigung durch Kündigung. Unmittelbar können sie daher nicht zu „Negativzinsen" führen.

4.2.2 Auslegung

4.2.2.1 Altverträge

Im Hinblick auf „negative Zinsen" problematisch erscheinen daher vor allem Zinsgleit- und Zinsanpassungsklauseln. Entscheidende Bedeutung kommt dabei der Auslegung der betroffenen Zinsanpassungsklauseln zu. Als Ausgangspunkt der Auslegung dient stets der Wortlaut der Erklärung.[54] Dabei gilt, dass juristische Fachausdrücke nach dem von Wissenschaft und Praxis geprägten Sprachgebrauch auszulegen sind.[55] Vereinbaren die Parteien einen Darlehensvertrag, beziehen sie sich mangels abweichender Anhaltspunkte auf einen solchen i.S.d. §§ 488 ff. BGB. Ist eine Zinszahlung im Vertrag vorgesehen, wird damit der rechtliche Zinsbegriff adressiert, der sich im Laufe von mehr als einem Jahrhundert in Rechtsprechung und Literatur herausgebildet hat. Will eine Partei davon abweichen, muss sie diesen Willen dem Vertragspartner hinreichend deutlich zur Kenntnis bringen; diese Klarheit fordert nicht nur das AGB-Recht.[56] Diese Orientierung an der zivilrechtlichen Terminologie liegt umso näher, wenn der Vertragstext von einem professionellen Marktteilnehmer mit rechtskundigen Mitarbeitern

---

53 Im Einzelnen Staudinger/*Omlor*, 2016, § 246 Rn. 51 ff. m.w.N.

54 Statt aller BGHZ 150, 32, 37; Staudinger/*Singer*, 2017, § 133 Rn. 45 m.w.N.

55 Staudinger/*Singer*, 2017, § 133 Rn. 46.

56 Zu inhaltlichen Anforderungen vgl. *Krepold*, in: Schimansky/Bunte/Lwowski (Hrsg.), Bankrechts-Handbuch, 5. Auflage 2017, § 78 Rn. 71 m.w.N.

oder Beratern vorformuliert wurde, wie es bei Darlehensverträgen mit Banken typischerweise der Fall ist.

Hinzu tritt, dass in Deutschland negative Referenzzinssätze im Schwerpunkt in den Jahren 2013 bis 2015 erstmals auftraten. Zum 1. Januar 2013 wurde der Basiszinssatz nach § 247 BGB negativ, im April 2015 das LIBOR Dreimonatsgeld und das EURIBOR Dreimonatsgeld. Negative Zinsen waren zuvor in Deutschland unbekannt und in der restlichen Welt bestenfalls temporäre Randerscheinungen für währungspolitische Ausnahmesituationen. Nicht nur ein an den weltweiten Zinsmärkten unerfahrener Darlehensnehmer, sondern auch der typischerweise professionelle Darlehensgeber hat vor dem erstmaligen Absinken des gewählten Bezugszinssatzes unter den Wert von 0% dieses Absinken typischerweise nicht in Rechnung gestellt. Damit besteht eine regelmäßige Untergrenze von 0% für vor dem erstmaligen Eintritt des Bezugszinssatzes in den negativen Bereich geschlossene Zinsanpassungsklauseln.

4.2.2.2 Neuverträge

Bei Zinsanpassungsklauseln hingegen, die nach dem erstmaligen Absinken des Bezugszinssatzes in den negativen Bereich geschlossen wurden, umfasst der Erfahrungshorizont der Parteien diese negativen Werte. Regelmäßig ist daher anzunehmen, dass ein Typenkombinationsvertrag aus Darlehen und unregelmäßiger Verwahrung geschlossen wurde, wenn einer Zinsklausel rechnerisch zu einer Entgeltzahlungspflicht des Kapitalgebers führen kann. In der Folge ist ein Verwahrungsentgelt zu zahlen, sofern der Bezugszinssatz unter 0% fällt. Wurde eine additive Zinsspanne vorgesehen, führt diese im Zweifel nicht zu einer Mindestverzinsung. Für einen solchen Zinsfloor, der üblicherweise gesondert zu vergüten ist, bedarf es konkreter Anhaltspunkte.

4.2.2.3 Einseitige Leistungsbestimmungsrechte

Auch die Ausübung eines Leistungsbestimmungsrechts nach § 315 BGB durch eine der Parteien vermag den gesetzestypischen Darlehensvertrag nicht in einen Typenkombinationsvertrag aus Darlehen und unregelmäßigem Verwahrungsvertrag umzuwandeln.[57] Zunächst müsste eine solche Klausel, um einer AGB-Kontrolle[58] standzuhalten, die Möglichkeit „negativer Zinsen" hinreichend deutlich in ihrem Wortlaut zum Ausdruck bringen. Im Nebel der Negativzinsdebatte lohnt sich zudem ein klärender Blick auf andere Vertragstypen: Wer als Käufer einen

57 *Tröger*, NJW 2015, 657, 659.

58 Vgl. stellvertretend BGHZ 180, 257 Rn. 25; BGH BKR 2011, 125 Rn. 11.

Kaufvertrag geschlossen hat, kann über § 315 BGB nicht ohne weiteres nachträglich verpflichtet werden, anstelle der Kaufpreiszahlung eine mangelfreie Sache zu übergeben und zu übereignen. Dem Verkäufer lässt sich über einen schlichten Verweis auf § 315 BGB ebenso nicht die Pflicht zur Zahlung eines Entgelts neben der Lieferung der Kaufsache auferlegen. Auch ließe es § 315 BGB regelmäßig nicht zu, einen Vermieter zum Verkäufer, Darlehensgeber, Geschäftsbesorger, Werkunternehmer oder Spediteur zu verwandeln. Gleiches gilt für die Parteien eines Darlehensvertrags in Abgrenzung zur Verwahrung. Wurde einer Partei vor dem 1. Januar 2013 das Recht zugestanden, den Zins in Orientierung am Basiszinssatz einseitig festzusetzen oder anzupassen, setzt der rechtliche Begriff des Zinses die absolute Grenze. Da hiervon nur Zinssätze von mindestens 0% erfasst sind, ist eine Anpassung in den negativen Bereich von § 315 BGB nicht gedeckt und damit unwirksam.

4.3 Sonderbereich Verbraucherdarlehensrecht

4.3.1 Sachlicher Anwendungsbereich

Im Verbraucherdarlehensrecht greifen einige spezifische Erwägungen ein, die jedoch nicht notwendig zu abweichenden Ergebnissen vom allgemeinen Darlehensrecht führen. Die Sonderregeln für Verbraucherdarlehensverträge gelten lediglich für Kreditverträge mit Zinsen. Die Verbraucherkreditrichtlinie[59] nimmt „zins- und gebührenfreie Kreditverträge" (Art. 2 Abs. 2 lit. f Verbraucherkreditrichtlinie) aus ihrem sachlichen Anwendungsbereich heraus. Der deutsche Umsetzungsgesetzgeber hat in der Folge nur für den Darlehensnehmer entgeltliche Darlehensgewährungen als Allgemein-Verbraucherdarlehensverträge erfasst (§ 491 Abs. 2 Satz 1 BGB).

Im Ausgangspunkt parallel nimmt die Wohnimmobilienkreditrichtlinie[60] „Kreditverträge ohne Zinsen" ausdrücklich aus ihrem Anwendungsbereich aus (Art. 3 Abs. 2 lit. c Wohnimmobilienkreditrichtlinie). § 491 Abs. 3 Satz 1 BGB interpretiert diese Vorgaben dahingehend, dass nur „entgeltliche Darlehensverträge" erfasst sind. Aus § 497 Abs. 3 Satz 1 BGB folgt dabei, dass eine Entgeltlichkeit zulasten des Darlehensnehmers gefordert wird. Die Ausnahmen beruhen auf der

---

59 Richtlinie 2008/48/EG über Verbraucherkreditverträge vom 23.04.2008, ABl. EU Nr. L 133 S. 66 vom 22.05.2008.

60 Richtlinie 2014/17/EU über Wohnimmobilien-Kreditverträge für Verbraucher vom 04.02.2014, ABl. EU Nr. L 60 S. 34 vom 28.02.2014.

Annahme, dass ein Verbraucher als Darlehensnehmer nur bei einem Darlehen, das zu einer Zinszahlungspflicht für ihn führt, eines besonderen Schutzes bedarf.

Daraus folgt allerdings nicht, dass die Vereinbarung einer Zinsanpassungsklausel, die rechnerisch zu negativen Werten führen kann, eine Unanwendbarkeit des Verbraucherdarlehensrechts nach sich zöge. Bei Typenkombinationsverträgen führt die Kombinationsmethode grundsätzlich dazu, dass auf die einzelnen Elemente eines gemischttypischen Vertrags gesondert die jeweiligen gesetzlichen Regeln des betroffenen Vertragstyps anzuwenden sind.[61] Wegen des Verweises in § 700 Abs. 1 BGB sind die Unterschiede jedoch gering. Die notwendige Entgeltlichkeit besteht nach Sinn und Zweck der §§ 491 ff. BGB schon dann, wenn ein darlehensvertragliches Element überhaupt besteht, ohne dass es auf dessen Bedeutung für den Gesamtvertrag ankommt. Es ist anerkannt, dass selbst ganz geringe Zinsen von nur 0,01% p.a. zu einer Entgeltlichkeit führen.[62] Das darlehensvertragliche Element „infiziert" somit den Typenkombinationsvertrag verbraucherschutzrechtlich.

4.3.2 Auslegung bestehender Verbraucherdarlehensverträge

Für bestehende Verbraucherdarlehensverträge mit Zinsanpassungsklauseln ist jedoch zu beachten, dass ebenso wie bei regulären Darlehensverträgen nach §§ 488 ff. BGB der gesetzliche Vertragstypus im Ergebnis zu einer Zinsuntergrenze von 0% führt. Für gesetzestypische Verbraucherdarlehensverträge ist der normative Befund noch deutlicher, da §§ 491 Abs. 3 Satz 1, 497 Abs. 3 Satz 1 BGB zweifelsfrei von einer Zinszahlungspflicht ausschließlich des Verbrauchers und Darlehensnehmers ausgehen. Daher beinhalten Zinsgleitklauseln in Verbraucherdarlehensverträgen regelmäßig eine Zinsuntergrenze von 0%, sofern sie vereinbart wurden, bevor die Bezugsgröße erstmals negativ wurde. Ein – theoretisch auch dem Verbraucher einräumbares – Leistungsbestimmungsrecht nach § 315 BGB befugt nicht dazu, eine Entgeltzahlungspflicht des Unternehmers zu begründen. Umfasst der objektivierte Erfahrungshorizont der Parteien jedoch auch ein Absinken der Bezugsgröße unter 0% und lässt die Zinsklausel rechnerisch eine Entgeltzahlung des Unternehmers zu, ist eine Modifizierung des gesetzlichen Standardprogramms der §§ 488 ff., 491 ff. BGB indiziert. § 512 BGB steht nicht entgegen, da es sich um eine Abweichung zugunsten des Verbrauchers handelt.

61 Grundlegend *Hoeninger*, Gemischte Verträge und ihre Grundformen, 1910, S. 57 ff.
62 BeckOGK BGB/*Knops*, Stand: 13.03.2016, § 491 Rn. 54.

4.4 Einwendungen des Kreditgebers aus dem Allgemeinen Schuldrecht

Zur Lösung der Problematik um negative Notenbankzinssätze und Bezugsgrößen sowie Verwahrungsentgelte wurde verschiedentlich eine Anwendung von Instituten des Allgemeinen Schuldrechts erwogen.

4.4.1 Institut der Unerschwinglichkeit der Leistung (Österreich)

In der österreichischen Literatur[63] wurde vereinzelt der kreditgewährenden Bank ein Rückgriff auf das Institut der Unerschwinglichkeit der Leistung zugestanden, um eigene Zahlungspflichten an den Kreditnehmer abzuwehren. Dieses Institut wurde in Anlehnung an die Unmöglichkeitsregelung des § 1447 AGBGB von der Rechtsprechung[64] entwickelt und soll unter anderem dann eingreifen, wenn die Erfüllung einer Leistungspflicht für den Schuldner zur Vernichtung der wirtschaftlichen Existenz führen würde[65]. Waren die für die Leistungserschwerung kausalen Umstände für den Schuldner jedoch vorhersehbar, soll eine Berufung auf Unerschwinglichkeit ausgeschlossen sein.[66] Auch eine vertragliche Risikozuweisung zulasten des Schuldners schließe eine Berufung auf die Unerschwinglichkeit aus.[67] Als tatbestandliche Begründung für eine Unerschwinglichkeit wird auf ein wirtschaftswissenschaftliches Gutachten der Wirtschaftsuniversität Wien von 2016[68] verwiesen, wonach asymmetrische Zinsuntergrenzen für das Aktiv- und Passivgeschäft bei sich über Einlagen finanzierenden Banken im Einzelfall zu „massiven Verlusten“ führen können. Der derzeitige Zinsmarkt habe sich auch nicht vorhersehen lassen, da negative Zinsen bislang regional wie zeitlich begrenzte Ausnahmefälle dargestellt hätten.

63 *Graf*, ÖBA 2016, 722, 724 ff.
64 Überblick bei *Graf*, JBl 2011, 148.
65 OGH 26.10.1915, Rv I 499/15 = JBl 1915, 613.
66 OGH 14.02.2007, 7 Ob 255/06k = JBl 2007, 716.
67 *Graf*, ÖBA 2016, 722, 726 f.
68 Abrufbar unter https://bach.wu.ac.at/d/research/results/78394/.

4.4.2 Wirtschaftliche Unmöglichkeit

Partielle funktionale Ähnlichkeiten bestehen aus deutscher Sicht zur wirtschaftlichen Unmöglichkeit nach § 275 Abs. 2 BGB und vor allem zur Störung der Geschäftsgrundlage nach § 313 Abs. 1 und 2 BGB. Für ein Leistungsverweigerungsrecht infolge wirtschaftlicher Unmöglichkeit bedarf es tatbestandlich eines groben Missverhältnisses zwischen Schuldneraufwand und Gläubigerinteresse.[69] Der auf den „Inhalt des Schuldverhältnisses" abstellende Wortlaut macht dabei deutlich, dass eine individuelle Betrachtung der jeweiligen Rechtsbeziehung zu erfolgen hat und keine Gesamtbetrachtung der gesamten Vertragsbeziehungen einer der Parteien mit Dritten. Daher lässt sich nicht allein auf ein vertragsübergreifendes Auseinanderdriften der Kosten- und Einnahmenstruktur auf Aktiv- und Passivseite des Darlehensgebers abstellen. Hinsichtlich der Parteien eines Einzelvertrags sind im konkreten Einzelfall die Refinanzierungskosten der darlehensgewährenden Bank zu untersuchen. Nach Treu und Glauben trifft die Bank dabei eine untechnische „Schadens"minderungsobliegenheit in rechtsgedanklicher Anlehnung an § 254 Abs. 2 BGB,[70] d.h. sie muss sich bemühen, auf ein verändertes Zinsumfeld durch Anpassungen der Refinanzierungsstruktur zu reagieren und dadurch ihre Kosten zu reduzieren. Einzubeziehen ist auch, ob die Bank im Vertrag ein gewisses Aufwandsrisiko übernommen hat.[71] Das Gläubigerinteresse bezieht sich darauf, die Darlehensvaluta zu erhalten und während der Vertragslaufzeit behalten zu können. Hierfür existiert ein Marktwert in Gestalt der realen Zinssätze für vergleichbare Darlehen. Für § 275 Abs. 2 BGB bleibt daher allenfalls in amorphen Ausnahmekonstellationen Raum. Selbst diese Fälle treten nicht auf, wenn – wie bereits erläutert – vorzugswürdigerweise für Altverträge eine regelmäßige Zinsuntergrenze von 0% angenommen wird.

4.4.3 Störung der Geschäftsgrundlage

Offen bleibt damit noch ein Rückgriff auf das in § 313 Abs. 1 und 2 BGB kodifizierte Institut der Störung der Geschäftsgrundlage. Der Nichteintritt von negativen Werten der Bezugsgröße für die Zinsanpassung könnte eine nachträgliche Ände-

---

69 Im Einzelnen Staudinger/*Caspers*, 2014, § 275 Rn. 92 ff. m.w.N.

70 § 254 Abs. 2 BGB erfasst auch Obliegenheit (BGHZ 4, 170, 174). Zur Alternativbegründung nach § 242 BGB über Schutzpflichten bzgl. des Vermögens der anderen Vertragspartei vgl. Jauerning/*Mansel*, 16. Auflage, § 242 Rn. 24; BGH NJW 1983, 2813, 2814.

71 BeckOGK BGB/*Riehm*, Stand: 01.04.2017, § 275 Rn. 203.

rung von Umständen i.S.v. § 313 Abs. 1 BGB darstellen. Zu beachten ist allerdings, dass die vertragliche Risikoverteilung durch die Wahl von Zinszahlungen im Rechtssinne und eines gesetzestypischen BGB-Darlehensvertrags abschließend geregelt ist und daher schon tatbestandlich zu einer Sperre für § 313 BGB führt. Mit der Entscheidung für den gesetzlichen Regeltypus eines Darlehensvertrags haben die Parteien die Risiken aus der Entwicklung des Zinsumfelds untereinander verteilt.

4.5 Termin- und Sichteinlagen

Für Termineinlagen gelten wegen ihrer darlehensrechtlichen Natur im Grundsatz die Erwägungen zum Darlehensvertrag entsprechend. Auch bei Sichteinlagen lässt sich die unregelmäßige Verwahrung mit einer kapitalbezogenen Entgeltzahlungspflicht des Kunden nicht in Einklang bringen. Ohne konkrete Anhaltspunkte in der ursprünglichen vertraglichen Vereinbarung oder eine explizite Änderungsabrede kann den Parteien kein Kapitalverwahrungsvertrag *sui generis* untergeschoben werden.[72] Wollen beide Parteien im maßgeblichen Zeitpunkt des Vertragsschlusses eine Umkehrung der Zahlungsströme in ihren Vertrag einbeziehen, müssen sie die Abweichung vom gesetzlichen Vertragstypus des Darlehens bzw. der unregelmäßigen Verwahrung hinreichend deutlich zum Ausdruck bringen. Insofern besteht eine strukturelle Parallele zum Darlehensgeschäft.

4.6 Spareinlagen

Für Spareinlagen lassen sich die allgemeinen darlehensrechtlichen Erkenntnisse hingegen nur eingeschränkt fruchtbar machen. Ungeachtet einer aufsichtsrechtlichen Liberalisierung verfolgt der Kunde bei einer Spareinlage für die Bank erkennbar den Zweck einer Vermögensbildung. Hinsichtlich dieser typischen Parteizielsetzung lässt sich die Rechtsprechung des österreichischen OGH[73] zu Spareinlagen auch für die deutsche Rechtsordnung heranziehen, wonach bereits eine Nullverzinsung diametral dem Zweck einer Spareinlage widerspreche. Zugrunde liegt eine nominale Vorstellung, die Veränderungen des Geldwerts durch Deflation ausblendet. Deflationsszenarien stellen währungsgeschichtlich derart seltene Ausnahmekonstellationen dar, dass sie von den Parteien typi-

72 A.A. *Kropf*, WM 2017, 1185, 1188.

73 OGH 13.10.2009, 5 Ob 138/09v = ÖBA 2010, 452.

scherweise nicht in ihre Kalkulation einbezogen werden. In der Folge darf es zumindest nicht zu einer nominalen Verringerung der Spareinlage kommen. Für die Auslegung von Zinsklauseln bedeutet diese besondere Zwecksetzung, dass es regelmäßig konkreter Anhaltspunkte bedarf, um eine Zinslosigkeit zugunsten der Bank oder darüber hinaus eine Entgeltzahlungspflicht des Sparers annehmen zu können. Anders als bei sonstigen darlehensvertraglichen Konstruktionen kommt es wegen der besonderer Zwecksetzung nicht darauf an, ob der objektivierte Erfahrungshorizont der Parteien auch negative EZB-Zinssätze oder negative reale Zinssätze einbezogen hatte. Eine Differenzierung nach Alt- und Neuverträgen greift daher nicht ein. Im Massengeschäft mit Verbrauchern bedarf es regelmäßig hinreichend deutlicher Anhaltspunkte im Vertragstext, um eine zwecktechnische Neuausrichtung einer Spareinlage zu begründen.

4.7 Keine einseitige Vertragsanpassung

Die einseitigen Reaktionsmöglichkeiten der Bank auf dieses Szenario sind begrenzt. Eine Vertragsanpassung nach § 313 Abs. 1 BGB scheidet regelmäßig aus, da die Bank als Darlehensnehmerin das Verwendungsrisiko trägt.[74] Selbst bei Existenzrisiken für die Bank erscheint eine Vertragsanpassung zugunsten von negativen Zinsen dem Kunden unzumutbar, da der Bank mit einer Kündigung ein Ausweg offensteht, den kausal durch diese Einlage verursachten Kosten zu entgehen. Die aus Bankensicht eleganteste Lösung, den Vertrag einseitig an das negative Zinsmarktumfeld anzupassen und damit fortzuschreiben, lässt die deutsche Privatrechtsordnung nur bei einer entsprechenden Vereinbarung zu, die den zugrundeliegenden rechtsgeschäftlichen Willen hinreichend deutlich zum Ausdruck bringt. Es bleibt daher neben der Kündigung nur die Möglichkeit, im Konsens einen Änderungsvertrag auszuhandeln.

5 Negative Zinsen und Zinsderivate

Abweichend zu Darlehensverträgen und unregelmäßigen Verwahrungsverträgen im Aktiv- und Passivgeschäft der Banken stellt sich die Rechtslage bei Zins-Swaps dar.

74 Allgemein zur Risikotragung statt aller Staudinger/*Freitag*, 2015, § 488 Rn. 33a m.w.N.

5.1 Grundfall des (*Plain Vanilla*) Zins-Swaps

5.1.1 Vertragsnatur und Risikoverteilung

Der entscheidende Unterschied zu Darlehen und Verwahrungsverträgen liegt darin, dass bei Zins-Swaps keine Zinsen im Rechtssinne gezahlt werden.[75] Bei einem Swap-Geschäft fehlt es an der Überlassung von Kapital auf Zeit, vielmehr kommt es zu einem Tausch von „Geld gegen Geld“.[76] Für die gegenseitig begründeten Geldschulden wird eine Kapitalschuld lediglich als fiktive Rechengröße herangezogen. Daher besteht für Swap-Verträge grundsätzlich keine Zinsuntergrenze von 0%, die aus der Natur des Vertrages und dem Rechtsbegriff des Zinses folgen könnte.[77] Fehlt es an einer Zweckabrede zwischen den Parteien des Swap-Vertrags zur Absicherung eines Drittgeschäfts (z.B. eines Darlehensvertrags), scheidet regelmäßig wegen des Charakters als Spekulationsgeschäft[78] und der vertraglichen Risikoverteilung auch eine Anwendung von § 313 BGB bei negativen Bezugsgrößen und einer Umkehrung der Zahlungsströme aus.

5.1.2 EMA-Mustertext

Eine Untergrenze von 0% kann allerdings durch die Parteien vereinbart werden. Bei der Auslegung der vertraglichen Vereinbarung ist jedoch entscheidend einzubeziehen, dass die Parteien gerade keinen Zins im Rechtssinne gewählt und damit dessen dogmatische Struktur nicht in ihre Einigung integriert haben. Aus dem Vertragstext hat daher hinreichend eindeutig hervorzugehen, dass die variablen Zahlungsströme lediglich vom Swap-Payer an den Swap-Receiver fließen. Im European Master Agreement (EMA)[79], dem Mustertext der Bankenvereinigung der Europäischen Union, finden sich im Zusatz „Zinsderivate“ zum Derivateanhang des Rahmenvertrags für Finanzgeschäfte (nachfolgend: EMA-Zinsderivate) insofern auslegungsbedürftige Bestimmungen. Als „Zinsswap“ wird im Definitionskatalog unter Nr. 2 EMA-Zinsderivate ein Geschäft definiert, bei welchem „(a) eine Partei einmalig oder regelmäßig Geldbeträge (‚Variable Beträge‘) … zahlt, die

75 Staudinger/*Omlor*, 2016, § 246 Rn. 41; BeckOGK BGB/*Coen*, Stand: 01.09.2017, § 246 Rn. 41; a.A. aus steuerrechtlicher Sicht *Kreft/Schmitt-Homann* BB 2009, 2404, 2406 f.

76 *Erne*, Die Swapgeschäfte der Banken, 1992, S. 44 ff.

77 *Grunwald/Walter/Zipse*, BKR 2016, 450, 454 f.

78 RGZ 106, 177, 181 f.; OGHBrZ NJW 1950, 867 f. (zur Aufwertung von Geldsummenschulden); *Simon*, Die Rechtsfolgen der gestörten Vertragsgrundlage, 1969, S. 61.

79 Abrufbar unter http://www.ebf-fbe.eu/european-master-agreement-ema/.

auf Basis eines vereinbarten Betrags (‚Bezugsbetrag') ... und eines vereinbarten Variablen Zinssatzes berechnet werden, und (b) die andere Partei einmalig oder regelmäßig entweder (i) Geldbeträge (‚Festbeträge') ... zahlt, ... oder (ii) Variable Beträge ... zahlt". Nach dieser abstrakten Charakterisierung des Geschäftstyps trifft beide Parteien jeweils eine eigenständige Zahlungspflicht zugunsten des anderen.

Bestätigt wird dieser Befund durch Nr. 3 (1) EMA-Zinsderivate zu den „Zahlungen" bei Zinsswaps. Danach hat „die Partei, die den Variablen Betrag schuldet („Zahler des Variablen Betrags"), diesen Betrag zu zahlen, und an jedem ... Fälligkeitstag hat die Partei, die den Festbetrag schuldet (‚Zahler des Festbetrags'), diesen Betrag zu zahlen". Andererseits kennen die Regularien des EMA-Zinsderivate die eigenständigen Geschäftstypen Zins-Cap und Zins-Floor, bei welchen Prämien für variable Zahlungsströme mit festgelegten Unter- bzw. Obergrenzen zu zahlen sind. Bei einem Zins-Cap sind die variablen Beträge durch den Verkäufer nur dann zu zahlen, „falls die Differenz [aus Variablem Zinssatz und Festzinssatz] positiv ist"; bei einem Zins-Floor trifft den Verkäufer nur dann eine Zahlungspflicht, „falls die Differenz negativ ist". Den Musterbestimmungen sind daher negative Zinssätze keinesfalls fremd. Auch der Berechnungsmodus für den „Variablen Zinssatz", wie er unter Nr. 4 (5) EMA-Derivate beschrieben wird, ist strukturell für negative Werte offen. Der einfließende „Referenzzinssatz" wird unverändert gespiegelt und fließt mit dem Wert in die Berechnung ein, „wie er von der Berechnungsstelle ... auf der Grundlage des (i) von der in der vereinbarten Zinsbezugsgröße genannten Preisquelle angezeigt wird und von dort erhältlich ist ...". Damit kann der Variable Zinssatz auch negativ werden. Für die systematische Auslegung der Nr. 2 und 3 Abs. 1 EMA-Zinsderivate bedeutet diese Offenheit in der Definition des „Variablen Zinssatzes", dass die Zahlungsströme auch umgekehrt werden können. Dieses Auslegungsergebnis ist getragen von dem Umstand, dass die Parteien bei Zinsswaps keinen Zins im Rechtssinne vereinbart haben und daher keine definitionsgemäße Untergrenze zu beachten ist.

5.2 Ausnahme bei Absicherungszweck und Personenidentität

Ein Sonderfall ist hingegen dann gegeben, wenn erstens Darlehensgeber und Swap-Vertragspartner personenidentisch sind und zweitens der Swap-Vertrag der Absicherung der Zinszahlungen aus dem zwischen diesen Parteien geschlossenen Darlehensvertrag dient. Die Swap-Geldschuld des Darlehensnehmers nimmt sodann derivativ an der Zinseigenschaft der originären Zinszahlungspflicht aus dem Darlehensvertrag teil.[80] Daraus folgt jedoch nicht automatisch eine feste Zinsuntergrenze von 0% für den Swap-Vertrag. Bezwecken die Parteien im wirtschaftlichen Ergebnis die Ausgestaltung als Festzinsdarlehen, so muss sich der Swap-Vertrag in seinen variablen Leistungspflichten synchron zu den Zinszahlungspflichten aus dem abgesicherten Darlehensvertrag entwickeln. Daher wird der rechtliche Zinsbegriff bei einer Personenidentität von Darlehensgeber/Swap-Receiver und Darlehensnehmer/Swap-Payer bei Swap-Zinssätzen unter 0% nicht gesprengt, da zinsrechtlich eine summierte Betrachtung beider Zahlungsströme – der Swap- und der Zinszahlungen – zu erfolgen hat. Die absolute Untergrenze des gesetzestypischen BGB-Darlehensvertrags ist demnach erst dann erreicht, wenn auch bei einer solchen Verrechnung beider Zahlungsströme ein für den Darlehensgeber negativer Saldo entstünde. Die Swap-Zahlungen fungieren zinsrechtlich ähnlich wie der Basiszinssatz als reine Rechengröße und Vorprodukt der finalen Zinszahlungspflicht. Folge dieser materiellen Gesamtbetrachtung von Swap- und Zinszahlung ist, dass nunmehr insgesamt die Regeln zu negativen Zinsen für Darlehensverträge eingreifen. Zu differenzieren ist in der Folge bei der Auslegung von Darlehensverträgen und Swap-Vertragsklauseln zwischen Alt- und Neuverträgen und damit nach dem Zeitpunkt ihres Abschlusses.

5.3 Störung des Absicherungszwecks bei Personenverschiedenheit

Kommt es namentlich mangels Personenidentität zwischen Darlehensgeber und Swap-Receiver zu einem Auseinanderfallen von Swap-Zahlungen und gesicherter Zinsschuld, kann sich im Einzelfall eine Störung der Geschäftsgrundlage ergeben. Eine solche kommt allenfalls dann in Betracht, wenn die Absicherung des Darlehensvertrags mit einem Dritten nicht nur ein einseitiges Motiv des Darlehensnehmers geblieben ist, sondern gemeinsame Geschäftsgrundlage wurde. Sodann kommt es im Kern darauf an, ob eine unveränderte Vertragsfortführung dem Darlehensnehmer und Swap-Payer nicht zumutbar ist. Einzubeziehen in die Zumutbarkeitsprüfung sind vor allem das Ausmaß, in welchem der intendierte Sicherungszweck verfehlt wird, und die prognostische Dauer der Störung.[81] Da generell nichts so ungewiss ist wie die Zukunft und diese Erkenntnis auch für den Zinsmarkt gilt, kommt der Prognose zur voraussichtlichen Dauer nur eine nachgeordnete Bedeutung zu.

80 Staudinger/*Omlor*, 2016, § 246 Rn. 41.

81 *Grunwald/Walter/Zipse*, BKR 2016, 450, 456.

Daneben kann im Einzelfall ein Schadensersatzanspruch aus einem selbständigen Beratungsvertrag oder aus *culpa in contrahendo* gegen den Swap-Vertragspartner in Betracht kommen.[82] Entscheidend ist, ob der Swap-Receiver die Vermutung des § 280 Abs. 1 Satz 2 BGB widerlegen kann. Ab dem Zeitpunkt, in welchem die Bezugsgröße erstmals negativ wurde, muss zweifelsfrei auch zukünftig mit einer solchen Entwicklung gerechnet werden. Davor liegt es nahe, normativ-typisierend von einer Voraussehbarkeit bei Unterschreiten eines bestimmten Werts der Referenzgröße (z.B. 0,5%) auszugehen. Die historischen Erfahrungen mit negativen Zinssätzen sind zwar geographisch wie zeitlich begrenzt, aber durchaus existent und beim Vertretenmüssen einzubeziehen.

6 Aufklärungspflichten zu Negativzinsszenarien

Ein einseitiges Lösungsrecht vom Vertrag kann sich über die Naturalrestitution bei Schadensersatzansprüchen ergeben, sofern eine Partei ohne die Pflichtverletzung von einem Vertragsschluss abgesehen hätte. Die Verletzung einer vorvertraglichen Aufklärungspflicht taugt als Grundlage eines Anspruchs aus *culpa in contrahendo* (§§ 280 Abs. 1, 311 Abs. 2, 241 Abs. 2 BGB). Das gesamte negative Interesse einer Partei wird durch diesen Anspruch abgedeckt. Griffen Aufklärungspflichten im Hinblick auf zukünftige Negativzinsentwicklungen ein, könnte sich damit eine Partei möglicherweise den ihr drohenden wirtschaftlichen Nachteilen entziehen.

6.1 Grundlagen und Fallgruppen

Im Grundsatz bestehen keine Aufklärungspflichten des Darlehensgebers gegenüber dem Darlehensnehmer in Bezug auf die Darlehenskonditionen.[83] Der Darlehensnehmer hat – wie bei anderen Austauschverträgen auch – in Selbstverantwortung seine vertraglichen Pflichten zu prüfen und abzuwägen, ob sie für ihn subjektiv akzeptabel und objektiv tragbar sind.[84] Aufklärungs- und Beratungspflichten statuiert das BGB nur in bestimmten Sonderkonstellationen.

82 *Grunwald/Walter/Zipse*, BKR 2016, 450, 456 f.

83 Staudinger/*Freitag*, 2015, § 488 Rn. 225; BeckOK BGB/*Rohe*, Stand: 15.06.2017, § 488 Rn. 80; MünchKomm BGB/*Berger*, 7. Auflage, Vor. § 488 Rn. 70; Soergel/*Seifert*, 13. Auflage, § 488 Rn. 4; *Hennrichs*, in: Festschrift Siegfried Kümpel, S. 241, 244.

84 BGH NJW 1989, 1667 f.

Nach § 491a Abs. 3 BGB besteht eine Erläuterungspflicht des Darlehensgebers bei einem Verbraucherdarlehensvertrag zur Geeignetheit des Darlehens für den konkreten Darlehensnehmer.[85] §§ 504a, 505 Abs. 2 Satz 2 BGB ordnen eine Beratungspflicht an, wenn eine eingeräumte oder geduldete Überziehungsmöglichkeit in bestimmtem zeitlichem wie summenmäßigem Umfang genutzt wird. Eine Risikoverlagerung zulasten des Darlehensnehmers bewirkt zudem die Kreditwürdigkeitsprüfung nach §§ 505a ff. BGB, da bei deren negativem Ausgang eine Kreditvergabe unzulässig ist (§ 505a Abs. 1 BGB); es handelt sich allerdings nicht um eine Aufklärung i.e.S.

Über diese verbraucherrechtlichen Sonderfälle hinaus haben sich in der höchstrichterlichen Rechtsprechung einzelne Fallgruppen herausgebildet, die Aufklärungspflichten des Darlehensgebers auslösen können.[86] Hierzu zählt die klassische Konstellation, dass der Darlehensgeber für ihn erkennbar über einen konkreten Wissensvorsprung in Bezug auf spezielle Risiken des finanzierten Vorhabens verfügt.[87] Die Annahme eines solchen Wissensvorsprungs bezieht der Bundesgerichtshof allerdings auf das zu finanzierende Geschäft, d.h. beispielsweise den Immobilienkauf oder eine Kapitalanlage.[88] Nicht erfasst von dieser ständigen Rechtsprechung sind hingegen regelmäßig die Konditionen des Darlehensvertrags. Eine Ausnahme kann bei einer irreführenden Ausgestaltung der Darlehenskonditionen eingreifen. Eine solche wurde angenommen, wenn dem Darlehensnehmer ein „Idealkredit" angepriesen wurde, der aus einem Kontokorrentkredit mit variabler Verzinsung und festen Rückzahlungs(-mindest-)raten bestand.[89] Gleiches gilt für eine Kopplung eines Festkredits mit einer Kapitallebensversicherung.[90] In beiden Fällen lag der Fokus auf der Intransparenz der Vertragsgestaltung.[91]

---

85 Im Einzelnen vgl. MünchKomm BGB/*Schürnbrand*, 7. Auflage 2017, § 491a Rn. 61 ff. m.w.N.

86 Vgl. dazu Staudinger/*Freitag*, 2015, § 488 Rn. 229 ff.; MünchKomm BGB/*Berger*, 7. Auflage, Vor. § 488 Rn. 73 ff., Soergel/*Seifert*, 13. Auflage, § 488 Rn. 6 ff.

87 BGHZ 159, 294, 316; BGHZ 168, 1 Rn. 43; BGH NJW 2012, 3294 Rn. 17; BGH NJW 2013, 2015 Rn. 23; BGH BKR 2013, 280 Rn. 19; BGH NJW-RR 2014, 653 Rn. 16, jeweils m.w.N.

88 Vgl. am Beispiel der Sittenwidrigkeit des finanzierten Geschäfts BGH BKR 2013, 280 Rn. 20; BGH NJW-RR 2014, 653 Rn. 16.

89 BGH NJW 1991, 832.

90 BGH NJW 1989, 1667, 1668.

91 BGH NJW 1989, 1667, 1668: „Undurchschaubarkeit der Belastung".

6.2 Konkreter Wissensvorsprung der Bank?

Aufgeworfen ist damit die Frage, ob sich aus dem Gesichtspunkt der Intransparenz der Vertrags- und Konditionsgestaltung bei Negativzinsen Schadensersatzansprüche des Bankkunden ableiten lassen. Grundvoraussetzung hierfür ist, dass sich aus der Auslegung des Darlehensvertrags die auch AGB-rechtlich wirksam begründete Pflicht zur Zahlung von Negativzinsen, d.h. eines Verwahrentgelts, ergibt; ansonsten fehlt es *per se* an einem Schaden. Erstens ist weiterhin zu beachten, dass die Rechtsprechung zum konkreten Wissensvorsprung stets nur den Darlehensgeber in die Pflicht genommen hat. Ein Schaden infolge von Negativzinsen tritt beim Bankkunden aber nur auf, wenn er zur Zahlung von Negativzinsen verpflichtet und damit selbst Darlehensgeber ist. Zweitens dürfte diese ältere Rechtsprechung durch die Neuregelungen zu vorvertraglichen Informationspflichten (§ 491a BGB) und zu Kopplungsgeschäften (§§ 492a, 492b BGB) partiell obsolet sein. Ungeschriebener Aufklärungspflichten aus Treu und Glauben bedarf es nicht mehr, soweit § 491a Abs. 1 BGB i.V.m. Art. 247 EGBGB detaillierte Informationspflichten auflistet. Auch die vollharmonisierende Wirkung der Verbraucherkreditrichtlinie[92], auf welche § 491a BGB unter anderem[93] zurückgeht, stünde einer davon abweichenden Rechtsprechung entgegen. Drittens lässt sich zweifeln, worin genau der konkrete Wissensvorsprung der Bank bestehen soll. Zwar hat die Bank typischerweise als professionelle Marktteilnehmerin einen profunderen Einblick in den Zinsmarkt und Verständnis potentieller Fortentwicklungen als ihr Kunde. Auch hat im Regelfall die Bank die Darlehensbedingungen (vor-)formuliert und damit die rechtstechnische Grundlage für Negativzinsen geschaffen. Allerdings liegt der Vertragstext dem Bankkunden ebenfalls vor. Intransparenz wird vorrangig von § 307 Abs. 1 Satz 2 BGB adressiert, der konfligierende Klauseln ihrer Wirksamkeit beraubt. Auch die Daten zur historischen Entwicklung des Zinsmarktes sind für den Bankkunden zugänglich und kein Geheimwissen der Bank. Zukunftsprognosen hingegen sind naturgemäß mit erheblicher Unsicherheit behaftet und privilegieren die Bank informationstechnisch nicht erheblich. Mithin fehlt es typischerweise an einem konkreten Wis-

---

92 Art. 22 Abs. 1 Richtlinie 2008/48/EG über Verbraucherkreditverträge vom 23.04.2008, ABl. EU Nr. L 133 S. 66 vom 22.05.2008. Demgegenüber folgt die speziellere Wohnimmobilienkreditrichtlinie (Art. 2 Richtlinie 2014/17/EU über Wohnimmobilienkreditverträge für Verbraucher vom 04.02.2014, ABl. EU Nr. L 60 S. 34 vom 28.02.2014) im Grundsatz einer Mindestharmonisierung und sieht eine Vollharmonisierung nur in Ausnahmefällen vor.

93 Vgl. zudem Art. 14 Richtlinie 2014/17/EU.

sensvorsprung, der eine Aufklärungspflicht der Bank über Negativzinsen nach sich ziehen könnte.

7 Inhaberschuldverschreibungen

Trotz aller Entmaterialisierungstendenzen im Börsen-, Bank- und Geldrecht[94] verfügt die Inhaberschuldverschreibung gerade im Anleihegeschäft weiterhin über eine sichtbare Marktbedeutung.[95] Auch bei solchen Inhaberpapieren sind variable Zinssätze möglich und verbreitet, die ihre Grundlage in Zinsgleitklauseln finden. Der mathematische Zinsermittlungsmodus kann nach dem Grundmodell „Schuldzins = Bezugszinssatz + Marge" wie auch im Aktiv- und Passivgeschäft zu einem negativen Wert führen, sofern die (positive) Marge geringer ist als der (negative) Bezugszinssatz.

7.1 Wertpapierrecht

Eine erste Grenze für Negativzinsen, die zu einem Zinszahlungsanspruch des Inhabers der Urkunde führen würden, folgt dabei aus der Legaldefinition der Inhaberschuldverschreibung. Nach § 793 Abs. 1 Satz 1 BGB verspricht der Emittent dem Inhaber der Urkunde „eine Leistung". Dabei handelt es sich um eine Leistung i.S.v. § 241 Abs. 1 BGB.[96] Der Leistungsbegriff des § 241 Abs. 1 BGB umfasst jegliches Verhalten des Schuldners.[97] Daher kommen neben der regelmäßigen Geldleistung auch andere Schuldinhalte in Betracht. Die weiten Grenzen des Leistungsbegriffs würden allerdings gesprengt, sofern schon in der schlichten Entgegennahme einer Zinszahlung des Inhabers durch den Emittenten eine Leistung i.S.d. §§ 793 Abs. 1 Satz 1, 241 Abs. 1 BGB erblickt würde. Im Regelfall besteht keine Pflicht, sondern lediglich eine Obliegenheit des Gläubigers zur Entgegennahme der ihm gegenüber zu erbringenden Leistung des Schuldners.[98] Worin das besondere und vom Gläubiger akzeptierte Schuldnerinteresse liegen sollte,

94 Vgl. stellvertretend Staudinger/*Marburger*, 2015, Vorbem 33 ff. zu §§ 793-808.
95 Kapitalmarktstatistik der Bundesbank August 2017 abrufbar unter: https://www.bundesbank.de/Redaktion/DE/Downloads/Veroeffentlichungen/Statistische_Beihefte_2/2017/2017_08_kapitalmarktstatistik.pdf?__blob=publicationFile.
96 Staudinger/*Marburger*, 2015, § 793 Rn. 6.
97 Staudinger/*Olzen*, 2015, § 241 Rn. 134.
98 Staudinger/*Olzen*, 2015, § 241 Rn. 120.

sich des Schuldgegenstandes zu entledigen, ist bei Geldleistungen regelmäßig nicht ersichtlich. Zudem begründete die Pflicht zur Entgegennahme noch nicht automatisch eine Pflicht zur Erbringung der entsprechenden Leistung. Daher lässt sich die Mitverbriefung einer Zinsleistung des Inhabers an den Emittenten einer Inhaberschuldverschreibung mit dem Anforderungskatalog des § 793 Abs. 1 Satz 1 BGB nicht in Einklang bringen.[99]

7.2 Börsenrecht

Zu diesem rechtsdogmatischen Problemfeld tritt ein im Schwerpunkt rechtspraktisches hinzu. Sollen Inhaberschuldverschreibung als Inhaberpapiere eine hohe Verkehrsfähigkeit aufweisen, darf ihre Übertragung keinen intransparenten und ineffizienten Hürden begegnen. Konstruieren ließe sich, dass der im Wertpapier verkörperte Leistungsanspruch des Emittenten und sein gesonderter Anspruch auf Zahlung von Negativzinsen sich auf dasselbe Rechtsgeschäft gründen. Sichergestellt werden müsste ein Gleichlauf in den Personen des Emittenten und des Schuldners beider Leistungsansprüche. Bei einem Schuldnerwechsel dürfte keine Zweiteilung der Schuldnerstellung auftreten, sondern müsste eine einheitliche Übertragung stattfinden.[100] Zum Übertragungsakt für das Wertpapier, d.h. die Übereignung der Urkunde oder analog § 952 Abs. 2 BGB infolge der Forderungsabtretung[101], müsste stets die Einigung zwischen bisherigem und neuem Schuldner treten. Allenfalls über eine in den Emissionsbedingungen enthaltene Bedingungskonstruktion, wonach die Übereignung der Inhaberschuldverschreibung durch den wirksamen Eintritt in die Schuldnerposition aufschiebend bedingt sei, ließe sich ein Gleichlauf herstellen.[102] In der Konsequenz davon läge allerdings eine deutlich eingeschränkte Verkehrsfähigkeit der Inhaberschuldverschreibung, welche einer Börsenzulassung entgegenstünde (vgl. zur freien Handelbarkeit § 32 Abs. 3 Nr. 1 BörsG i.V.m. Art. 35 Abs. 1 und 2 VO (EG) Nr. 1287/2006[103]).[104] Damit stünde das Erfordernis einer leichten Verkehrsfähigkeit

---

99 *Becker*, WM 2013, 1736, 1739; *Mülbert*, ZHR 179 (2015) 395, 396 f.; MünchKomm BGB/*Habersack*, 7. Auflage 2017, § 793 Rn. 12.
100 *Mülbert*, ZHR 179 (2015) 395, 397.
101 *Mülbert*, ZHR 179 (2015) 395, 397.
102 *Mülbert*, ZHR 179 (2015) 395, 397.
103 Verordnung (EG) Nr. 1287/2006 zur Durchführung der Richtlinie 2004/39/EG vom 10.08.2006, ABl. EU Nr. L 241 S. 1 vom 02.09.2006.
104 *Mülbert*, ZHR 179 (2015) 395, 397.

und hohen Marktgängigkeit einer Erweiterung der verbrieften Forderung um eine ergänzende Negativzinsschuld entgegen.

7.3 Zinsrecht

Im Übrigen gelten bei Inhaberschuldverschreibungen ebenfalls die allgemeinen Grenzen aus dem rechtlichen Zinsbegriff. Inhaberschuldverschreibungen sind auslegungsfähig, wobei angesichts des Massencharakters von gleichförmigen Erklärungen die Regeln zur Auslegung von AGB-Klauseln angewendet werden können, so dass ein objektiver Maßstab anzulegen ist.[105] Danach kommt dem Wortlaut der Erklärung eine herausgehobene Bedeutung zu, wobei vom Text in der Urkunde auszugehen ist.[106] Auch ist die Unklarheitenregel des § 305c Abs. 2 BGB zu berücksichtigen.[107] Daraus folgt, dass bei der Formulierung des Leistungsversprechens von für den Umlauf oder Börsenhandel vorgesehenen Inhaberschuldverschreibungen der juristische Sprachgebrauch prägend ist. Wird der Begriff des Zinses verwendet, ist mangels abweichender Anhaltspunkte der Rechtsbegriff des Zinses adressiert. Hätte der Emittent als Verwender ein abweichendes und damit untechnisches Begriffsverständnis zugrunde legen wollen, hätte er dies im Hinblick auf § 305c Abs. 2 BGB hinreichend zum Ausdruck bringen müssen. Damit greift neben den wertpapier- und börsenrechtlichen Grenzen für Negativzinsen bei Inhaberschuldverschreibungen auch eine allgemeine aus dem Zinsrecht, welche die Auslegung der Inhaberschuldverschreibung determiniert.[108] Bei vor dem erstmaligen Auftreten von Negativwerten der in Bezug genommenen Referenzgröße emittierten Inhaberschuldverschreibungen kann eine Zinsschuld regelmäßig nicht zugunsten des Emittenten entstehen.

7.4 Gestaltungsoptionen

Vertragsgestalterisch lassen sich dennoch im wirtschaftlichen Ergebnis Negativzinsen bei Inhaberschuldverschreibungen umsetzen. Hierzu bieten sich vor allem zwei Modelle an. Erstens kann die Inhaberschuldverschreibung über Nennwert

105 BGH NJW-RR 2009, 1641 Rn. 20 f.; *Hopt*, in: Festschrift Ernst Steindorff, 1990, S. 341, 364 ff.; BeckOGK BGB/*Vogel*, Stand: 15.07.2017, § 793 Rn. 131.
106 BGHZ 28, 259, 263.
107 Staudinger/*Marburger*, 2015, § 793 Rn. 9.
108 I.E. ebenso *Binder/Ettensberger*, WM 2015, 2069, 2072.

emittiert (Agio) oder eine Rückzahlung unter Nennwert bei Emission zum Nennwert vereinbart werden (Disagio).[109] Dem steht nicht entgegen, dass das Disagio im Regelfall einen Zins im Rechtssinne darstellt.[110] Die antizipierte Vereinbarung eines festen Agios bzw. Disagios führt allerdings dazu, dass spätere Entwicklungen am Zinsmarkt nicht abgebildet werden können. Dem trägt das zweite Modell Rechnung. Passgenau ließe sich eine negative Verzinsung wirtschaftlich erreichen, sofern der Rückzahlungsbetrag um exakt den Betrag reduziert würde, der während der Laufzeit an Negativzinsen angefallen wäre.[111] Eine solche Konstruktion lässt sich allerdings nachträglich nicht – vor allem nicht einseitig – in eine Inhaberschuldverschreibung integrieren, so dass sie lediglich bei Neuemissionen fruchtbar gemacht werden kann.

8 Zusammenfassung und Ausblick

Für die Ertragsperspektiven der deutschen Banken und Sparkassen bedeutet das Auftreten von Negativzinsen eine Vielzahl von Hürden und Risiken. Es besteht vertragsrechtlich keine automatische Symmetrie zwischen den Zinssätzen für das Aktiv- und das Passivgeschäft. Auch die tatsächlichen Refinanzierungskosten können von den erzielbaren Zinseinnahmen aus einem Darlehen infolge von Negativzinsen deutlicher abweichen als erwartet. Verweise auf fiktive Rechengrößen wie den Basiszinssatz können hingegen auch negative Werte erfassen.

Dennoch führt die Beschränkung auf Zinsen im Rechtssinne zivilrechtlich nicht zu einer einseitigen Belastung der Banken- oder Kundenseite. Das regelmäßige Bestehen eines Zinsfloors bei 0% in Altverträgen privilegiert im Kreditgeschäft die Bank, im Einlagengeschäft hingegen den Kunden. Bei Neuverträgen, die im Zeitalter der Negativzinsen geschlossen wurden, haben die Parteien darauf zu achten, möglichst eindeutige Vertragsklauseln zu verwenden. Auf den Begriff des Zinses sollte verzichtet werden, wenn Entgeltzahlungen des Kapitalgebers an den Kapitalnehmer gewünscht sind. Auch ist empfehlenswert, ausdrücklich den typengemischten Charakter zu benennen und nicht – vertragstypologisch unzutreffend – schlicht von einem „Darlehensvertrag" zu sprechen. Zins-Swaps hingegen bereiten nach hier vertretener Auffassung im Kern nur dann Probleme

---

109 *Becker*, WM 2013, 1736, 1741; MünchKomm BGB/*Habersack*, 7. Auflage 2017, § 793 Rn. 12.

110 Zur Einordnung als Zins BGHZ 111, 287, 289 f.; BGHZ 133, 355, 358 f.; BGH NJW 1995, 2778; BGH NJW 2000, 2816 f.; Strube/*Fandel*, BKR 2014, 133, 137; Soergel/*Arnold*, 13. Auflage, § 246 Rn. 14.

111 *Becker*, WM 2013, 1736, 1741; *Mülbert*, ZHR 179 (2015) 395, 402.

infolge von Negativzinsen, wenn sie zwar einen Sicherungszweck verfolgen, aber Darlehensgeber und Swap-Receiver personenverschieden sind. Wird dieser Zinssicherungszweck verfehlt, kann ein Ausgleich nur über eine Vertragsanpassung nach § 313 Abs. 1 BGB oder eine Schadensersatzhaftung des Beraters gefunden werden.

Etwaige Auswirkungen durch die expansive Währungspolitik für die Finanzstabilität im Euroraum kann somit nicht das Zivilrecht auffangen. Das Zivilrecht fokussiert den Interessenausgleich innerhalb von Rechtsbeziehungen zwischen einzelnen Privatrechtssubjekten und die subjektive Äquivalenz ihrer Vertragspflichten; damit verfolgt es andere Ziele als die Währungspolitik der Notenbanken. Zu diskutieren wären eher Freibeträge für Geschäftsbanken für Einlagen bei der EZB, wie sie etwa in der Schweiz existieren.[112] Volkswirtschaftliche Probleme durch die Währungspolitik hat die Währungspolitik zu lösen – nicht das Zivilrecht.

112 Vgl. *Zellweger-Gutknecht*, «Negativzins» und Bilanzsituation der SNB aus monetärrechtlicher Sicht, in: Jusletter 9. Februar 2015, S. 10 f.

2. Abteilung

Prof. Dr. Christoph H. Seibt, LLM (Yale),* Rechtsanwalt, Hamburg

1 Jahr Marktmissbrauchsverordnung (MAR) aus Praxissicht

* Rechtsanwalt, Fachanwalt für Steuerrecht, Attorney-at-Law (New York), Partner und Global Co-Head Listed Companies bei Freshfields Bruckhaus Deringer LLP, Hamburg. Der Autor dankt Rechtsreferendarin Antonia von Treuenfeld für die vorbereitende Unterstützung bei der Erstellung der Schriftfassung des Referats.

DOI 10.1515/9783110577433-004

1 Die Market Abuse Regulation

1.1 Einführung

Am 3. Juli 2016, etwa zwei Jahre nach ihrer Veröffentlichung im Amtsblatt der Europäischen Union, ist die Marktmissbrauchsverordnung (MAR)[1] in den EU-Mitgliedstaaten wirksam geworden[2]. Begleitet wurde sie von der die strafrechtlichen Sanktionen vorschreibenden Marktmissbrauchsrichtlinie[3], die von den Mitgliedstaaten ebenfalls bis zum 3. Juli 2016 in nationales Recht umgesetzt werden musste[4], in Deutschland geschehen zum 1. Juli 2016 durch das Erste Finanzmarktnovellierungsgesetz[5]. Jetzt – ein Jahr später – gilt es eine erste Zwischenbilanz aus Praxissicht zu ziehen. Dieser Beitrag gibt einen Überblick über die wesentlichen materiellen Regelungsbereiche sowie Sanktionen und beleuchtet insbesondere die praktischen Implikationen und Problemstellungen einzelner Neuregelungen; er schließt mit einigen zentralen Thesen zum neuen Marktmissbrauchsrecht.

1 Verordnung (EU) Nr. 596/2014 des Europäischen Parlaments und des Rates v. 16. 4. 2014 über Marktmissbrauch (Marktmissbrauchsverordnung) und zur Aufhebung der Richtlinie 2003/6/EG des Europäischen Parlaments und des Rates und der Richtlinien 2003/124/EG, 2003/125/EG und 2004/72/EG der Kommission (MAR), ABl. EU L 173 (1).

2 Art. 39 Abs. 2 MAR.

3 Richtlinie 2014/57/EU des Europäischen Parlaments und des Rates v. 16. 4. 2014 über strafrechtliche Sanktionen bei Marktmanipulation (Marktmissbrauchsrichtlinie) (MAD II), ABl. EU L 173 (179).

4 Art. 13 Abs. 1 MAD II.

5 Erstes Gesetz zur Novellierung von Finanzmarktvorschriften auf Grund europäischer Rechtsakte v. 30. 6. 2016, BGBl. I S. 1514; dazu auch bei *Poelzig*, NZG 2016, 528 (529 f.).

1.2 Hintergrund und Regelungskonzept

Bereits im Oktober 2011 wurde von der Kommission als Reaktion auf die Finanzkrise[6] ein erster Vorschlag für eine Verordnung über Insidergeschäfte und Marktmanipulation vorgelegt[7]. Dieser Vorschlag-MAR betonte im Einklang mit dem Bericht der hochrangigen Gruppe zu Fragen der Finanzaufsicht[8] die Bedeutung der Binnenmarktintegrität, die u.a. durch eine Verschärfung von Finanzaufsicht und Regulierung zu verbessern sei[9]. Denn – so Vorschlag-MAR wie auch MAR - die bisherige Geltung des Insider- und Marktmissbrauchsrechts in Form einer Richtlinie[10] habe durch weite nationale Ermessensspielräume zu einer stark divergierenden Regelungsdichte in den einzelnen EU-Mitgliedstaaten geführt[11]. Regelungslücken waren durch rechtliche, kommerzielle und technologische Entwicklungen entstanden[12], und es galten unterschiedliche Praktiken in den Mitgliedstaaten z.B. bzgl. des Zeitpunktes der Ad hoc-Publizitätspflicht sowie des Eingreifens von Insiderverboten[13]. Daneben mangele es an einer unionsweit einheitlichen Regelung und effektiven Durchsetzung der ohnehin häufig wenig abschreckenden Sanktionen[14].

Vor dem Hintergrund dieser Analyse ist die Entscheidung zu sehen, das Marktmissbrauchsrecht nunmehr in einer direkt geltende Verordnung (Art. 288 Abs. 2 AEUV) zu kodifizieren: Insiderrecht, Markmanipulation und Ad hoc-Publizität sind nun unionsweit einheitlich geregelt. Damit ist die Europäische Union ihrem Ziel näher gekommen, eine „Europäische Kapitalmarktunion"[15] zu schaf-

---

6 Zum Hintergrund *Seibt*, ZHR 2013, 388 (390 f.); *Veil*, ZBB 2014, 85 (86).

7 Vorschlag für Verordnung des Europäischen Parlaments und des Rates über Insider-Geschäfte und Marktmanipulation (Marktmissbrauch) v. 20. 10. 2011, KOM (2011) 651 endg. (Vorschlag-MAR).

8 Bericht der hochrangigen Gruppe „Finanzaufsicht in der EU" unter Leitung von Jacques de Larosière v. 25.2.2009 zur Finanzaufsicht (Bericht zur Finanzaufsicht), S. 15 Rn. 40.

9 Vorschlag-MAR, S. 3; Bericht zur Finanzaufsicht, S. 27 Empfehlung 6; vgl. auch Erwägungsgrund 4 MAR.

10 Richtlinie 2003/6/EG des Europäischen Parlaments und des Rates v. 18.1.2003 über Insider-Geschäfte und Marktmanipulation (Marktmissbrauch) (MAD), ABl. EU L 96 (16).

11 Vgl. Erwägungsgründe 3-5 MAR; Vorschlag-MAR, S. 3; eine weitergehende Harmonisierung trotz Kritik an der Form einer Verordnung im Grundsatz bejahend auch die Stellungnahme des Europäischen Wirtschafts- und Sozialausschusses v. 21.6.2012, ABl. EU C 181 (64), Rn. 3.3.

12 Erwägungsgrund 3 MAR.

13 Ausführlich dazu Krause/Brellochs, AG 2013, 309 (339) sowie *Seibt*, ZHR 2013, 388 (402 ff.).

14 Bericht zur Finanzaufsicht, S. 26 Rn. 83; Erwägungsgrund 70 MAR.

15 Vgl. Art. 114 AEUV sowie Erwägungsgrund 1 MAR; zu dem Begriff *Uwe H. Schneider*, AG 2012, 823.

fen, in der geltende Prinzipien einheitlich in einem europäischen Regelungswerk („single rulebook") zusammengefasst sind. Flankiert wird die MAR dabei von Maßnahmen der Stufe II des sog. Lamfalussy-Verfahrens[16], nämlich von delegierten Rechtsakten (Art. 290 AEUV) sowie Durchführungsrechtsakten (Art. 291 AEUV), die entweder von der Kommission erarbeitet oder von der ESMA entworfen und der Kommission bestätigt wurden und werden, sowie zahlreichen Leitlinien und Stellungnahmen zu technischen Fragen.

Die Einhaltung des Regelwerks wird von den nationalen Behörden sowie übergeordnet von der Europäischen Wertpapier- und Marktaufsichtsbehörde (ESMA) überwacht[17]; bei Verstößen drohen einschneidende verwaltungs- sowie strafrechtliche Sanktionen[18]. Die effektive Durchsetzung dient – zusammen mit der Vereinheitlichung und Verschärfung der Rechtslage – dem Regelungshauptziel, das Vertrauen in einen funktionierenden Kapitalmarkt langfristig zu stärken[19]. Dies gelingt durch eine bestmögliche Kapitalmarkteffizienz und die Informationsgleichstellung aller Marktteilnehmer[20]. Mit der Kapitalmarktintegrität wird ein integrierter, effizienter und transparenter Markt gewährleistet und die Attraktivität des Markts für die Kapitalbeschaffung erhöht[21]. Die Abhängigkeit europäischer Unternehmen von Bankenfinanzierung kann damit verringert und die Kapitalbeschaffung insbesondere für kleine und mittlere Unternehmen, vereinfacht werden[22].

1.3 Überblick über wesentliche Regelungsbereiche

Ausgangspunkt und Kernbegriff des neuen Marktmissbrauchsrechts ist weiterhin der Einheitsbegriff der Insiderinformation, dessen konzeptionelle Ausrichtung

16 Zu Konkretisierungen auf Stufe II und III des Verfahrens etwa *Poelzig*, NZG 2016, 528 (529); *Walla*, in: Veil, Europäisches Kapitalmarktrecht, 2. Auflage 2014, § 4 Rn. 8 ff.

17 Bei der ESMA liegen dabei weniger die Aufsichts- als die Koordinierungs- und Regelungskompetenzen, vgl. dazu *Kiesewetter/Parmentier*, BB 2013, 2371 (2377 f.).

18 Ausführlich dazu *Seibt/Wollenschläger*, AG 2014, 593 (603 ff.).

19 Ähnlich zum Zweck der verwaltungsrechtlichen Konkretisierungen auf nationaler Ebene *R. Becker*, [Regierungsdirektor bei der BaFin, Bereich Wertpapieraufsicht], Börsen-Zeitung v. 10.6.2017.

20 Zum gleichberechtigten Informationszugang als „oberstes Auslegungsprinzip" des Insiderrechts auch *Klöhn*, AG 2016, 423 (424).

21 Erwägungsgrund 2, 4 MAR; so auch *von den Linden*, DStR 2016, 1036 (1036).

22 Zur Berücksichtigung der sog. KMU auch Erwägungsgründe 6, 55, 56 MAR.

zu den umstrittensten Fragen der Reform gehörte[23] und der nun in Art. 7 MAR (früher: § 13 WpHG) niedergelegt ist. Weitere wesentliche Regelungsbereiche des WpHG sind entfallen oder modifiziert worden, wie etwa die Regeln zur Ad hoc-Publizität in § 15 WpHG (der nun nur durch eine Übermittlungspflicht statuiert, während sich die Ad hoc-Publizitätspflicht selbst in Art. 17 MAR statuiert ist), zur Führung von Insiderlisten in § 15b WpHG (nun in Art. 18 MAR normiert), zur Directors' Dealings-Publizität in § 15a WpHG (Managers' Transactions, Meldepflichten und Transaktionsverbote nun größtenteils in Art. 19 MAR statuiert) und zum Verbot der Marktmanipulation in § 20a WpHG sowie der MaKonV[24] (nun in Art. 15, 12 und 13, Art. 5 MAR geregelt).

1.4 Erweiterter Anwendungsbereich

Der Anwendungsbereich des Marktmissbrauchsrechts wird durch die MAR gegenüber der MAD in zweifacher Hinsicht erweitert: Zum einen erfasst er nun auch Emissionszertifikate (Art. 2 Abs. 1 S. 2 und 3 MAR). Zum anderen wird die Regulierung durch Art. 2 Abs. 1 S. 1 lit. b) und c) MAR auf weitere, in der MiFID II-Richtlinie[25] näher definierte, Handelsplätze ausgedehnt; dazu zählen organisierte Handelssysteme (Organised Trading Facilities, OTF) wie etwa die Qualitätssegmente des Freiverkehrs (z.B. früher „Entry Standard", jetzt „Scale") sowie multilaterale Handelssysteme (Multilateral Trading Facilities, MTF)[26]. Mit dieser Erweiterung soll insbesondere dem Umstand Rechnung getragen werden, dass sich Liquidität zunehmend vom Handel und geregelten Markt hin zu alternativen Handelsplattformen wie beispielsweise BATS verlagert hat[27].

---

23 *Seibt/Wollenschläger*, AG 2014, 593 (596); *Veil*, ZBB 2014, 85 (89); ausführlich *Seibt*, ZHR 2013, 388 (397 ff.); *Parmentier*, WM 2013, 970 (977); *Krause/Brellochs*, AG 2013, 309 (335 ff.).

24 Verordnung zur Konkretisierung des Verbots der Marktmanipulation (MaKonV) v. 1.3.2005 (BGBl. I S. 515).

25 Richtlinie 2014/65/EU des Europäischen Parlaments und des Rates v. 15.5.2014 über Märkte für Finanzinstrumente sowie zur Änderung der Richtlinien 2002/92/EG und 2011/61/EU (MiFID II), ABl. EU L 173 (349).

26 Zur Ausweitung des Anwendungsbereichs auf weitere Märkte durch das überarbeitete Regelungsregime *Giering*, CCZ 2016, 214 (214 f.); *von den Linden*, DStR 2016, 1036 (1036 f.); *Graßl*, DB 2015, 2066 (2066 f.); *Seibt/Wollenschläger*, AG 2014, 593 (595 f.); *Krause*, CCZ 2014, 248 (249 f.); *Veil/Lerch*, WM 2012, 1557 (1562 f.); *Salewski*, GWR 2012, 265.

27 Marktanteil von BATS zum 10.8.2017 z.B. FTSE 100: 23,14%, DAX: 23,1%.

1.5 Überblick über wesentliche Sanktionsinstrumente

Die Überwachung des Finanzsektors sollte sich nach der Neuregelung auf eine wirkungsvolle Aufsichts-, Untersuchungs- und Sanktionsordnung stützen können, was die Einführung eingriffsintensiver und abschreckender Sanktionsinstrumente notwendig machte[28]. Dementsprechend finden sich gesetzliche Regelungen zu[29]

- Unterlassungs- und Beseitigungsverfügungen (Art. 30 Abs. 2 lit. a) MAR);
- öffentlichen Warnungen (Art. 30 Abs. 2 lit. c) MAR);
- Tätigkeitsverboten und Zulassungsentzügen (Art. 30 Abs. 1 lit. d)-g) MAR);
- Verwaltungsgeldstrafen (Art. 30 Abs. 2 lit. h)-j) MAR, § 39 WpHG); sowie hinzugekommen
- das sog. Naming & Shaming (Art. 34 Abs. 1 UAbs. 1 MAR, §§ 40d, 40b WpHG); und
- die strafrechtlichen Sanktionen der MAD II und des § 38 Abs. 3 WpHG.

Für Deutschland werden der Einsatz und die Bemessung der Verwaltungsgeldstrafen von der BaFin in den WpHG-Bußgeldleitlinien II vom 22. Februar 2017 weiter konkretisiert [30].

Darüber hinaus besteht seit 1. Juli 2002 durch nationalstaatlich-autonome Rechtssetzung mit §§ 97, 98 WpHG (bislang §§ 37b, 37c WpHG a.F.; Viertes Finanzmarktförderungsgesetz) auch ein spezial-zivilrechtliches Haftungssystem. Es ist nun in der Diskussion, ob dieses Kapitalmarktsonderdeliktsrecht durch die MAR insofern ergänzt wurde, als dass nun Ansprüche auch auf § 823 Abs. 2 BGB in Verbindung mit den Vorschriften zur Marktmanipulation (Art. 15 MAR) oder der Ad hoc-Publizität (Art. 17 MAR) als Schutzgesetze gestützt werden können[31]. Nach traditioneller Auffassung dienen die Vorschriften (i) zur Veröffentlichung von Ad hoc-Mitteilungen sowie (ii) zum Insiderrecht der Funktionsfähigkeit des Marktes und damit dem öffentlichen Interesse[32]. Diesem Verständnis entsprach auch die

---

28 Erwägungsgrund 70 MAR.

29 Ausführlich zum Sanktionsrecht auch *Giering*, CCZ 2016, 214 (218 ff.); *Renz/Leibold*, CCZ 2016, 157; *Poelzig*, NZG 2016, 528 (536 f.); zur Umsetzung auch *Teigelack/Dolff*, BB 2016, 387.

30 WpHG-Bußgeldleitlinien II – Leitlinien zur Festsetzung von Geldbußen im Bereich des Wertpapierhandelsgesetzes (WpHG), Bundesanstalt für Finanzdienstleistungsaufsicht, Stand: Februar 2017; hierzu aus BaFin-Sicht *R. Becker*, Börsenzeitung v. 10.6.2017, S. 34.

31 Hierzu *Giering*, CCZ 2016, 214 (219); *Seibt/Wollenschläger*, AG 2014, 593 (607); *Hellgardt*, AG 2012, 154 (164 f.); zur Schutzgesetzqualität des Art. 14 MAR *Beneke/Thelen*, BKR 2017, 12; a.A. (zu Art. 14 und 17 MAR) *Rubner/Pospiech*, GwR 2016, 228 (230).

32 Vgl. z.B. BGH v. 19.7.2004 – II ZR 402/02, BGHZ 160, 149 – Infomatec II; OLG Frankfurt

MAD, die die Beeinträchtigung des Anlegervertrauens durch selektive Informationsweitergabe in Erwägungsgrund 24 zwar als Risikofeld benannte, ein gesteigertes Anlegervertrauen jedoch als Reflex auf die Beachtung der Regelungen und die dadurch gestärkte Marktintegrität begriff. Anderes könnte sich nun aus Überlegungen zur MAR ergeben: Laut Erwägungsgrund 44 ist nämlich *„die unverzügliche öffentliche Bekanntgabe von Insiderinformationen durch den Emittenten [...] von wesentlicher Bedeutung, um Insidergeschäften und der Irreführung von Anlegern vorzubeugen"*. Diese Formulierung könnte durchaus dafür sprechen, eine Schutzgesetzqualität anzunehmen[33], und zwar auch deshalb, weil der EuGH aus dem Effektivitätsprinzip (*effet utile*) des Unionsrechts eine Pflicht ableitet, die Beachtung von Verordnungen sicherzustellen bzw. Verstöße zu sanktionieren[34]. Daraus ergebe sich dann auch, dass bei einem Rechtsverstoß jeder Betroffene zur Rechtsdurchsetzung animiert und damit aktivlegitimiert ist[35]. Betroffen ist der Einzelne von einer fehlerhaften Ad hoc-Mitteilung bzw. einer Marktmanipulation dann, wenn aufgrund der fehlerhaften Information eine Anlageentscheidung getroffen hat bzw. seine Entscheidung von der Manipulation beeinträchtigt wurde[36]. Jedoch verlangt das unionsrechtliche Effektivitätsprinzip dabei nicht zwingend eine Außenhaftung des zuständigen Organs[37].

v. 10.5.2005 – 5 U 133/03, AG 2006, 162 (165); *Kumpan*, in: Baumbach/Hopt, HGB, 36. Auflage 2014, § 15 WpHG Rn. 7; *Assmann*, in: Assmann/Uwe H. Schneider, WpHG, 6. Auflage 2012, § 15 WpHG Rn. 27 ff.; zum historischen Willen des Gesetzgebers auch BT-Drucks. 12/7918, 102.

33 So vorsichtig bereits *Seibt/Wollenschläger*, AG 2014, 593 (607); *Poelzig*, NZG 2016, 492 (501); a.A. *Giering*, CCZ 2016, 214 (219); *Krämer/Gillessen*, in: Krieger/Uwe H. Schneider, Handbuch Managerhaftung 3. Aufl. 2017, Rn. 32.61, S.1016.

34 Etwa in EuGH v. 21.9.1989 – Rs. 68/88, Slg. 1989, 2279 (2984), Rn. 23; v. 17.9.2002 – Rs. C-253/00, Slg. 2002, I-7312, Rn. 30 f.; v. 15.1.2004 – Rs. C-230/01, Slg. 2004, I-960 (976), Rn. 36; ausführlich hierzu *Poelzig*, ZGR 2015, 801 (805 ff.).

35 *Seibt/Wollenschläger*, AG 2014, 593 (607 mwN); vgl. auch *Hellgardt*, AG 2012, 154 (165).

36 *Seibt/Wollenschläger*, AG 2014, 593 (607).

37 *Seibt/Wollenschläger*, AG 2014, 593 (607); *Hellgardt*, AG 2012, 154 (166).

2 Der Begriff der Insiderinformation als Ausgangspunkt

2.1 Überblick

Dem in Art. 7 MAR geregelten Begriff der Insiderinformation kommt im Rahmen der MAR dreifache Relevanz zu: für (i) die Insiderverbote nach Art. 8 MAR, (ii) die Ad hoc-Publizität bzw. den Aufschub nach Art. 17 Abs. 1, 4 MAR sowie (iii) die zu führenden Insiderlisten nach Art. 18 MAR. Denn das zunächst diskutierte[38], ausschließlich für die Kategorien (i) und (iii) geltende Konzept einer „Insiderinformation light"[39] wurde letztlich nicht in die MAR aufgenommen. Eine solche „Insiderinformation light" sollte auch dann vorliegen, wenn die der Öffentlichkeit in der Regel nicht verfügbare Informationen zwar nicht „präzise" (genug) sind, aber doch von einem verständigen Investor als für seine Investitionsentscheidung relevant erachtet werden – eine Neuerung, die sich an der „relevant information not generally available" (RINGA) des Vereinigten Königreichs orientiert hätte[40].

Nach der Basisdefinition in Art. 7 Abs. 1 lit. a) MAR sind Insiderinformationen *„nicht öffentlich bekannte präzise Informationen, die direkt oder indirekt einen oder mehrere Emittenten oder ein oder mehrere Finanzinstrumente betreffen und die, wenn sie öffentlich bekannt würden, geeignet wären, den Kurs dieser Finanzinstrumente oder den Kurs damit verbundener derivativer Finanzinstrumente erheblich zu beeinflussen"*. Im Verordnungstext und in den Erwägungsgründen finden sich diverse Konkretisierungen, die im Einklang mit dem vorhandenen (Rechtssprechungs-) „Fundus" des europäischen Insiderrechts stehen[41]. Die MAR enthält zwar im Verhältnis zur MAD und zum WpHG deutlich mehr Text („deskriptive Regelungstechnik"), ohne dass sich – aus deutscher Perspektive – an sich wesentlichen Änderungen hinsichtlich des Norminhalts ergeben

38 Vgl. Vorschlag-MAR, Art. 6 Abs. 1 lit. e).

39 Begriff bei *Krämer/Teigelack*, Börsen-Zeitung v. 9.11.2011; *Teigelack*, BB 2012, 1361 (1362); *Merkner/Sustmann*, AG 2012, 315 (32); kritisch zur Bezeichnung *Klöhn*, ZIP 2012, 1885 (1894).

40 Ablehnend zu diesem Differenzierungsvorschlag *Seibt*, ZHR 2013, 388 (417); *Seibt/Wollenschläger*, AG 2014, 593 (596); *von den Linden*, DStR 2016, 1036 (1037); ausführlich hierzu auch *Veil*, ZBB 2014, 85 (89); *Langenbucher*, NZG 2013, 1401 (1402 f.); *Koch*, BB 2012, 1365 (1366); *Merkner/Sustmann*, AG 2012, 315 (319 f.); *Viciano-Gofferje/Cascante*, NZG 2012, 968 (970).

41 So bestimmt Erwägungsgrund 28 beispielsweise, dass Analysen und Bewertungen auf Grundlage von öffentlich verfügbaren Angaben keine Insiderinformationen sind; ausführlich dazu *Klöhn*, AG 2016, 423 (427 f.).

würden[42]. Anderer Einschätzung scheint jedoch die BaFin zu sein, wenn sie von einer „gesetzlichen Erweiterung" der Publizitätspflichten spricht[43] und auch eine hiermit verbundene, deutliche Zunahme der Anzahl von Ad hoc-Mitteilungen konstatiert[44]. Eine eigene Analyse bei DAX- oder MDAX-Unternehmen unterstützt diese These allerdings nicht: Eine signifikante Anzahldifferenz lässt sich in den Jahren 2011/2012 einerseits und 2016/2017 YTD (d.h. 28.6.2017) nicht feststellen (Einzelauswertung 2016/2017 YTD als Anhang):

	Anzahl	Anzahl	Finanzberichte	M&A	Kapitalmaßnahmen	Finanzielle oder strategische Veränderung	Veränderungen in VS und AR	Sonstige Umstände
DAX (2011 / 2012)	80	77	30 / 25	22 / 14	13 / 17	6 / 9	5 / 7	4 / 5
DAX (2016 / 2017 ytd)	74	36	21 / 6	21 / 13	5 / 8	6 / 2	9 / 1	12 / 6
MDAX (2011 / 2012)	154	137	53 / 48	38 / 37	28 / 21	11 / 6	14 / 14	10 / 11
MDAX (2016 / 2017 ytd)	135	45	36 / 12	39 / 4	21 / 10	6 / 2	19 / 6	14 / 11

2.2 Die einzelnen Tatbestandsmerkmale

2.2.1 „Präzise Information"

„Präzise Information" wird definiert in Art. 7 Abs. 2 MAR als eine Reihe (i) von Umständen, (a) die bereits gegeben sind oder (b) bei denen man vernünftigerweise erwarten kann, dass sie in Zukunft gegeben sein werden, oder (ii) ein Ereignis, (a) das bereits eingetreten ist oder (b) von dem man vernünftigerweise erwarten kann, dass es in Zukunft eintreten wird, sofern diese Informationen darüber hinaus spezifisch genug sind, um einen Schluss auf die mögliche Auswirkung dieser Reihe von Umständen oder dieses Ereignisses auf die Kurse der Finanzinstrumente zuzulassen. Die Kursspezifität dient dabei als Vorab-Filter für Informationen, die zu vage/allgemein sind (beispielsweise vorläufige und unsichere Finanzzahlen einer Konzerntochter, die Evaluierung strategieentsprechender Investitions- oder M&A-Vorhaben oder allgemeine Strategieüberlegungen) oder denen der Emittentenbezug fehlt (etwa Änderung politischer Rahmenbedingungen mit allgemeiner Marktausstrahlung[45]). Hinsichtlich zukünftiger Ereignisse ist zur Bestimmung der Eintrittswahrscheinlichkeit das Ausmaß der Auswirkung auf

42 So z.B. auch *Poelzig*, NZG 2016, 528 (531); *Klöhn*, AG 2016, 423 (426 und 429); bereits *Seibt/Wollenschläger*, AG 2014, 593 (597).

43 BaFin, Jahresbericht der Bundesanstalt für Finanzdienstleistungsaufsicht 2016, S. 182 re.

44 BaFin, Jahresbericht der Bundesanstalt für Finanzdienstleistungsaufsicht 2016, Grafik 12 S. 183.

45 So auch EuGH vom 11.3.2015, Rs. C-628/13; hierzu z.B. *Seibt/Kraack*, EWiR 2015, 237.

den Kurs nicht gesondert zu berücksichtigen[46], womit die MAR der „Probability/ Magnitude"-Formel insofern eine Absage erteilt hat[47]. Auch ist keine „hohe Wahrscheinlichkeit" erforderlich; stattdessen genügt ein Wahrscheinlichkeitserfordernis von über 50% („more likely than not")[48]. Dabei kann auf bisherige Erfahrungswerte im Hinblick auf das in Aussicht stehende Ereignis (oder vergleichbare Sachverhalte) zurückgegriffen werden.[49]

2.2.2 „Eignung zur erheblichen Kursbeeinflussung"

Eine „Eignung zur erheblichen Kursbeeinflussung" liegt gem. Art. 7 Abs. 4 MAR vor bei Informationen, die ein „verständiger Anleger wahrscheinlich als Teil der Grundlage seiner Anlageentscheidung nutzen würde". Für die Wahrscheinlichkeit der Nutzung gilt ein objektiv-subjektiver *ex-ante* Maßstab. Es besteht insoweit kein fester Prozentsatz für die mögliche Kursbewegung. Auch muss die Richtung der Kursveränderung nicht feststehen[50]. Die Beurteilung ist dabei ebenso offen für einen „Probability/Magnitude"-Ansatz („Kracher"-Theorie)[51] wie für die Berücksichtigung antizipierten „Herdenverhaltens" (Behavioral Finance-Ansatz).

Nach der BaFin-Praxis sollte das Potenzial zur erheblichen Kursbeeinflussung im Zweifel eher früher als später angenommen werden[52]. Als Indizien können unter anderem die Kursentwicklung nach Bekanntwerden vergleichbarer Situationen in der Vergangenheit[53] oder die tatsächliche Kursentwicklung nach Bekanntwerden der konkret in Rede stehenden Umstände[54] gewertet werden. Ein

46 Erwägungsgrund 16 MAR; so auch schon EuGH vom 28. Juni 2012, Rs. C-19/11, Rn. 56.

47 *Giering*, CCZ 2016, 214 (215); *Poelzig*, NZG 2016, 528 (532); *Seibt/Wollenschläger*, AG 2014, 593 (597); *Veil*, ZBB 2014, 85 (90).

48 So auch *Giering*, CCZ 2016, 214 (215); *Klöhn*, AG 2016, 423 (428 mwN); *Poelzig*, NZG 2016, 528 (532); *Hopt/Kumpan*, ZGR 2017, 765 (774 f.).

49 Vgl. BGH v. 23.4.2013 – II ZB 7/09, NZG 2013, 708 Rn. 30 Geltl/Daimler.

50 So auch BaFin, FAQ zu Art. 17 MAR – Veröffentlichung von Insiderinformationen, Stand: 20.6.2017 (BaFin FAQ Art. 17), III. Nr. 6 b); vgl. auch EuGH vom 11.3.2015, Rs. C 628/13 – Lafonta; hierzu z.B. *Seibt/Kraack*, EWiR 2015, 237.

51 So auch *Veil*, ZBB 2014, 85 (90 f.); *Krämer/Teigelack*, Börsen-Zeitung v. 21.6.2014; a.A. *Krause/ Brellochs*, AG 2013, 309 (313 f.).

52 So BaFin, FAQ zu Art. 17 MAR, Stand: 20.6.2017, Zif. III.6.b.

53 CESR, Market Abuse Directive, Level 3 – Second set of CESR Guidance and Information on the common operation of the Directive to the market, CESR/06-562b of 07/2007, Rn. 1.14; *Ritz*, in: Just/ Voß/Ritz/Becker, WpHG, 2015, § 13 Rn. 135.

54 BGH v. 3.12.2012 – XI ZR 51/10, NJW 2012, 1800 Rn. 41 – IKB; BGH v. 23.4.2013 – II ZB 7/09, NZG 2013, 708 Rn. 23 und 31 – Geltl/Daimler; BaFin, Emittentenleitfaden, 4. Auflage 2013, S. 35.

weiteres Indiz kann auch der Umstand sein, dass die Gesellschaft vergleichbare Umstände in der Vergangenheit auch als Insiderinformation behandelt hat[55].

Nach der BGH-Rechtsprechung zur alten Rechtlage ist ein Anleger „verständig“, wenn er mit den Marktgegebenheiten vertraut und börsenkundig ist[56]. Im Rahmen der MAR hat der Bezugspunkt des „verständigen Anlegers“ keine abschließende Definition erfahren[57], allerdings wird der Begriff durch die Erwägungsgründe 14 und 15 konkretisiert. Es gilt insoweit ein „reasonable investor test“: Maßgeblich ist eine ex ante-Perspektive; ex post-Informationen können zur Plausibilisierung dienen, sollen jedoch nicht dazu verwendet werden, Maßnahmen gegen Personen zu ergreifen, die vernünftige (!) Schlussfolgerungen aus den ihnen vorliegenden ex ante-Informationen gezogen haben[58].

Trotz des unsicheren Prognose-Elements ist das Merkmal der „Eignung zur erheblichen Kursbeeinflussung“ vollumfänglich gerichtlich überprüfbar. Eine haftungsfreistellende Legal Judgement Rule (entsprechend § 93 Abs. 1 Satz 2 AktG) ist insofern (noch) nicht anerkannt[59]. Dies birgt ein signifikantes Risiko für die Geschäftsleitung der Emittenten, da die Verwirklichung der Ordnungswidrigkeitstatbestände im Zusammenhang mit Insiderinformationen in § 39 WpHG bereits bei vorliegender „Leichtfertigkeit“ erfüllt sind. Zwar ist dafür grundsätzlich ein besonders gesteigerter Grad von Fahrlässigkeit erforderlich, der etwa der groben Fahrlässigkeit im Zivilrecht entsprechen soll[60]. Die BaFin jedoch setzt die Schwelle in ihrer Verwaltungspraxis bedenklich deutlich geringer an, so dass die Voraussetzungen zur Verwirkung einer Ordnungswidrigkeit faktisch (und insofern gesetzeswidrig!) auf den Maßstab einer einfachen Fahrlässigkeit gesenkt

---

55 CESR, Market Abuse Directive, Level 3 – Second set of CESR Guidance and Information on the common operation of the Directive to the market, CESR/06-562b of 07/2007, Rn. 1.14; *Ritz*, in: Just/Voß/Ritz/Becker, WpHG, 2015, § 13 Rn. 135.

56 BGH v. 3.12.2012 – XI ZR 51/10, NJW 2012, 1800 Rn. 41 - IKB;

57 Dazu auch *Poelzig*, NZG 2016, 528 (532) sowie ausführlich zu dem Begriff *Langenbucher*, AG 2016, 417.

58 Anders sieht dies wohl die BaFin, die in ihren FAQ das Spektrum des verständigen Anlegers zumindest auch auf einen spekulativ handelnden Anleger ausweitet, welcher nur kurzfristige Kursbewegungen ausnutzt, BaFin FAQ Art. 17, III. Nr. 6 b); zu Recht kritisch dazu, insbesondere im Hinblick auf die so verlorengehende Filterfunktion und den entstehenden Widerspruch zum Telos des Marktmissbrauchsrechts *Merkner/Sustmann*, Börsen-Zeitung v. 26.8.2017, S. 9.

59 Für eine Legal Judgement Rule allgemein z.B. *Cahn*, WM 2013, 1293 (1294 f.); *Cahn*, Der Konzern 2015, 105 (111); *Heyers*, WM 2016, 581 (582); *Paetgen*, AG 2014, 554 (560); *Binder/Kraagvanger*, BB 2015, 1219 (1221); *Thole*, ZHR 173 (2009), 504 (523 ff.); die ablehnende h.M. zusammenfassend *Brock*, Legalitätsprinzip und Nichtigkeitserwägungen 2017, S. 210-214; vgl. auch *Hüffer/Koch*, AktG, 12. Auflage 2016, § 93 AktG Rn. 19 und 44.

60 Hierzu z.B. *Waßmer*, in: Fuchs, WpHG, § 38 WpHG Rn. 72 und Rn. 339.

werden. Die Einholung von (Finanz-)Expertenrat sowie die Dokumentation der Erwägungen zur Tatbestandsverneinung sind in der Praxis zur Erleichterung einer späteren Entlastung unumgänglich.

2.2.3 Zwischenschritte

Zwischenschritte in einem gestreckten Vorgang werden dann wie eine Insiderinformation betrachtet, wenn sie für sich genommen die Tatbestandskriterien erfüllen (Klarstellung durch Art. 7 Abs. 3 MAR)[61]. Diese Kodifikation der Geltl/Daimler-Entscheidung des EuGH[62] weist keine eigene tatbestandliche Bedeutung auf: Zwar zählt Erwägungsgrund 17 einige abstrakte, beispielhafte Sachverhalte auf, wie etwa den Stand von Vertragsverhandlungen, vorläufig in Vertragsverhandlungen vereinbarte Bedingungen sowie die Prüfung der Aufnahme eines Finanzinstruments in einen wichtigen Index; eine einzelfallbasierte Subsumtion unter die Tatbestandsmerkmale der „präzisen Information" und „Kursrelevanz" bleibt aber dennoch notwendig.

2.3 Streitfragen und Lösungsansätze aus der Praxis

2.3.1 M&A-Transaktionen

Immer wieder problematisch gestaltet sich in der Unternehmenspraxis die Festlegung, ab welchem Zeitpunkt das Vorliegen einer Insiderinformation bei dem gestreckten Sachverhalt einer M&A-Transaktion zu bejahen ist[63]. Der idealtypische Regelablauf einer solchen Transaktion lässt sich durch folgende Grafik verdeutlichen:

---

61 Dazu auch Erwägungsgründe 16, 17 MAR; vgl. auch *von den Linden*, DStR 2016, 1036 (1037); *Klöhn*, AG 2016, 423 (428 f.); *Veil*, ZBB 2014, 85 (90); ausführlich *Langenbucher*, NZG 2013, 1401 (1403 f.).

62 EuGH vom 28. Juni 2012, Rs. C-19/11, AG 2012, 555.

63 Ausführlich hierzu z.B. *Casper*, in Kämmerer/Veil, Übernahme- und Kapitalmarktrecht in der Reformdiskussion, S. 203 ff.

1 Projektgruppe beim Erwerbsinteressenten
2 Vorstandsentscheidung bim Erwerbsinteressenten zur Beauftragung externer Berater; Vergabe eines Projektnamens und von Code-Begriffen
3 Beauftragung von *Regulatory Feasibility Studies*
4 Erstkontakt mit Zielgesellschaft; Abschluß einer Vertraulichkeitsvereinbarung
5 Berichterstattung an AR-Vorsitzenden (§ 90 Abs. 1 Satz 3 AktG: „aus sonstigen wichtigen Anlässen" oder freiwilliger Bericht?)
6 Einigung über *Process Letter* (Alternative 1) oder über ein Term Sheet, ein Memorandum of Understanding oder einen Letter of Intent (Alternative 2), jeweils mit Variante 1: mit indikativer/n Preisbestimmung(sparametern) oder Variante 2: ohne indikative Preisbestimmung
7 ggf. AR-Beschluss zur Aufnahme der Due Diligence
8 Aufnahme der Due Diligence beim Zielunternehmen (ohne *Red Data Room*-Zugang)
9 Vorstandsentscheidung beim Erwerbsinteressenten über Abgabe eines sog. Verbindlichen Angebots mit Preisindikation (Vorbehalte: Abschluss Due Diligence; verbindliche Vertragsdokumentation; Gremien)
10 ggf. AR-Beschluss zur Abgabe des Angebots durch Zielgesellschaft
11 Annahme (ggf. nach Verhandlung) des Angebots; ggf. Zugang zum *Red Data Room*
12 Abschluss der Due Diligence und der Vertragsverhandlungen
13 ggf. Marktsondierung bei Ankeraktionären, Finanzierungspartnern
14 Vorstandsbeschluss für Signing
15 AR-Beschluss für Signing
16 Signing

Weder in Deutschland, Großbritannien, Frankreich oder Österreich existiert eine verbindliche Regelung hinsichtlich eines festen Zeitpunkts, ab dem eine Insiderinformation vorliegt. Anderes gilt in den USA, wo eine veröffentlichungspflichtige Information stets erst *„upon entry into, or material amendment of, a material definitive agreement"* (also z.B. nicht schon bei der Unterzeichnung eines Letter of Intent oder Termsheet) gegeben ist[64]. Für den Geltungsbereich der MAR lässt sich in einer empirischen Praxisbetrachtung lediglich festhalten, dass im Vereinigten Königreich (vermutlich wegen der alten „RINGA-Tradition"[65]) oftmals das Vorliegen einer Insiderinformation zu einem früheren Zeitpunkt des Transaktionsablaufs als in Kontinentaleuropa bejaht wird.

64 Siehe Form 8-K des United States Securities and Exchange Commission (basierend auf Secs. 13, 15(d) Securities Exchange Act of 1934). – In 2004 schlug die SEC ein Veröffentlichungserfordernis für Letter of Intent und andere unverbindliche Vereinbarungen vor, zog den Vorschlag aber nach erheblicher Kritik aus der Praxis (Beeinträchtigung der Wettbewerbssituation US-amerikanischer Unternehmen; Unterstützung ungerechtfertigter Marktspekulation) zurück!

65 Section 118 (4) FSMA 2000 (aufgehoben 2016); hierzu *Seibt*, ZHR 177 (2013), 388 (404); vgl. auch bei Fn. 40.

Im Ergebnis ist somit stets eine stark sachverhaltsabhängige Einzelfallentscheidung zu treffen[66]. Zu berücksichtigen ist dabei, dass es bei der Klassifizierung der Zwischenschritte in einem M&A-Prozess nicht auf die Eintrittswahrscheinlichkeit der Transaktion als solcher, sondern auf die Kursrelevanz des konkreten Zwischenschnitts ankommt[67]. Falls der Zwischenschritt nicht bereits aus sich selbst heraus qualifiziert kursrelvant sein sollte, ist das Endergebnis wie folgt zu berücksichtigen: Je bedeutsamer das Endergebnis, desto eher ist das Kursbeeinflussungspotential des Zwischenschritts zu bejahen, d.h. bei Transaktionen von herausragender Bedeutung kann die Kursrelevanz und damit evtl. eine Insiderinformation schon nur bei niedrigerer Eintrittswahrscheinlichkeit (z.B. 25%) gegeben sein als bei wirtschaftlich oder strategisch weniger relevanten Transaktionen mit höherer Eintrittswahrscheinlichkeit (z.B. > 50%). Bedenklich ist die offenbar von der BaFin eingenommene Position, dass es für die Bewertung des Zwischenschritts ausreichend sei, dass die Eintrittswahrscheinlichkeit des Endergebnisses „nicht völlig ausgeschlossen“ ist.

Davon unabhängig dürften auch unter der Geltung der MAR – vorbehaltlich der Umstände des Einzelfalls – bei bloßen Vorbereitungshandlungen und Verfahrensvereinbarungen (sog. Evaluierungsphase im Gegensatz zur sog. Beschlussphase) noch keine Insiderinformation vorliegen[68]. Dazu zählen etwa die Vergabe von Projektnamen und Code-Begriffen sowie die Mandatierung und Einbindung externer Berater (Schritt 2)[69], die Beauftragung regulatorischer Machbarkeitsstudien (Fusionskartellrecht; Investitionsschutzrecht, wie AWG/AVG oder CFIUS) (Schritt 3), der Erstkontakt mit der Zielgesellschaft[70] und die Behandlung rein

66 Zur alten Rechtslage etwa *Bachmann*, ZHR 172 (2008), 597 (606); *Harbarth*, ZIP 2005, 1898 (1900, 1902); *Veith*, NZG 2005, 254 (255).

67 *Hopt/Kumpan*, in: Bankrechts-Handbuch, 5. Auflage 2017, § 107 Rn. 48; *Hilgendorf/Kusche*, in: Park, Kapitalmarktstrafrecht, 4. Auflage 2017, Art. 7 MAR Rn. 53; zur alten Rechtslage z.B. *Mennicke/Jakovou*, in: Fuchs, WpHG, 1. Auflage 2009, § 13 WpHG Rn. 74; einschränkend *Frowein*, in: Habersack/Mülbert/Schlitt, Handbuch der Kapitalmarktinformation, 2. Auflage 2013, § 10 Rn. 15; *Hitzer*, NZG 2012, 860; *Langenbucher*, BKR 2012, 145 (146).

68 Vgl. auch *Hopt/Kumpan*, in: Bankrechts-Handbuch, 5. Auflage 2017, § 107 Rn. 48; zur alten Rechtslage z.B. BaFin, Emittentenleitfaden, 4. Auflage 2013, S. 58; *Casper*, in: Kämmerer/Veil, Übernahme- und Kapitalmarktrecht in der Reformdiskussion, S. 203 (209); *Pfüller*, in: Fuchs, WpHG, 1. Auflage 2009, § 15 WpHG Rn. 205; *Bingel*, AG 2012, 685 (692); *v. Bonin/Böhmer*, EuZW 2012, 694 (697); so jetzt auch ausf. *Hopt/Kumpan*, ZGR 2017, 765 (786 ff.).

69 Zur alten Rechtslage vgl. BaFin, Emittentenleitfaden, 4. Auflage 2013, S. 58; *Bingel*, AG 2012, 685 (694); *Harbarth*, ZIP 2005, 1898 (1900); *Meyer/Kiesewetter*, WM 2009, 340 (341); so jetzt wohl auch *Hopt/Kumpan*, ZGR 2017, 765 (787).

70 Zur alten Rechtslage BaFin, Emittentenleitfaden, 4. Auflage 2013, S. 58; *Bingel*, AG 2012, 685 (694); *v. Bonin/Böhmer*, EuZW 2012, 694 (697); *Veith*, NZG 2005, 254 (255).

strategischer und marktbezogener Fragen mit vorangehendem oder nachfolgendem Abschluss einer Vertraulichkeitserklärung (Schritt 4), die Einigung über eine Verfahrensvereinbarung (*Process Letter*) (Schritt 6, Alternative 1) oder der Zugang zur Due Diligence Phase 1 (Schritt 8)[71]. Anders zu beurteilen sind in der Regel der Abschluss von (allerdings zumeist unverbindlichen) Vereinbarungen bzw. Abreden wesentlicher Entscheidungsträger der Beteiligten mit materiellen, die wirtschaftlichen Eckpunkte einer Transaktion enthaltenden Inhalten (Term Sheet, Memorandum of Understanding, Letter of Intent; Schritt 6, Alternative 2)[72] bzw. die Annahme eines *Final Bid* in einem begrenzten Auktionsverfahren (Schritt 11) sowie der Zugang zur Due Diligence Phase 2 (Red Data Room; Schritt 11; Grund: sensible Daten werden nur bei hinreichender Transaktionsaussicht vernünftigerweise offengelegt) und die Marktsondierung bei Großaktionären (Schritt 13). Bei der Information des Aufsichtsratsvorsitzenden (Schritt 5) ist zu unterscheiden, ob es sich dabei um einen sog. freiwilligen Bericht (keine Indizwirkung) oder um einen notwendigen Sonderbericht aus „sonst wichtigem Anlaß" nach § 90 Abs. 1 Satz 3 AktG (mit der Weiterleitungspflicht der Information an den Gesamtaufsichtsrat nach § 90 Abs. 5 Satz 3 AktG)[73].

Gleichzeitig sind dabei stets die Begleitumstände in die Überlegungen miteinzubeziehen: (1) Handelt es sich um ein begrenztes Auktionsverfahren oder um eine *One-on-One*-Verhandlungssituation? (2) Wie hoch ist das Vertrauensverhältnis zwischen den am Transaktionsvorhaben beteiligten Gesellschaften und ihrer Vertreter (Auswirkung auf den Grad der Realisierungswahrscheinlichkeit) und wie naheliegend ist die „industrielle Logik" des Vorhabens? (3) Bekundet etwa ein potenzieller Erwerber sein Interesse am Zielunternehmen (oder eines Teils hiervon), so kann damit die Entscheidung über eine strategische Neuausrichtung verbunden sein, was für das Vorliegen einer (gesonderten) Insiderinformation (Strategiewechsel/-anpassung) spräche.

Dieser „Praktikerkonsens" wird – wie die medienöffentlichen Fälle Linde/Praxair [Reitzle] und Deutsche Börse/LSE [Kengeter] (und nun auch Metro/Aufspaltung [Koch]) zeigen könnten - womöglich von der BaFin nicht (mehr) geteilt – und das Vortragen einer „Insiderinformation" schon bei früheren Zwischen-

71 Vgl. zur alten Rechtslage *Bingel*, AG 2012, 685 (695); ferner *Meyer/Kiesewetter*, WM 2009, 340 (341); so jetzt auch Hopt/Kumpan, ZGR 2017, 765 (789).

72 Vgl. zur alten Rechtslage BaFin, Emittentenleitfaden, 4. Auflage 2013, S. 58; *Frowein*, in: Habersack/Mülbert/Schlitt, Handbuch der Kapitalmarktinformation, 2. Auflage 2013, § 10 Rn. 42; *Veith*, NZG 2005, 254 (255); skeptisch *Lebherz*, WM 2010, 154 (157); differenzierend *Bingel*, AG 2012, 685 (694 f.).

73 Für eine enge Auslegung von § 90 Abs. 1 Satz 3 AktG- Sonderberichten: *Seibt*, in: Hdb. Corporate Governance, 2. Aufl. 2009, S. 391 (406 f.).

schritten angenommen. Dies hätte dann auch für die Insiderhandlungsverbote im Vorfeld einer Transaktion hohe Relevanz. Denn langwierige Ermittlungen von BaFin und Staatsanwaltschaft können nicht nur Bußgelder und andere Sanktionen, sondern auch einen Reputationsverlust des Emittenten sowie der inkriminierten Organmitglieder zur Folge haben, die Transaktion als solche gefährden und weitergehend schwerwiegende Marktfolgen (Marktkapitalisierung einerseits, Karrierechancen andererseits) verursachen.[74] Insbesondere vor dem Hintergrund der Untersuchungen in den Fällen Linde/Praxair [Reitzle] [75] sowie Deutsche Börse/LSE [Kengeter][76] ist es empfehlenswert, dem Management und den Mitgliedern des Transaktionsteams nahezulegen, bereits ab der frühen Vor-

---

74 Zur steigenden Bedeutung der CEO-Reputation für Unternehmer und CEO gleichermaßen siehe *Seibt*, DB 2018, 237 (238f., 240; Thesen 3 und 7) m.w.Nw.

75 Linde-Aufsichtsratsvorsitzender Wolfgang Reitzle hatte in diesem Fall Aktien für EUR 0,5 Mio. gekauft, kurz bevor das Unternehmen Fusionsverhandlungen mit Praxair bestätigte. Reitzle war von 2002-2014 Vorstandsvorsitzender des Unternehmens und kehrte im Mai 2016 als Aufsichtsratsvorsitzender zurück. Der Kauf der Aktien erfolgte im Juni 2016, als intern über einen Zusammenschluss bereits diskutiert worden sein soll; die Verhandlungen mit Praxair wurden schließlich im August 2016 bekannt. Ab Januar 2017 wurde daraufhin eine formale Untersuchung der BaFin durchgeführt, deren Ergebnissen später zur Prüfung an die Staatsanwaltschaft weitergegeben wurden. Seit Anfang April 2017 ist bekannt, dass die Staatsanwaltschaft auf Grundlage der Verdachtslage kein Ermittlungsverfahren einleiten wird. Reitzle hatte die Aktienkäufe stets als „generelles Bekenntnis zum Unternehmen" erklärt [o.V., ManagerMagazin v. 10.4.2017].

76 Deutsche Börse-Vorstandsvorsitzender Carsten Kengeter soll seit seinem Amtsantritt im Juni 2015 fast wöchentlich insgesamt etwa 15 Gespräche mit der Leitungsebene der Londoner Börse über eine potenzielle Fusion geführt haben. Am 14.12.2015 erwarb er für EUR 4,5 Mio. 60.000 Deutsche Börse-Aktien im Rahmen eines Vergütungsprogramms, durch das - laut Aufsichtsratsvorsitzendem Joachim Faber - Vorstandsmitglieder langfristig an das Unternehmen gebunden werden sollten und das bis Mitte Dezember 2015 befristet war. Kengeter bezeichnet den Kauf als „moralische Pflicht"; eine tatsächliche Pflicht bestand nicht, stattdessen spricht der Geschäftsbericht der Börse ausdrücklich von einer bloßen „Möglichkeit" der Teilnahme an dem Programm [*Mohr*, FAZ v. 2.2.2017]. Die Verhandlungen mit der LSE wurden im Februar 2016 bestätigt; konkrete Ergebnisse soll es nach Angaben der Deutschen Börse erst Ende Januar 2016 gegeben haben. Infolge zweier Strafanzeigen hatten zunächst BaFin und später Staatsanwaltschaft Ermittlungen aufgenommen. Nach erfolgter Durchsuchung von Deutsche Börse-Hauptverwaltung und Privatwohnung Kengeters im Februar 2017 erklärte sich die Deutsche Börse im September 2017 ohne Anerkennung von Sachverhalt und Rechtspflicht bereit, ein Bußgeld in Höhe von EUR 10,5 Mio. für die eigene Beteiligung zu zahlen; das Verfahren gegen Kengeter könnte evtl. gegen eine eigene Geldauflage in Höhe von EUR 500.000 eingestellt werden [*Kröner*, Handelsblatt v. 22.9.2017]. Es wird in den Medien kolportiert, dass die BaFin hierzu „wegen der Milde der Bußgelder" ablehnende Stellungnahmen abgeben wird [*Kröner*, Handelsblatt v. 25.9.2017].

bereitungs- bzw. Evaluierungsphase (d.h. auch vor Existenz einer Insiderinformation) Zurückhaltung und sprachliche Vorsicht bei Beschlussvorlagen interner Arbeitsgruppen an Entscheidungsträger zu üben (z.B. durch Alternativbeschlussanträge, explizite Offenlegung klärungsbedürftiger Fragen) und nicht mehr mit Wertpapieren der (börsennotierten) Gesellschaft zu handeln. Mit der Empfehlung würde das Konzept der „Insiderinformation light" in der Praxis – trotz ausdrücklicher Ablehnung durch den Unionsrechtsgesetzgeber – verwirklicht!

Umsetzen lässt sich ein solches frühes Handelsverbot durch (i) die Errichtung von Black out-Periods in Bezug auf die Wertpapiere der eigenen oder auch einer anderen Gesellschaft oder (ii) die Errichtung einer „vorläufigen" Insider- oder Teamliste mit dem Hinweis, dass auch in der Vorphase nicht gehandelt werden solle[77]. Die Gefahr, dass die BaFin dem Management solche Handelsverbote später als Indikator für das Vorliegen einer Insiderinformation entgegenhält, sollte vernünftigerweise gering sein.[78] Zur Vermeidung dieses Risikos wäre jedoch auch zu überlegen, entsprechende Handelsverbote in Vorphasen einer Insiderinformation (festgelegt durch den Leiter Recht bzw. [Kapitalmarkt-]Compliance) in den Konzernrichtlinien als *Best Practice* zu etablieren. Die Verbote würden dann unabhängig von der Bewertung des Einzelfalls gelten, so dass eine (angebliche) Indizwirkung nicht vorläge.

2.3.2 Neue Finanzzahlen und strategische Mittelfristziele

Die Qualifikation neuer Finanzzahlen als Insiderinformation (und damit deren Veröffentlichung) wird in der Praxis auch nach Inkrafttreten der MAR unterschiedlich gehandhabt. In der Unternehmenspraxis stellen sich weiterhin vor allem drei Fragen:
(1) Unter welchen Voraussetzungen ist eine neu generierte, ggf. prognostizierte Finanzzahl in rechtlich relevanter Weise so qualifiziert, dass sie eine Insiderinformation ist? Zur Beantwortung dieser Frage ist eine qualitative und eine quantitative Betrachtung notwendig: In qualitativer Hinsicht ist entscheidend, ob die in Frage stehende Finanzzahl ein kritischer Schlüsselwert für die Messung des operativen Geschäftserfolgs (sog. *Key Performance Indicator*; KPI) oder für die Aktienkursbewertung bzw. das Handelsvolumen relevant ist. So kann z.B. die signifikante Abweichung von bisher kommunizierten Umsatzzahlen für Zwecke der

77 Die Einrichtung solcher Listen wird von Dienstleistern wie EQS angeboten.
78 So an sich auch BaFin, FAQ zur Insiderlisten nach Art. 18 MAR, 3. Version (Stand: 13.1.2017) Ziffer IV. Nr. 2.

Qualifikation als Insiderinformation irrelevant sein, wenn der Umsatz (alleine) weder KPI noch „trading relevant“ ist, sondern dies andere Finanzkennzahlen wie z.B. EBITDA (earnings before interest, taxes, depreciation and amortization), EBIT (earnings before interest and taxes) oder EpS (earnings per share) sind. In quantitativer Hinsicht ist der Grad der Abweichung von bislang kommunizierten Finanzzahlen relevant. Dabei kommt es auf den Einzelfall an und es verbieten sich allgemeingültige Prozentgrenzen. Dennoch haben sich in der Praxis bestimmte Daumregeln durchgesetzt, die der sorgfältigen Überprüfung im Einzelfall bedürfen: Liegt die Abweichung bei einer relevanten Finanzkennzahl gegenüber der bislang veröffentlichten Zahl (bzw. dem relevanten Vorperiodenergebnis) über 10 %, wird in der Regel eine Insiderinformation vorliegen[79], liegt die Abweichung hingegen unter 5 % wird es sich in der Regel um keine Insiderinformation handeln; im Zwischenbereich einer 5-10 %-Abweichung gibt es keinerlei „Indizwirkung“, sondern es kommt dann ganz besonders auf die Einzelfallbetrachtung an. Die BaFin bestätigt diese Daumenregeln leider nicht, sondern verweist lediglich auf eine notwendige Einzelfallbetrachtung – und gibt damit der Praxis „Steine statt Brot“.

(2) Wann ist der Umstand der neuen Finanzzahl gegeben bzw. wann kann man diesen vernünftigerweise erwarten? Die neu generierte Finanzzahl muss tatsächlich in den Kenntnisbereich der Geschäftsleitung, also jedenfalls in den Kenntnisbereich des zuständigen Vorstandsmitglieds bzw. wenn dieser an einer Kenntnisnahme generell verhindert ist seinen Ressort-Stellvertreter im Vorstand oder die seine Funktion substituierende Person außerhalb des Vorstandes, gelangen. Das bedeutet, dass insbesondere dann noch keine veröffentlichungspflichtige Insiderinformation vorliegt, wenn nur Einzeldaten (z.B. aus verschiedenen Regionen oder zu verschiedenen Geschäftssparten oder Produktgruppen) bei verschiedenen Hilfspersonen der ressortzuständigen Person vorliegen. Etwas anderes mag nur dann in Einzelfällen gelten, wenn die Geschäftsleitung eine Berichterstattung an die ressortzuständige Person in der Geschäftsleitung tatsächlich nicht ermöglicht hat (Organisationsverschulden).

(3) Kann bei Vorliegen neu generierter Finanzzahlen, die als Insiderinformation qualifizieren, eine Aufschubentscheidung nach Art. 17 Abs. 4 MAR gerechtfertigt sein? Nach Auffassung der ESMA (und der schon zur MAD/WpHG eingenommenen BaFin-Verwaltungspraxis) ist dies nicht zulässig, und zwar selbst dann nicht für kurze Zeit, wenn in Kürze (d.h. in nicht mehr als 3 Tagen) ein Erläuterungstermin (z.B. Bilanzpressekonferenz) stattfindet und die neuen Finanzzahlen in besonderen Maßen auslegungsfähig und -bedürftig und daher auch erläute-

79 So bereits *Seibt*, CFL 2010, 289 (295).

rungsbedürftig sind[80]. Allerdings kommt die ESMA dem Praxisbedürfnis nach, trendanzeigende Einzelergebnisse (z.B. aus wichtigen Regionen oder betreffend wichtige Unternehmenssparten) trotz (voraussichlicher) Qualifikation als Insiderinformation erst nach weiterer Prüfung und Verfestigung durch weiterer Einzelergebnisse veröffentlichen zu müssen. Denn die Veröffentlichungspflicht nach Art. 17 Abs. 1 MAR verlange nur die Offenlegung *„as soon as possible"*, also sobald dies (vernünftigerweise) möglich ist. Diese Fristvorgabe erlaube eben auch die Überprüfung mit Unsicherheiten belegter Einzeldaten bis zu derer Verifikation bzw. Falsifikation[81].

Die hinreichend gefestigte Prognose der wirtschaftlichen Schlüsselkennzahlen für den operativen Unternehmenserfolg (KPI) für das kommende Geschäftsjahr (sog. *Guidance*) ist eine „präzise" Information, die dann als Insiderinformation qualifiziert, wenn sie in signifikanter Weise von der, auf den Emittenten zurückgehende Markterwartung bzw. (bei Fehlen einer solchen Erwartung) dem Vorperiodenergebnis abweicht.[82] In 2016 (sowie bis 15.5.2017) haben von den DAX 30-Unternehmen nur 3 Gesellschaften eine Guidance 2017 (bzw. Guidance 2016/2017 bei einem vom Kalenderjahr abweichenden Geschäftsjahr) per Adhoc-Mitteilung veröffentlicht,[83] bei den 50 MDAX-Unternehmen waren dies nur 6 Gesellschaften[84]. Insofern hat sich die Praxis gegenüber 2010[85] nicht im Sinne einer Anzahlvergrößerung verändert und ist ein noch selteneres Phänomen geworden.

Von solchen *Guidance*-Erklärungen rechtlich zu unterscheiden sind sog. strategische Mittelfristziele: Es handelt sich dabei um eine *Auswahl* relevanter *Key Performance Indicator* (in der Regel etwa drei KPIs), für die strategische Zielmarken (sog. *targets*) in drei bis fünf Jahren gesetzt werden, ohne dass die Jahreszwischenwerte dieser KPI angegeben werden. Diese Kategorie der strategischen Mittelfristziele wurde in Abgrenzung zum prospektrechtlichen Begriff

---

80 So noch zum alten Recht *Assmann*, in: Assmann/Uwe H. Schneider, WpHG, 6. Auflage 2012, § 15 WpHG Rn. 35 und 151; *Cahn/Götz*, AG 2007, 221 (223 ff.); ablehnend aber z.B. AG Frankfurt v. 2.9.2014 – 943 OW; - 7591 Js 219979/14.

81 ESMA, Consultation paper, Draft guidelines on the Market Abuse Regulation, 28.1.2016, ESMA/2016/162, Rn. 64 und 167; vgl. auch *Klöhn*, AG 2016, 423 (430).

82 Zur alten Rechtslage nach § 15 WpHG z.B. *Seibt*, CFL 2010, 289 (295 mwNw in Fn. 70).

83 Infineon (Ad hoc 24.3.2017 für 2017); RWE (Ad hoc 1.8.2016 für 2016 und 2017); VW (Ad hoc 18.4.2017 für 2017).

84 Airbus (Ad hoc 21.2.2017 für 2017); OSRAM (Ad hoc 2.5.2017 für 2017); pbb (Ad hoc 11.11.2016 für 2017); Salzgitter (Ad hoc 2.5.2017 für 2017); Ströer (Ad hoc 26.9.2016 für 2017); Südzucker (Ad hoc 22.9.2016 für 2016 und 2017).

85 Hierzu *Seibt*, CFL 2010, 289 (296 f.): 8 von 30 DAX- sowie 10 von 50 MDAX-Unternehmen.

der „Gewinnprognose“ vgl. Art. 2 Nr. 10 EU-Propsektverordnung entwickelt, um eine Prospektveröffentlichung dieser Zielwerte (und damit eine Prospektverantwortung und -haftung) zu vermeiden. Diese prospektrechtliche Wertung sollte im Regelfall auch für die Ad hoc-Publizität in der Weise gelten, dass strategische Mittelfristziele bereits wegen einer fehlenden „Präzision“ oder jedenfalls wegen nicht hinreichender Kursrelevanz keine Insiderinformation darstellen. In der deutschen Unternehmenspraxis werden strategische Mittelfristziele nur etwa 20 % der Fälle per Ad hoc-Mitteilung veröffentlicht[86], zu etwa 80 % durch bloße Pressemitteilung. Eine Veröffentlichung der strategischen Mittelfristziele im Wege der Ad hoc-Mitteilung wird (ausnahmsweise) dann zutreffend sein, wenn (i) mit diesen Mittelfristzielen eine Strategie-Neubestimmung einhergeht (dann ist bereits diese Strategie-Neubestimmung eine Insiderinformation im Sinne von Art. 7 MAR) oder (ii) die Mittelfristziele sehr deutlich von der Markterwartung (z.B. einem anerkannten und auf vom Emittenten selbst gesetzten Signalen beruhenden Analystenkonsensus) abweichen. Darüber hinaus ist in der Praxis sehr sorgfältig zu prüfen, ob überhaupt strategische Mittelfristziele (im strengen Sinne) vorliegen oder ob es sich nicht ausnahmsweise um eine *Guidance*-Erklärung für eine zwei- oder gar dreijährige Zukunftsperiode handelt (dann in der Regel Qualifikation als Insiderinformation).

2.3.3 Compliance-Verstöße

Größere, vor allem durch signifikantes Auslandsgeschäft gekennzeichnete Börsengesellschaften unternehmen regelmäßig interne Untersuchungen zur Aufdeckung möglicher Compliance-Verletzungen (sog. *Internal Investigations*), sei es anlassbezogen oder nicht. Wird im Rahmen einer solchen *Internal Investigation* ein wirtschaftlich und für den Aktienkurs bedeutsamer Compliance-Verstoß aufgedeckt, der den zuständigen Verwaltungs- und Strafbehörden bislang unbekannt ist, kommt der Geschäftsleitung in der Regel (Ausnahme: Nacherklärungs- und Berichtigungspflichten im Steuerrecht) ein unternehmerisches Ermessen im Sinne der Business Judgement Rule (vgl. § 93 Abs. 1 Satz 2 AktG) bei Beantwortung der Frage zu, ob das Unternehmen den Compliance-Verstoß der zuständigen Verwaltungs- und/oder Strafbehörde meldet[87]. Während die Geschäftsleitung verpflichtet ist, erkannte Gesetzesverletzungen unverzüglich abzustellen

86 Ab 1.1.2016 aus dem DAX: Commerzbank (Ad hoc 29.9.2016 bis 2020); Deutsche Bank (Ad hoc 5.3.2017 bis 2021); Fresenius (Ad hoc 24.2.2016 bis 2019); aus dem MDAX: kein Unternehmen.

87 Hierzu z.B. *Seibt*, ManagerMagazin Heft 8/2014, S. 67.

und organisatorische Maßnahmen zu treffen, damit solche oder vergleichbare Gesetzesverletzungen in Zukunft nicht mehr vorkommen, fordert die sog. Legalitätspflicht (wonach pflichtbewusstes Handeln der Geschäftsleiter eigene Regeltreue und Sorge für regelkonformes Handeln der Gesellschaft einschließt)[88] nicht zwingend eine Offenbarung gegenüber Behörden oder der Öffentlichkeit. Es gilt hier der verfassungsrechtlich gewährleistete *Nem-Tenetur*-Grundsatz[89], und eine Nicht-Offenlegung kann zur Vermeidung von Verwaltungssanktionen, einen unternehmenswertrelevanten Reputationsverlust und sog. *Follow On*-Schadensersatzklagen Drittbetroffener durchaus im Unternehmensinteresse sein. Dann ist es aber auch wertungskonsequent, die Veröffentlichung einer wirtschaftlich bedeutsamen Compliance-Verletzung, die an sich als Insiderinformation qualifiziert, aufschieben zu können[90], und zwar nötigenfalls bis die Qualifikation als Insiderinformation deshalb wegfällt, weil Verwaltungssanktionen bzw. Schadenersatzansprüche Dritter verjährt sind.[91] Dies gilt selbst auch bei Compliance-Verstößen durch aktives Handeln von Vorstandsmitgliedern[92]. Dies passt dann häufig auch mit der Behandlung nur intern bekannter, früherer und jetzt abgestellter Compliance-Verletzungen in der Rechnungslegung zusammen: Denn hier unterbleibt die Passivierung von Verbindlichkeiten oder Rückstellungen in der Regel deshalb, weil unter der Annahme der Vertraulichkeit keine Verbindlichkeit besteht bzw. die Entstehung einer Zahlungspflicht nicht wahrscheinlich oder jedenfalls eine Dotierung von Verbindlichkeit bzw. Rückstellung noch nicht einmal in einer bestimmten Größenordnung bestimmbar ist. Die hier eingenommene Position ist aber bislang nicht hinreichend rechtssicher geklärt, eine veröffentlichte BaFin-Position hierzu gibt es bislang (leider) nicht.

Die Geschäftsleitung des Emittenten hat sich allerdings bei ihrer Entscheidung zugunsten eines Veröffentlichungsaufschubs (Art. 17 Abs. 4 MAR) darüber im Klaren zu sein, dass sie im Rahmen von Wertpapierprospekten dennoch (allgemeine) Risikohinweise auf intern festgestellte Compliance-Verletzungen machen

88 Hierzu z.B. *Hüffer/Koch*, AktG, 12. Auflage 2016, § 93 AktG Rn. 6; *Habersack*, in: FS Uwe H. Schneider, 2011, S. 429 ff.; *Fleischer*, Handbuch Vorstandsrecht, 2006, § 7 Rn. 13; *Arnold*, in: Marsch-Barner/Schäfer, Handbuch börsennotierte AG, 3. Auflage 2014, § 22 Rn. 12; kritisch *Seibt*, NZG 2015, 1097 (100 f.).

89 Allgemein zur Erstreckung des Grundsatzes auf juristische Personen *Seibt/Cziupka*, AG 2015, 93 (102 mwN).

90 Ausführlich dazu *Seibt/Cziupka*, AG 2015, 93 (103).

91 So jetzt auch *Mülbert/Sajnovits*, WM 2017, 2041 (2042); vgl. auch *Klöhn/Schmolke*, ZGR 2016, 866 (877); *Bunz*, NZG 2016, 1249, (1255); *Wilken/Hagemann*, BB 2016, 67 (71).

92 A.A. *Klöhn/Schmolke*, ZGR 2016, 866 (880 ff.) [kein Aufschubinteresse bei Missmanagment des Vorstands]; zu Recht krit. wie hier *Mülbert/Sajnovits*, WM 2017, 2001 (2006).

muss[93] und auch häufig im Rahmen einer Compliance-Due Diligence bei M&A-Transaktionen, die den Abverkauf von Geschäftsbereichen betreffen, bei denen die Compliance-Verletzungen intern festgestellt wurden, solche Compliance-Verletzungen offenzulegen sind[94].

3 Aufschub der Ad hoc-Veröffentlichungspflicht

3.1 Befreiungstatbestand im Überblick

Nach Art. 17 Abs. 4 MAR kann ein Emittent die Offenlegung einer Insiderinformation (Pflicht nach Art. 17 Abs. 1 MAR) auf eigene Verantwortung „aufschieben". Dafür müssen kumulativ[95] die folgenden drei Voraussetzungen erfüllt sein: (i) eine Offenlegung würde berechtigte Interessen des Emittenten beeinträchtigen, (ii) die Aufschiebung ist nicht geeignet, die Öffentlichkeit irrezuführen und (iii) die Geheimhaltung der Information kann sichergestellt werden. Richtigerweise sollte man dem über die Aufschubentscheidung beschließenden Gremium einen gerichtlich nur eingeschränkten Beurteilungspielraum zubilligen[96]. Eine Maxi-

93 Eine nicht selten genutzte Musterformatierung lautet dann: „*In order to monitor compliance with [competition laws], (...) is currently conducting an internal investigation into business conduct of certain (...) divisions. This investigation has revealed unlawful [anti-competitive] behaviour with regard to [one/two/various] specific product group/s. (...) has taken measures to ensure that the relevant business conduct is discontinued. There is a risk that (...) might become the subject of investigations by [competition] authorities with respect to the relevant business conduct, that fines may be imposed by such authorities, and that follow-on claims for damages might be raised by third parties, including customers, against (...) in respect thereof. The amount of any such fines and follow-on claims for damages cannot currently be determined with any certainty, but could be substantial. In addition, there is no assurance that the current or future internal investigations by (...) will not reveal further actual or potential non-compliance with [competition laws]. In any such case, (...) might become subject to regulatory fines and follow-on claims for damages by third parties. In addition, alleged or actual anti-competitive behaviour might seriously disrupt business relationships with business partners*".

94 Für eine Ckeckliste zur Compliance Due Diligence: *Seibt*, Beck'sches Formularbuch M&A, 3. Auflage 2018, Form B.VI.5; ausführlich, auch zu einer eventuellen Verpflichtung zur Durchführung einer Compliance Due Diligence: *Blassl*, CCZ 2017, 37.

95 Art. 17 Abs. 4 UAbs. 1 MAR; zusätzlich betont in ESMA, Final Report – Guidelines on the Market Abuse Regulation; market soundings and delay of disclosure of inside information v. 13.7.2016, ESMA/2016/1130 (FR-G) Rn. 43; ausführlich zur „Selbstbefreiung" *Retsch*, NZG 2016, 1201 ff.

96 Zutr. *Klöhn/Schmolke*, ZGR 2016, 866 (882 ff.); sympathisierend *Mülbert/Sajnovits*, WM 2017,

malzeit für die Aufschiebung, etwa im Falle von komplexen *Internal Investigations*, lässt sich dabei weder aus Art. 17 Abs. 4 MAR selbst, noch den konkretisierenden ESMA Draft Technical Standards[97] oder ESMA Guidelines[98] entnehmen. Sie besteht auch nicht[99].

Daneben besteht in Art. 17 Abs. 5 MAR ein Tatbestand zum Aufschub der Veröffentlichung von systemrelevanten Insiderinformationen bei Vorliegen eines öffentlichen Interesses[100].

In Deutschland war unter Gelung von MAD/WpHG bislang streitig, ob die Befreiung von der Veröffentlichungspflicht *ipso iure* eintritt oder aber eine Beschlussfassung des Emittenten erforderlich ist[101]. Die MAR schließt sich mit der Entscheidung für ein Handlungserfordernis der bisherigen (zutreffenden) h.M. zum § 15 WpHG an: Aus dem Tatbestandsmerkmal „auf eigene Verantwortung" ist zu folgern, dass ein aktives Handeln des Emittenten erforderlich ist[102]. Auch die ESMA geht davon aus: *„Delays in disclosure of inside information are decided by the issuers themselves."*[103]

Zuständig für die Entscheidung sind eine oder mehrere Person(en), die bereits im Vorfeld zu bestimmen sind und über die „necessary decision-making power" verfügen müssen, beispielsweise (aber – entgegen der BaFin-Auffassung[104] – nicht notwendigerweise) also ein Vorstandsmitglied[105]; ein formaler Vorstandsbeschluss unter Mitwirkung sämtlicher Vorstandsmitglieder ist demnach erst recht nicht zwingend. Zu berücksichtigen ist allerdings, dass zumindest im

---

2001 (2005).

97 ESMA, Final Report – Draft technical standards on the Market Abuse Regulation v. 28.9.2015, ESMA/2015/1455 (FR-DTS) Rn. 172 ff.

98 FR-G Rn. 42 ff.

99 Zutr. *Klöhn/Schmolke*, ZGR 2016, 866 (877); *Mülbert/Sajnovits*, WM 2017, 2001 (2005).

100 Hierzu z.B. *Klöhn*, AG 2016, 423 (432); *ders.*, ZHR 181 (2017), 746 ff.; *Ph. Koch*, BB 2012, 1365 (1367 ff.).

101 Zum Meinungsstand unter dem alten Recht z.B. *Klöhn*, in: KK-WpHG, 2. Auflage 2014, § 15 Rn. 312 ff.; *Assmann*, in: Assmann/Uwe H. Schneider, WpHG 6. Auflage 2012, § 15 WpHG Rn. 165a ff.; BaFin, Emittentenleitfaden, 4. Auflage 2013, S. 59.

102 *Retsch*, NZG 2016, 1201 (1205); *von den Linden*, DStR 2016, 1036 (1038); *Seibt/Wollenschläger*, AG 2014, 593 (600); *Veil*, ZBB 2014, 85 (92 f.); *Hopt/Kumpan*, ZGR 2017, 765 (782); *Mülbert/Sajnovits*, WM 2017, 2001 (2003); keine Neuregelung durch die MAR erkennend *Langenbucher*, NZG 2013, 1401 (1405); ähnlich auch *Linnerz*, AG 2015, R187.

103 FR-DTS Rn. 239.

104 BaFin FAQ Art. 17, III. 1.

105 FR-DTS Rn. 239; dazu auch Retsch, NZG 2016, 1201 (1205 f.). Wegen der (unzutreffenden) BaFin-Auffassung sollte die Praxis ein Vorstandmitglied an Aufschubentscheidung beteiligen; so auch *Mülbert/Sajnovits*, WM 2017, 2001 (2003).

deutschen Recht trotz Benennung nur eines zuständigen Vorstandsmitglieds die aktienrechtliche Gesamtverantwortung des Vorstands (vgl. § 77 Abs. 1 AktG) für die Entscheidung bestehen bleibt. Auch der Aufsichtsrat kann im Rahmen seines Zuständigkeitsbereichs (also insbesonder bei Vorstand-Personalentscheidungen) für die Aufschubentscheidung zuständig sein[106] (und handelt in der Praxis auch so).

3.2 Vorliegen berechtigter Interessen

Beim Verständnis des Erfordernisses „Vorliegen berechtigter Interessen" orientiert sich die Praxis vor allem an den in Erwägungsgrund 50 der MAR sowie in den ESMA Guidelines[107] genannten Fallgruppen bzw. Fallbeispiele. Die dort genannten Beispiele sind ausdrücklich nicht abschließend; gleichzeitig wird dort – allerdings zu Unrecht – betont, dass Art. 17 Abs. 4 MAR als Ausnahmevorschrift zu Art. 17 Abs 1 MAR insgesamt eng auszulegen ist[108]. In der Praxis haben solche Fälle besondere Bedeutung:

(1) Laufende Verhandlungen, die von der Veröffentlichung „wahrscheinlich beeinträchtigt"[109] würden, und zwar *insbesondere* (aber eben nicht nur) dann, wenn „die finanzielle Überlebensfähigkeit des Emittenten stark und unmittelbar gefährdet ist", können eine Aufschubentscheidung rechtfertigen.

(2) Eine andere Konstellation bilden Entscheidungen oder abgeschlossene Verträge, die zu ihrer Wirksamkeit der Zustimmung eines weiteren Organs (in Deutschland: Aufsichtsrat) bedürfen. Hier gilt ein zweistufiges System: Eine sofortige Veröffentlichung vor endgültiger Entscheidung müsste die korrekte Bewertung der Information durch die Öffentlichkeit gefährden[110]; gleichzeitig hat der Emittent dafür zu sorgen, dass der Zustimmungsbeschluss so bald wie möglich gefasst wird[111]. Dieses „Unverzüglichkeitserfordernis" hat in der Praxis

106 Ausf. *Mülbert*, FS Stilz, 2014, S. 411 (420 ff.).

107 FR-G Rn. 46 ff.

108 Erwägungsgrund 50 MAR; FR-G Rn. 52; krit. hierzu z.B *ESMA Securities and Markets Stakeholder Group*, Advice to ESMA, 31.3.2016, ESMA/2016/SMSG/010, Rz. 24 (*"a general consensus has emerged that the right to delay disclosure of inside information is no longer to be interpreted in a narrow way"*) und *Seibt*, Börsen-Zeitung v. 6.8.2016, S. 9.

109 In der englischen Version: "would be likely to be affected".

110 In der englischen Version: "would jeopardise the correct assessment of the information by the public".

111 FR-G Rn. 64; wesentlich enger noch die vorherige Auslegung im Consultation Paper (Consultation Paper – Draft guidelines on the Market Abuse Regulation vom 28. Januar 2016,

dazu geführt, dass die finalen Vorstands- und Aufsichtsratbeschlussfassungen nun häufig innerhalb von 48 Stunden terminiert sind.
(3) Ein Aufschub der Veröffentlichung etwa bei Amtsniederlegung eines Vorstandsvorsitzenden (CEO) oder einer anderen wichtigen Führungsperson soll in keinem Fall mehr bis zur Bestellung eines Nachfolgers möglich sein [112], was nun eine Verschärfung gegenüber der früheren Rechtslage nach MAR/WpHG darstellt und zur Irritationen in Medien und bei Investoren führt (bzw. geführt hatte).
(4) Beim geplanten Erwerb oder der Veräußerung eines größeren Anteils hingegen kann, wenn der Beschluss bereits gefasst, entsprechende Verhandlungen aber noch nicht aufgenommen wurden[113], aufgeschoben werden, falls die Durchführung ansonsten gefährdet wäre[114].
(5) Gleiches gilt bei Genehmigungsvorbehalten von Behörden[115]. Allerdings soll nach der BaFin-Verwaltungspraxis ein die Aufschubentscheidung (bis zur finalen Behördenentscheidung) rechtfertigendes Interesse dann nicht vorliegen, wenn mit der konkreten Behördengenehmigung vernünftigerweise gerechnet werden kann; der Wahrscheinlichkeitsgrad ist dabei nicht eindeutig klar. Diese Auffassung ist zwar dogmatisch vertretbar, schafft aber für den Emittenten in der Praxis häufig erhebliche Probleme, da die für das Genehmigungsverfahren zuständige Behörde eine ihre positive Entscheidung vorwegnehmende Ad hoc-Veröffentlichung selbst bei Aufnahme eines entsprechenden Vorbehalts in der Meldung für unbotmäßig halten und sich hierdurch das Genehmigungsverfahren komplizieren kann.

3.3 Keine Irreführung der Öffentlichkeit

Die ESMA Guidelines nennen drei Situationen, in denen eine Irreführung der Öffentlichkeit zu erwarten ist, nämlich wenn (i) die fragliche Insiderinformation von einer früheren Verlautbarung des Emittenten wesentlich abweicht, (ii) die fragliche Insiderinformation das voraussichtliche Nichterreichen eines Finanzziels des Emittenten betrifft (sofern dieses Finanzziel zuvor öffentlich angekündigt war) oder (iii) die fragliche Insiderinformation im Widerspruch zu den Mark-

---

ESMA/2016/162 (CP-G)), vgl. FR-G Rn. 63; hierzu krit. z.B. *Krämer*, in: Börsen-Zeitung v. 11.6.2016, S. 9 („Dem Aufsichtsrat droht die Marginalisierung").

112 CP-G Rn. 63; FR-G Rn. 98 ff.

113 Ansonsten Fall des Erwägungsgrund 50 MAR.

114 FR-G Rn. 73 ff.

115 FR-G Rn. 77 ff.

terwartungen steht, sofern diese Markterwartung auf Signalen des Emittenten beruht.[116]

Eine Irreführung ist also zu gewärtigen, wenn die jetzige Insiderinformation wesentlich einer früheren Bekanntmachung des Emittenten widerspricht, z.B. also ein bereits bekannt gemachtes Finanzziel (insbesondere-Angabe) in signifikanter Weise nicht erreicht oder übererfüllt wird. Die Bestimmung der hinreichenden Erheblichkeit wird in der Unternehmenspraxis offenbar unterschiedlich vorgenommen[117]. Es bietet sich hierfür der gleiche qualitativ-quantitative Test wie bei allgemein neu generierten Finanzzahlen an (siehe oben Ziffer 2.3.2).

Neu ist die Normierung einer drohenden Irreführung für den Fall, dass die Insiderinformation im Widerspruch zu den aktuellen Markterwartungen steht[118]. Zwar können zur Bestimmung der Markterwartungen auch Umstände wie etwa die Einschätzungen von Finanzanalysten (insbes. anerkannte Analystenkonsensus) berücksichtigt werden[119]. Jedoch ist auch in diesem Fall – und entgegen einer offenbar neuen BaFin-Verwaltungspraxis - notwendiger Anknüpfungspunkt das eigene Verhalten des Emittenten und dadurch am Markt gesetzte Signale[120], z.B. durch eine „Vermarktung" bestimmter Finanzanalyseberichte oder eines von der Gesellschaft entwickelten oder ausdrücklich in Bezug genommen *„Analysts' Consensus"*; eine bloße Verlinkung von Drittanalysen auf der Website des Emittenten wird für eine eigene Signalgebung in der Regel nicht ausreichen. Eine Zurechnung des Auftretens Dritter am Markt zum Emittenten mit einer daraus folgenden „Sperrung" des Veröffentlichungsaufschubs ist somit nicht vorzunehmen.

Die von der Gesellschaft ausgesendeten Marktsignale können nicht nur die Form von Ad hoc-Mitteilungen, Pressemitteilungen oder Rechnungslegungsberichten, sondern z.B. auch Medieninterviews mit führenden Vorstandsmitgliedern (CEO- bzw. CFO- Interviews)[121] oder z.B. *Social Media*-Erklärungen (insbesondere über den Mikrobloggingdienst *Twitter*), haben. So hat bei einem Public

---

116 FR-G Rn. 82.

117 Zur Praxis der Anhebung des Ausblicks für das Geschäftsjahr 2017 beispielhaft die Ad hoc-Mitteilung v. 3.5.2017 der OSRAM Licht AG sowie die PM von Bayer v. 27.4.2017.

118 FR-G Rn. 82 c); bislang bereits gängiges *Praxisverständnis* einer Irreführung, vgl. auch *Pfüller*, in: Fuchs, Wertpapierhandelsgesetz, 1. Auflage 2009, § 15 WpHG, Rn. 387; *Assmann*, in: Assmann/Uwe H. Schneider, WpHG 6. Auflage 2012, § 15 WpHG Rn. 160.

119 FR-G Rn. 84.

120 Vgl. FR-G Rn. 84, 82; so auch zur alten Rechtslage *Seibt*, CFC 2010, 289 (295 f.). – Unklar, ob dies auch (noch) einheitliches Praxisverständnis ist, siehe Ad hoc-Mitteilung von Daimler v. 11.4.2017 [EBIT in Q1/2017 deutlich über Markterwartungen] sowie Volkswagen v. 18.4.2017 [in Q1/2017 deutlich besseres operatives Ergebnis als vom Markt erwartet]).

121 CP-G Rn. 100.

Hearing die ESMA zur Erläuterung ausgeführt, dass in dem Fall, in dem ein CEO im Rahmen eines Medieninterviews angibt, dass die Gesellschaft derzeit kein Interesse an M&A-Projekten in bestimmten Regionen habe, die Gesellschaft eine Aufschubentscheidung nicht treffen könne, wenn sie dann einige Monate nach dem Interview eine günstige M&A-Investitionsgelegenheit in dieser Region nutzen möchte; dass die dann zwingend vorzunehmende Ad hoc-Veröffentlichung die Transaktion selbst gefährden kann, bevor überhaupt ernsthafte Verhandlungen hierzu aufgenommen wurden, sei unbeachtlich[122]. Diese dogmatisch konsequente ESMA-Auffassung hat in der Praxis zu einem „chilling effect“ der Unternehmen bei Offenlegung ihrer Investitionspläne geführt, eine deutlich „weichere“ bzw. „inhaltsoffenere“ Kommunikation der Emittenten ist zu beobachten. Kapitalmarktberater empfehlen nämlich, Erklärungen zu Investitionsvorhaben stets mit Qualifizierungen wie „gegenwärtig“, „offen für die Wahrnehmung von Opportunitäten“, „wegen der Volatilität der Märkte können zur Zeit nur kurzfristige Aussagen gemacht werden“ zu versehen, um zukünftige Handlungsmöglichkeiten zu erhalten. So antwortete z.B. Wolfgang Schäfers, CFO der Continental AG, lehrbuchmäßig auf die Interviewfrage nach größeren Akquisitionen im laufenden Jahr: „Derzeit ist kein größerer Zukauf in Planung. Wenn sich jedoch eine strategisch passende und finanziell attraktive Möglichkeit eröffnet, werden wir, wie früher auch, zugreifen.“[123]

3.4 Gewährleistung der Vertraulichkeit

Die ESMA geht davon aus, dass zur Gewährleistung der Geheimhaltung der Informationen *„effective information barriers“* bestehen müssen[124]. Welche konkreten Anforderungen an einen entsprechenden Nachweis gestellt werden, bleibt dabei allerdings offen.

Die Möglichkeit eines Veröffentlichungsaufschubs endet laut Art. 17 Abs. 7 MAR, sobald die Wahrung der Vertraulichkeit nicht mehr gewährleistet werden kann. Neu ist, dass „Gerüchte“ in jedem Fall als feststehender Bruch der Vertraulichkeit gelten (Art. 17 Abs. 7 UAbs. 2 MAR). Irrelevant ist dabei, anders als nach

122 Zu dem Beispiel auch *Seibt*, ManagerMagazin online v. 13.4.2016.
123 CFO-Interview in: Börsen-Zeitung v. 6.5.2015.
124 FR-DTS Rn. 248.

der MAR/WpHG-Rechtslage[125], aus wessen Sphäre die „Gerüchte" stammen[126]. Es muss allerdings aufgrund des „Gerüchts" zu vermuten sein, dass die Vertraulichkeit nicht mehr gewährleistet ist; das „Gerücht" muss also ausreichend präzise sein. Reine Spekulationen genügen nicht, so dass eine Abgrenzung zu substanzarmen „fishing expeditions" notwendig ist.[127] Die entscheidende Frage hierfür sollte sein, ob das Gerücht derart substantiell ist, dass es nur von einer Person stammen kann, die tatsächlich mit den Hintergründen oder Inhalten der Insiderinformation vertraut oder ob es nicht vielmehr eine auch ohne Kenntnis der Insiderinformation naheliegende Spekulation ist. Die daraufhin zu veröffentlichende Ad hoc-Meldung muss das Gerücht im Regelfall nur im bereits gerüchteweise bekannten Umfang adressieren, kann aber auch darüber hinaus gehen und z.B. die „ganze Geschichte" offenlegen. Insoweit ist der konkrete Inhalt der Ad hoc-Meldung auch eine taktische Frage[128].

3.5 Weitere Anforderungen und Pflichten

Insgesamt besteht ein sehr hoher Formalisierungsaufwand bei den Entscheidungen zum Veröffentlichungsaufschub. Es sind (i) die Zuständigkeiten, (ii) das einzuhaltende Verfahren zum Aufschub sowie bei planwidrigem Bekanntwerden der Information, sowie (iii) die Maßnahmen zur Sicherstellung der Vertraulich-

---

125 BaFin, Emittentenleitfaden, 4. Auflage 2013, S. 61; ebenso *Assmann*, in: Assmann/Uwe H. Schneider, WpHG, 6. Auflage 2012, § 15 WpHG Rn. 168; *Hopt*, in: Schimansky/Bunte/Lwowski, Bankrechts-Handbuch, 4. Auflage 2011, § 107 Rn. 104; *Diekmann/Sustmann*, NZG 2004, 929 (935); *Veith*, NZG 2005, 254 (258).

126 FR-DTS Rn. 243; ebenso *Seibt/Wollenschläger*, AG 2014, 593 (600); *Klöhn*, AG 2016, 423 (431).

127 Siehe auch BaFin, FAQ zu Art. 17 MAR – Veröffentlichung von Insiderinformationen, Stand: 20.6.2017, Ziffer III.4: *„Eine europaweit vereinheitlichte Definition besteht diesbezüglich nicht. Nach Auffassung der BaFin ist ein Gerücht dann ausreichend präzise, wenn die daraus abzuleitende Information darauf schließen lässt, dass ein Informationsleck entstanden ist, wobei dessen Herkunft unerheblich ist, sodass die Vertraulichkeit nicht länger als gewahrt gelten kann. Ein willkürliches Streuen diffuser Informationen, die einem Verbreiten von falschen oder irreführenden Informationen gleichkommt in der Absicht, dem Emittenten richtig stellende Informationen zu entlocken, können dabei aber nicht als ausreichend präzise gelten (ähnlich schon CESR im Third set of guidance zur MAD vom 15.09.2009 vgl. dort Rz. 61)"*; *ESMA*, Final Report: Draft technical standards on the Market Abuse Regulation, ESMA/2015/1450 v. 28.09.2015, S. 54, Rn. 242-244.

128 Beispielhaft dazu die „Reihen-Veröffentlichungen" der STADA Arzneimittel AG v. 12.2.2017 (STADA bestätigt Erhalt rechtlich unverbindlicher Interessenbekundungen zur Übernahme), v. 16.2.2017 (STADA bestätigt Erhalt einer weiteren rechtlich unverbindlichen Interessenbekundung zur Übernahme) und v. 23.2.2017 (STADA informiert über Erhalt eines verbindlichen, vorbehaltlichen Übernahmeangebots).

keit im Vorfeld festzulegen. Dazu bestehen umfangreiche Dokumentations- und Informationspflichten[129]: Anders als bislang ist die zuständige Behörde nach der Veröffentlichung der Information vom Aufschub in Kenntnis zu setzen; beizufügen ist eine schriftliche Erläuterung, inwieweit die Bedingungen für die Aufschubentscheidung erfüllt waren[130]. Darin hat der Emittent nicht nur die Prozesse und involvierten Personen zu beschreiben, sondern auch das Datum des voraussichtlichen Veröffentlichungszeitpunkts anzugeben[131] – eine Vorhersage, bei der es sich oftmals nur um eine lebensferne Spekulation handeln kann. Diese Erläuterungen haben in der Praxis nicht selten einen Umfang von 10 Seiten, manchmal sogar auch noch deutlich mehr[132].

4 Insiderverbote und legitimierte Handlungen

4.1 Die Verbote

Die Insiderverbote sind in Art. 14 MAR geregelt. Sanktioniert sind danach (i) das Tätigen von Insidergeschäften (Handelsverbot), (ii) die Empfehlung von bzw. die Anstiftung zu Insidergeschäften (Empfehlungsverbot) sowie (iii) die unbefugte Weitergabe von Insiderinformationen (Weitergabeverbot)[133]. Die Verbote werden in Art. 8 MAR (Insiderverbote) und Art. 10 MAR (unrechtmäßige Offenlegung von Insiderinformationen) näher definiert, entsprechen aber weitestgehend den zuvor bestehenden Regelungen. Neu sind die Ausweitung des Handelsverbots auf (i) den Versuch (Art 14 lit. a MAR) sowie (ii) die Stornierung noch nicht durchgeführter Transaktionen (Art. 8 Abs. 1, Abs. 2 lit b MAR)[134]. Die zweite Fallkonstellation hat insbesondere Bedeutung im Hinblick auf den Aufbau von Beteiligungen unterhalb der Kontrollschwelle, die eine Angebotspflicht auslösen würde[135]. In

129 FR-DTS Rn. 246 ff.; siehe auch *Retsch*, NZG 2016, 1201 (1206).

130 Art 17 Abs. 4 UAbs. 2 MAR; zur vorherigen Überlegung einer Substitution des Beschlussverfahrens durch umfassende Notifikationspflicht und Aufschubentscheidung der Behörde *Seibt/Wollenschläger*, AG 2014, 593 (600 mwN).

131 FR-DTS Rn. 247 a.

132 Für ein Muster siehe *Seibt*, in: Beck'sches Formularbuch M&A, 3. Auflage 2018, B.IX.4.

133 Hierzu auch *Veil*, ZBB 2014, 85 (91 f.).

134 Laut BaFin hat insbesondere letztere Erweiterung zu einem starken Anstieg an Verdachtsmeldungen geführt, Jahresbericht der Bundesanstalt für Finanzdienstleistungsaufsicht 2016, S. 175 li.

135 Hierzu allgemein *Kiesewetter/Parmentier*, BB 2013, 2371 (2373 f.); *Viciano-Gofferje/Cascante*,

solchen Fällen werden zumeist nur Menge und Maximal- bzw. Durchschnittpreis der zu erwerbenden Aktien im Vorfeld festgelegt. Erlangte der (potentielle) Erwerber im Zeitverlauf eine (negative) Insiderinformation, konnte er bislang einen noch nicht (vollständig) umgesetzten Auftrag stornieren, ohne dass dies einen insiderrechtlich relevanten Verstoß begründete – ein Vorgehen, das nun als Gesetzesverletzung zu beurteilen ist[136].

4.2 Nutzung einer Insiderinformation

Die „Nutzung" einer Insiderinformation i.S.d. Art. 8 Abs. 1 MAR wird nun bei Primärinsidern vermutet[137]: eine Kodifizierung der „Spector Photo Group"-Entscheidung des EuGH[138]. Allerdings ist eine Widerlegung der Vermutung in verschiedenen Fällen möglich[139]. Dazu gehören etwa (i) Hedging-Geschäfte, sofern die juristische Person angemessene und wirksame Verfahren zur Unterbindung des unternehmensinternen Informationsflusses getroffen hat (z.B. Chinese Walls)[140], (ii) Market-Maker[141] bei normaler Ausübung ihrer Funktion[142] sowie (iii) solche Geschäfte, die getätigt werden, um einer fälligen Verpflichtung zum Erwerb oder zur Veräußerung von Finanzinstrumenten nachzukommen, sofern diese Verpflichtung auf einer Vereinbarung aus der Zeit vor Erhalt der Insiderinformation beruht[143]. Die Auflistung in Art. 9 MAR ist aber nicht abschließend.

Anders als noch die MAD[144] enthält die MAR allerdings keine allgemeine Bereichsausnahme für Unternehmensübernahmen. Es gelten jedoch diverse Safe Harbour-Regelungen: (1) Die bloße Umsetzung einer eigenen Erwerbsentschei-

---

NZG 2012, 968 (969).

136 *Graßl*, DB 2015, 2066 (2067); *von den Linden*, DStR 2016, 1036 (1037); *Seibt/Wollenschläger*, AG 2014, 593 (597); *Krause*, CCZ 2014, 248 (251); *Kiesewetter/Parmentier*, BB 2013, 2371 (2373 f.).

137 Art. 9 MAR; Erwägungsgrund 24 MAR.

138 EuGH, Urteil v. 23.12.2009, C-45/08, NZG 2010, 107 – Hierzu jetzt ausf. *Klöhn*, WM 2017, 2085 ff.

139 Dazu auch *Poelzig*, NZG 2016, 528 (532 f.); jetzt auch *Hopt/Kumpan*, ZGR 2017, 765 (777 ff.).

140 Art. 9 Abs. 1 MAR.

141 Gem. Art. 3 Abs. 1 Nr. 30 MAR i.V.m. Art. 4 Abs. 1 Nr. 7 MiFID II eine Person, die an den Finanzmärkten auf kontinuierlicher Basis ihre Bereitschaft anzeigt, durch den An- und Verkauf von Finanzinstrumenten unter Einsatz des eigenen Kapitals Handel für eigene Rechnung zu von ihr gestellten Kursen zu betreiben.

142 Art. 9 Abs. 2 a MAR; Erwägungsgrund 29, 30.

143 Art. 9 Abs. 3 MAR.

144 Dort Erwägungsgrund 29.

dung als „selbst geschaffene Insiderinformation" stellt keine Nutzung dar[145]. (2) Eine Nutzung liegt auch dann nicht vor, wenn eine im Zuge eines öffentlichen Übernahmeangebots erhaltene Insiderinformation ausschließlich dazu genutzt wird, um die Transaktion planmäßig fortzuführen und zum Zeitpunkt der Genehmigung des Zusammenschlusses oder der Annahme des Übernahmeangebots sämtliche Insiderinformationen ihren Charakter als solchen verloren haben[146]. (3) Offen ist allerdings, ob die sog. Masterplan-Theorie weiterhin Geltung beanspruchen kann, also kein Verstoß gegen Insiderhandelsverbote vorliegt, wenn der Plan, Finanzinstrumente zu erwerben, bereits vor Kenntniserlangung der Insiderinformation gefasst wurde und es daher an der Kausalität fehlt[147]. Unter Berücksichtigung des Erwägungsgrunds 31 S. 2 der MAR (*„Handlungen auf der Grundlage eigener Pläne und Handelsstrategien des Marktteilnehmers sollten nicht als Nutzung von Insiderinformationen gelten."*) ist dies zu bejahen[148]. (4) Keinen Widerspruch zum Zweck des Insiderhandelsverbots gibt es in den Sachverhalten, in denen die Insiderinformation sich nicht auf den Preis des Insidergeschäfts auswirkt (Beispiel: Squeeze out mit gesetzlichen Preisbestimmungs- und überprüfungsregeln)[149]. (5) Nach der Spector Photo Group-Regel ist zudem weiterhin die Praxis bestimmter face-to-face-Geschäfte zulässig, also solchen Geschäften, bei denen beide Vertragsparteien über den gleichen Kenntnisstand verfügen[150]. So können ein Bieter und ein Aktionär des Zielunternehmens im Vorfeld einer öffentlichen Übernahme einen (bedingten) Vertrag über einen Paketerwerb oder eine Vereinbarung über die Annahme eines späteren Übernahmeangebots (sog. Irrevocable Undertaking) abschließen. Rechtsunsicher ist indes die Zulässigkeit sog. „alongside purchases", wenn also der Erwerber nach Kenntnis mehr Wertpapiere als zunächst geplant erwirbt, solange nur die Parteien den gleichen Informationsstand haben. Hierzu wäre eine ESMA-Verlautbarung sehr hilfreich für die Praxis.

---

145 Art. 9 Abs. 5 MAR; Erwägungsgrund 31 S. 1 MAR; vgl. auch *Klöhn*, ZIP Beilage zur Heft 22/2016, 44 (46); *Hopt/Kumpan*, ZGR 2017, 765 (777 f.).

146 Art. 9 Abs. 4 UAbs. 1 MAR; vgl. *Klöhn*, WM 2017, 2085 (2089).

147 Hierzu *Assmann*, in: Assmann/Uwe H. Schneider, 6. Auflage 2012, § 14 WpHG Rn. 35; BaFin, Emittentenleitfaden, 4. Auflage 2013, S. 37; *Viciano-Gofferje/Cascante*, NZG 2012, 968 (976 f.).

148 So auch *Klöhn*, AG 2016, 423 (433); *Seibt/Wollenschläger*, AG 2014, 593 (598); *Veil*, ZBB 2014, 85 (91); vgl. auch *Poelzig*, NZG 2016, 528 (533).

149 So auch *Klöhn*, WM 2017, 2085 (2089 f.).

150 Vgl. Erwägungsgrund 23 MAR; *von den Linden*, DStR 2016, 1036 (1038); *Poelzig*, NZG 2016, 528 (533); *Seibt/Wollenschläger*, AG 2014, 593 (598); *Kiesewetter/Parmentier*, BB 2013, 2371 (2373 f.); *Hopt/Kumpan*, ZGR 2017, 765 (778); *Klöhn*, WM 2017, 2085 (2090).

4.3 Sonderfall der Marktsondierung

Einen Sonderfall bilden die sog. Marktsondierungen (*market sounding*). Dieser in der Marktpraxis gängige „Schnelltest“[151] für die Aufnahmebereitschaft geplanter Kapitalmaßnahmen ist nun erstmals auf Unionsebene kodifiziert[152]. Es handelt sich dabei um eine freiwillige Kommunikationsform, die im Vorfeld der Ankündigung eines Geschäfts zwischen einem Verkäufer von Finanzinstrumenten und potenziellen Anlegern stattfindet[153] und es Ersterem ermöglicht, eine realistische Einschätzung des Interesses von Investoren an einem Geschäft, dessen preislicher Ausgestaltung sowie struktureller Durchführung zu erlangen. Relevant ist dies insbesondere bei fehlenden Referenzwerten oder im Falle volatiler Märkte. Marktsondierungen spielen sowohl bei Erst- als auch Zweitplatzierungen eine wichtige Rolle, nicht nur bei geplanten Kapitalserhöhungen: Soll etwa im Auftrag eines Anlegers ein an Wertpapierpaket veräußert werden, so kann die Verkäuferseite zur Abschätzung des Interesses anderer Anleger eine Marktsondierung vornehmen (Art. 11 Abs. 1 MAR). Auch bei einer Unternehmensübernahme[154] oder bei einem Spin off-Börsengang eines bereits börsennotierten Mutterunternehmens kann von einer Emissionsbank eine Marktsondierung durchgeführt werden (Art. 11 Abs. 2 MAR). Ein weiteres Beispiel liegt vor, wenn ein Emittent eine Kapitalerhöhung plant und sich auf Verkäuferseite an die Hauptinvestoren wendet, um eine finanzielle Zusage für die Beteiligung an dem Geschäft zu erhalten (z.B. Back-stop-Vereinbarung; Vereinbarung über die Abtretung von Bezugsrechten), was wiederum das Risiko des Emittenten verringert[155].

Für ein effektives *Market Sounding* ist zwangsläufig die Weitergabe von Insideinformationen erforderlich. Denn ein Kommunikationspartner, der im Rahmen einer Marktsondierung Interesse bzw. Kritik äußern soll, wird dies nur auf der Grundlage bestimmter, nicht-öffentlich verfügbarer Informationen ggf. eben Insiderinformationen, tun[156]. Aufgrund der Relevanz von Marktsondierungen für

---

151 *Fleischer/Bedkowski*, DB 2009, 2195 (2195); *Hopt/Kumpan*, ZGR 2017, 765 (778); *Klöhn*, WM 2017, 2085 (2090).

152 *De Boer*, CB 2016, 148 (149 f.); *Giering*, CCZ 2016, 214 (216); *Seibt/Wollenschläger*, AG 2014, 593 (599); *Krause*, CCZ 2014, 248 (253); *Kiesewetter/Parmentier*, BB 2013, 2371 (2374); ausführlich zu Marktsondierungen *Renz/Leibold*, CCZ 2016, 157 (163 f.); *Poelzig*, NZG 2016, 528 (534 f.); *Tissen*, NZG 2015, 1254.

153 Erwägungsgrund 32 MAR.

154 Dies betrifft insbesondere den Fall der *Irrevocable Undertakings* zwischen Bieter und Aktionären der Zielgesellschaft.

155 Zu den Beispielen Erwägungsgründe 32, 33 MAR.

156 Erwägungsgrund 34 MAR.

das Funktionieren der Finanzmärkte soll deren Weitergabe allerdings nicht als Marktmissbrauch gelten[157]. Normiert sind jedoch umfangreiche Handlungs- und Dokumentationspflichten. Daneben besteht zwar keine Verpflichtung gegenüber den Informationsempfängern zum Cleansing, wohl aber eine Hinweispflicht des Emittenten gegenüber dem Informationsempfänger, sobald eine Information ihre Eigenschaft als Insiderinformation verliert.

Für die Unternehmenspraxis ungeklärt ist bislang die Frage, ob die Regelung der Marktsondierung in Art. 11 MAR abschließend ist oder für andere Fälle der Weitergabe von Insiderinformationen dann der Grøngaard & Bang-Test gilt[158], diese also *„zur Auftragserfüllung unerlässlich und verhältnismäßig"* sein muss. Eine besonders relevante Fallkonstellation ist insoweit die Marktsondierung bei einem faktischen Konzernherrn, Großaktionär (i.d.R. über 20%-Beteiligungsquote)[159], Großanleihegläubiger oder sonst wesentlichem Finanzierungspartner vor bedeutsamen Struktur- oder Strategieentscheidungen oder bei Anfragen zur Finanzierungsunterstützung[160]. Gleiches gilt für die Information des Wirtschaftsausschusses, die gem. § 106 Abs. 3 Nr. 9a BetrVG zu erfolgen hat bei *„Übernahme des Unternehmens, wenn hiermit der Erwerb der Kontrolle verbunden ist"*[161]. Der

157 Erwägungsgrund 32 MAR; Art. 11 Abs. 4 MAR.

158 EuGH vom 22. November 2005, Rs. C-384/02.

159 Aus der Praxis: Kritik am Vorstand der Osram Licht AG über die fehlende Konsultation mit dem Großaktionär Siemens vor Offenlegung eines neuen Strategie- und Investitionsplans Ende 2015; vgl. auch PM der Siemens AG v. 23.12.2015 (*„Zu der teilweise irreführenden Medienberichterstattung (...) über die Einbindung von Siemens in die geplante strategische Neuausrichtung der Osram AG erklärt Siemens: (...) Der Siemens-Vorstand war im Vorfeld der Osram Ad hoc-Kommunikation vom 10. November 2015 nicht über deren Inhalte oder Zeitpunkt informiert. Der Strategieschwenk von Osram hat Siemens und den Markt unvermittelt getroffen. Als Vertreter von Siemens im Osram-Aufsichtsrat hat Roland Busch sein Handeln an den Interessen von Osram auszurichten und hält die gesetzlichen Regeln trennscharf ein. Gemäß Aktiengesetz und Corporate Governance Kodex gilt es die Funktion als Aufsichtsratsmitglied von Osram und als Vorstandmitglied von Siemens inhaltlich zu trennen und insbesondere die Vertraulichkeit von Informationen zu wahren, die Roland Busch in seiner Funktion als Aufsichtsratsmitglied bei Osram erhält. Ebenso schließt sich jegliche Sonderform von Kommunikation zwischen beiden Unternehmen aus, die Siemens als Anteilseigner von Osram einen anderen Informationsstand als den sonstigen Anteilseignern gewähren könnte"*).

160 Zur grundsätzlichen Unzulässigkeit der Informationsweitergabe an (Groß-)Aktionäre – m.E. zu undifferenziert – *Hopt/Kumpan*, in: Bankrechts-Handbuch, 5. Auflage 2017, § 107 Rn. 106, die jedoch gleichzeitig Ausnahmen für besondere Strukturmaßnahmen anerkennen; ähnlich zum alten Recht *Mennicke*, in: Fuchs, Wertpapierhandelsgesetz, 2. Auflage 2016, § 14 WpHG Rn. 277 ff.; *Klöhn*, KK-WpHG, 2. Auflage 2014, § 14 Rn. 364; *Assmann*, in: Assmann/Uwe H. Schneider, 6. Auflage 2012, § 14 Rn. 92.

161 Hierzu in Kürze *Seibt*, in: FS Willemsen, 2018.

Umstand, dass mit der MAR wesentliche Rechtsinstitute und gefestigte EuGH-Rechtsprechung erhalten bleiben sollte[162], spricht ebenso wie das erhebliche geschäftsunterstützende Praxisbedürfnis dafür, den EuGH-Test (ergänzt um an Art. 11 MAR angelehnte Handlungs- und Dokumentationspflichten) auch auf weitere Fallkonstellationen der Marktorientierung außerhalb des Anwendungsbereiches von Art. 11 MAR anzuwenden. Auch hierzu wäre eine diese Auffassung bestätigende ESMA-Verlautbarung für die Praxis sehr hilfreich.

4.4 Managers' Transactions

4.4.1 Pflichten und Anwendungsbereich

Art. 19 MAR enthält einen Pflichtenkatalog in Hinsicht auf Managers' Transactions[163]. Personen, die Führungsaufgaben bei Emittenten wahrnehmen, und Personen, die zu diesen in enger Beziehung stehen, müssen erfasste Geschäfte (i) dem Emittenten sowie (ii) der BaFin unverzüglich, spätestens jedoch drei Geschäftstage nach Datum des Geschäfts melden (Art. 19 Abs. 1 MAR). Die Meldung von mehreren gleichartigen Geschäften innerhalb der Frist ist dabei in einer aggregierten Mitteilung möglich[164]. Der Emittent ist dann zur Veröffentlichung der Directors' Dealings innerhalb derselben drei Tage nach dem Datum des Geschäfts verpflichtet (Art. 19 Abs. 3 UAbs. 1 MAR). Durch die Notwendigkeit eines internen Zeitpuffers zur Bearbeitung des Sachverhalts ergibt sich dadurch eine faktische Fristverkürzung für die Veröffentlichung durch den Emittenten. Dies gilt insbesondere bei Ausnutzen (oder gar Überschreiten) der Meldefrist durch den Manager. In solchen Fällen sollte die Emittentenpflicht teleologisch reduziert werden oder jedenfalls von der Sanktionierung bei allein deswegen verursachter Fristüberschreitung und Gesetzesverletzung von der BaFin aus Opportunitätserwägungen abgesehen werden.

Sowohl für die Übermittlung an die BaFin als auch für die Veröffentlichung selbst steht ein Muster der ESMA zur Verfügung[165]. Der Schwellenwert für meldepflichtige Transaktionen liegt bei 5.000€ und wird durch Addition aller Transaktionen berechnet[166]. Wird er überschritten, ist lediglich die jeweilige schwel-

162 *Krause*, CCZ 2014, 248 (249).
163 Dazu *von den Linden*, DStR 2016, 1036 (1039); *Seibt/Wollenschläger*, AG 2014, 593 (601 f.).
164 FR-DTS Rn. 310.
165 FR-DTS Annex XIV.
166 Zur 5.000 €-Schwelle auch BaFin, FAQ zu Eigengeschäften von Führungskräften nach Art.

lenwertübersteigende Transaktion veröffentlichungspflichtig; vorherige Käufe müssen nicht rückwirkend mitgeteilt werden[167].

Gemäß Art. 19 Abs. 5 UAbs. 1 S. 2 MAR sind die Emittenten verpflichtet, eine Liste der mit Führungsaufgaben betrauten Personen und der Personen, die zu diesen in enger Beziehung stehen, zu führen. Dies soll es erleichtern, den Fluss von Insiderinformationen zu verfolgen und so den Geheimhaltungspflichten zu entsprechen[168]. Daneben unterliegen die Emittenten einer schriftlichen Belehrungspflicht gegenüber den Führungskräften über deren Pflichten im Zusammenhang mit Eigengeschäften (Art. 19 Abs. 5 UAbs. 1 S. 1 MAR). Die Führungskräfte müssen ihrerseits die mit ihnen eng verbundenen Personen schriftlich belehren (Art. 19 Abs. 5 UAbs. 2) und eine entsprechende Kopie behalten. Die „Schriftlichkeitserfordernisse" sollten auch durch Textform i.S.v. § 126b BGB (z.B. E-Mail) erfüllt werden können.

4.4.2 Erfasste Finanzinstrumente und Geschäfte

Art. 19 MAR schließt nicht nur Aktien, sondern auch Schuldtitel des Emittenten sowie mit Aktien oder Schuldtiteln verbundene Derivate oder andere Finanzinstrumente ein. Eine beispielhafte Aufzählung erfasster Geschäfte beinhaltet etwa das Verleihen und Verpfänden von Finanzinstrumenten (es sei denn, dies geschieht nur zur Sicherung eines konkreten Kredits); Geschäfte eines Vermögensverwalters, auch wenn dabei ein Ermessen ausgeübt wird; Geschäfte im Rahmen einer Lebensversicherung; passive Erwerbstatbestände wie Schenkungen oder Erbschaften; Barausgleichsinstrumente wie equity swaps[169] sowie Transaktionen in Indexfonds, Baskets o.ä., sofern Finanzinstrumente des Emittenten mind. 20% des Anlagevolumens des Vehikels ausmachen[170]. Außerdem betroffen sind die Gewährung und Ausübung von Aktienoptionen als Bestandteil variabler Vergütung, wobei auch Phantom Stocks erfasst sind[171]. Unklar bleibt bei virtuellen Programmen allerdings, ob die Meldepflicht bereits bei Erwerb solcher Rechte oder erst zum Zeitpunkt der Ausübung besteht. Richtig dürfte es dabei

---

19 der Marktmissbrauchsverordnung, 7. Version (BaFin FAQ Art. 19), Nr. III.

167 FR-TA Rn. 95.

168 Erwägungsgrund 57 MAR.

169 Ausführlich ESMA, Final Report – ESMA's technical advice on possible delegated acts concerning the Market Abuse Regulation v. 3.2.2015, ESMA/2015/224 (FR-TA) Rn. 108 ff., insb. Ziff. 5.4 Rn. 2.

170 FR-TA Ziff. 5.4 Rn. 3.

171 FR-TA Rn. 133, 136.

sein, Pflichten nur dann aufzuerlegen, wenn das Finanzinstrument auch tatsächlich handelbar ist.

4.4.3 Closed Periods

Eine Neuregelung im Zusammenhang mit den Managers' Transactions stellt die Normierung von sog. closed periods in Art. 19 Abs. 11 MAR dar[172]. Diese sehen ein Verbot von Eigengeschäften von Führungskräften (nicht: von Personen, die mit Führungskräften in enger Beziehung stehen[173]) während eines Zeitraums von 30 Kalendertagen vor Veröffentlichung eines obligatorischen Zwischen- oder Jahresabschlussberichts vor. Schwierigkeiten bereitet dabei insbesondere die Berechnung der Frist bei Vorabmeldungen durch Ad hoc-Mitteilungen sowie der freiwilligen Meldung vorläufiger Finanzzahlen[174]. Laut ESMA Q&A sowie BaFin FAQ stellen beide Situationen relevante Anknüpfungspunkte für die Berechnung des Endzeitpunkts der Zeitspanne dar[175]; gleichzeitig wäre dies praktisch kaum umsetzbar, da dann ein rückwirkendes Verbot gelte.

Eine Befreiung des Verbots von Eigengeschäften ist gem. Art. 19 Abs. 12 MAR im Einzelfall und für bestimmte Konstellationen möglich[176]; dies ändert jedoch nichts an der Geltung der allgemeinen Insiderverbote[177].

5 Zusammenfassende Thesen

Zwar ist die MAR erst ein Jahr in Kraft– langfristige Auswirkungen werden sich somit erst in der Zukunft zeigen können. Nichtsdestotrotz lassen sich bereits jetzt einige zusammenfassende Thesen die politischen Auswirkungen des neuen Marktmissbrauchsrechts aufstellen.

---

172 Ausführlich bei *Diekgräf*, Directors' Dealings, 2017, passim.

173 FR-TA Rn. 140; anders wohl BaFin Art. 19 Nr. VI. Frage 1.

174 Zu einer analogen Anwendung des Art. 19 Abs. 11 MAR in derartigen Fällen *Diekgräf*, Directors' Dealings, 2017, S. 222 f.

175 ESMA, Questions and Answers On the Market Abuse Regulation v. 20.12.2016, ESMA/2016/1644, Section 2, Question 2; BaFin FAQ Art. 19 Nr. VI. Frage 2; vgl. auch FR-TA Rn. 138.

176 Ausführlich FR-TA Rn. 137 ff.; Ziff. 5.4 Rn. 4 ff.; dazu auch *Seibt/Wollenschläger*, AG 2014, 593 (602).

177 FR-TA Ziff. 5.4 Rn. 5.

5.1 Bedeutungszuwachs des Insiderrechts

Die MAR hat zu einem erheblichen Bedeutungszuwachs des Insider- und Marktmissbrauchsrechts bei deutschen Börsenunternehmen geführt. Dies liegt in erster Linie an den nun drohenden Sanktionen. Neben der Höhe der potentiellen Verwaltungsgeldstrafen sind ein etwaiger Anlegerschadensersatz aus Sonderdeliktsrecht und Reputationsschäden wegen Naming & Shaming-Sanktion ausschlaggebend. Lagen die Maximalbeträge für Bußgelder unter der alten Rechtslage etwa für Insidergeschäfte, die Offenlegung von Insiderinformationen sowie Marktmanipulationen noch bei maximal 200.000 € bzw. 1 Mio. €, betragen sie nun für juristische Personen bis zu 15 Mio. €, 15% des Gesamtumsatzes oder dem Dreifachen des erlangten wirtschaftlichen Vorteils. Für natürliche Personen ist die Summe auf 5 Mio. € begrenzt. Ähnliches gilt bei Verletzung der Ad hoc-Publizitätspflichten[178]: Die bisherige Maximalgrenze für Bußgelder von 1 Mio. € gilt nur noch für natürliche Personen; die Zahlungen juristischer Personen sind auf 2,5 Mio., 2 % des Gesamtumsatzes oder das Dreifache des wirtschaftlichen Verstoßvorteils begrenzt. Die Umsetzung dieses verschärften Sanktionsregimes soll dabei – als selbst gesetztes Ziel der BaFin – nicht nur Theorie bleiben: Im Jahresbericht 2016 kündigte die deutsche Aufsichtsbehörde an, „vor allem bei Konzernen mit hohem Umsatz und starker Marktkapitalisierung ... künftig deutlich höhere Bußgelder [zu] verlangen"[179]. Ralf Becker, Regierungsdirektor bei der BaFin, warnte Emittenten in einem Medienbeitrag, „auf eine nachsichtige Beurteilung [...] der BaFin zu hoffen".[180] Und auch im Deutsche Börse/LSE-[Kengeter]-Fall wird die BaFin medienöffentlich mit hohen Sanktionsforderungen positioniert[181].

Daneben ist auch das allgemeine Bewusstsein für das Compliance-Verhalten von Unternehmen gestiegen. Die Reputation von Gesellschaft wie auch von Geschäftsleitern bei Investoren, Netzwerkpartnern und Arbeitnehmern ist zu einem wichtigen unternehmenswertbildenden Parameter geworden[182], für Organmitglieder zu wichtigen Karriereparametern. Insgesamt ist somit die Sensibilität für kapitalmarktrechtlich relevante Themen gestiegen.

---

178 Bußgeldverfahren wegen Verletzung der Ad hoc-Publizitätspflicht stellten im Jahr 2016 einen Ahndungsschwerpunkt dar: BaFin, Jahresbericht der Bundesanstalt für Finanzdienstleistungsaufsicht 2016, S. 59 re. und Überblick über die durchgeführten Bußgeldverfahren S. 197 ff.

179 BaFin, Jahresbericht der Bundesanstalt für Finanzdienstleistungsaufsicht 2016, S. 167 re.

180 R. Becker, Börsen-Zeitung v. 10.6.2017, S. B 4.

181 Kröner, Handelsblatt v. 25.9.2017.

182 Ausführlich zum sog. Corporate Reputation Management *Seibt*, DB 2015, 171; *Seibt*, DB 2016, 1978; jetzt auch *Fleischer*, DB 2017, 2015.

5.2 Abnahme der Rechtsklarheit

Trotz steigender Bedeutung kapitalmarktrechtlicher Themen führt die MAR zu einer drastischen Abnahme der Rechtsklarheit[183]. Zuvorderst geht dies zurück auf die allgemeine, sehr deskriptive Regelungssystematik der vielfach dennoch weiter ausführungsbedürften Ge- und Verbote. Nach der MAR auf Level I des Lamfalussy-Verfahrens stehen auf Level II Delegierte Rechtsakte und technische Regulierungsstandards der ESMA sowie Durchführungsrechtsakte und technische Durchführungsstandards der ESMA. Dazu gehören beispielsweise der „Final Report – Draft Technical Standards on the Market Abuse Regulation", dessen Bestätigung durch die Kommission laufend erfolgt, sowie zahlreiche Durchführungsverordnungen. Auf Level III folgen die ESMA Empfehlungen und Leitlinien, wozu auch das ESMA Q&A zählt; Level IV stellt die Kontrolle der nationalen Behörden durch die ESMA dar. Daneben besteht nationales Recht in Form des Ersten sowie Zweiten Finanzmarktnovellierungsgesetzes[184]. Auf unterster Ebene befinden sich die Erläuterungen zur Verwaltungspraxis durch die BaFin, wozu etwa die WpHG-Bußgeldlinien II zählen.

Allein die schiere Quantität der Regelungsebenen führt zu einer erhöhten Unübersichtlichkeit. Gleichzeitig herrscht eine hohe Intransparenz hinsichtlich Existenz sowie Bedeutung des ESMA „soft law", also der MAR-Umsetzungs- und Auslegungsnormen („Normenoverkill")[185]. Zusätzlich erweist sich auch die handwerkliche Qualität der deutschsprachigen MAR-Fassung als teilweise schwach. Insbesondere vor dem Hintergrund der erheblichen Konsequenzen für Unternehmen und Führungspersonal ist eine reibungslose Handhabe des neuen Rechtsakts geradezu unerlässlich; stattdessen jedoch zeigen sich diverse legislativhandwerkliche Defizite[186]: Ungenauigkeiten in der Sprache, Wortbedeutung, Einheitlichkeit der Terminologie, Systematik, Folgerichtigkeit, Vollständigkeit sowie praktische Vollziehbarkeit. Zudem: Die MAR ist in 24 Sprachen verbindlich, Sprachdifferenzen zwischen diesen Fassungen sind Legion. In der Praxis sind zur Erfüllung der Organsorgfaltspflichten die englische Sprachfassung (als

---

183 Dies sieht auch die BaFin, Jahresbericht der Bundesanstalt für Finanzdienstleistungsaufsicht 2016, S. 182 re.

184 Zweites Gesetz zur Novellierung von Finanzmarktvorschriften auf Grund europäischer Rechtsakte vom 23. Juni 2017, BGBl. I S. 1693.

185 So bereits die Stellungnahme des Europäischen Wirtschafts- und Sozialausschusses v. 21.6.2012, ABl. EU C 181 (64), Rn. 1.3; kritisch hinsichtlich der Handlungsformen, durch die beispielsweise die Ad hoc-Publizitätspflichten konkretisiert werden, auch *Veil*, ZBB 2014, 85 (93).

186 Ausführlich (wenngleich beispielhaft) ausgearbeitet bei *Simons*, AG 2016, 651; sprachliche Ungenauigkeiten und systematische Inkohärenz kritisierend auch *Klöhn*, AG 2016, 423 (424 f.).

Regel-Ausgangssprache der Arbeitsdokumente) und ergänzend die französische Sprachfassung (die in Ausnahmefällen Ausgangssprache für Änderungsformulierungen war) zum Verständnis der deutschsprachigen MAR-Fassung heranzuziehen. Ein Beispiel: Art. 19 Abs. 11 MAR normiert die „Sperrfristen" (closed periods), in denen von „Personen mit Führungsaufgaben" keine Eigengeschäfte vorgenommen werden dürfen. Die Frist dauert 30 Tage und beginnt mit „Ankündigung" eines Zwischenberichts oder Jahresabschlussberichts. Die Ankündigung eines solchen Berichts jedoch erfolgt in der Praxis zumeist im sog. Finanzkalender der Gesellschaften Monate vor der eigentlichen Veröffentlichung, was zu langen, wenn nicht sogar dauerhaften Sperrfristen führen würde. Die englische Sprachfassung klärt auf und beschreibt die Fristberechnung wie folgt: „...a closed period of 30 calendar days before the announcement of an interim financial report or a year-end report...". Offensichtlich berechnet sich also die 30 Tage-Frist ab „Veröffentlichung", und nicht etwa ab „Ankündigung" des jeweiligen Berichts[187]; dies ist nun auch bestätigt durch ESMA-Konkretisierungen[188].

Ein weiterer Grund für die herrschende Unübersichtlichkeit liegt in der praktischen Implementierung der neuen Vorschriften durch die BaFin. Dies zeigt sich etwa im Bereich der Ad hoc-Publizitätspflicht. Trotz materiell gegenüber MAD/WpHG unveränderten Normenwortlaut administriert die BaFin tatsächlich eine Gesetzesverschärfung der BaFin-Praxis[189]. Dogmatisch begründen ließe sich dies zwar durch eine nun originär-unionsrechtliche Auslegung, etwa nach Konsultation mit anderen nationalen Überwachungsbehörden. Jedenfalls fehlt es (zuweilen) noch an einer verbindlichen, übergeordneten und klaren Auskunft mit verlässlichem Normbefehl, was eine erhöhte Rechtsunsicherheit vor allem auf Seiten der Emittenten zur Folge hat. Wünschenswert wäre die Regelung einer „verbindlichen Auskunft" durch die BaFin ähnlich wie im Steuerrecht (vgl. § 89 Abs. 2 AO).

5.3 Anstieg des Compliance-Aufwands

Die teilweise umfangreichen, deskriptiven Regelungen der MAR und ihrer Umsetzungs- und Auslegungsnormen statuieren eine Vielzahl von Pflichten und Verboten. Beispielhaft sei die Neuregelung von Marksondierungen genannt. In deren

---

187 Zutr. *Simons*, AG 2016, 651 (652 ff.).

188 „Furthermore, it should be noted that the relevant date for the computation of the closed period is the date of publication of such interim and year-end reports...", FR-TA Rn. 137.

189 BaFin, Jahresbericht der Bundesanstalt für Finanzdienstleistungsaufsicht 2016, S. 182 re.

Zusammenhang soll die Weitergabe einer gem. Art 11 Abs. 4 MAR dann nicht als unrechtmäßige Offenlegung i.S.d. Art. 10 Abs. 1 MAR, wenn die in Art. 11 Abs. 3 und 5 MAR normierten Verhaltenspflichten befolgt werden. Hiernach ist zunächst zu analysieren, ob eine Insiderinformation vorliegt[190]. Das Ergebnis sowie die berücksichtigten Gründe sind in einem schriftlichen und aktuell zu haltenden Bericht niederzulegen[191]. Es ist das Einverständnis des Informationsempfängers bzgl. der anstehenden Offenlegung einzuholen und es bestehen diesem gegenüber diverse Aufklärungspflichten, wobei Aufzeichnungen zu führen sind über die weitergegebenen Informationen, die Identität der Empfänger sowie Datum und Uhrzeit jeder Offenlegung[192]. Die Offenlegung selbst ist je nach genutztem Medium schriftlich oder als Audio- oder Video-Mitschnitt zu archivieren[193]. Um eine einheitliche Herangehensweise zu gewährleisten, ist von den offenlegenden Marktteilnehmern eine feste Prozedur hinsichtlich der Vorgehensweise bei einem Market Sounding zu entwickeln[194]. Aufzeichnungen sind dabei auch dann anzufertigen, wenn eine Information nicht als Insiderinformation kategorisiert wurde, um das Risiko abzufangen, dass es sich entgegen der eigenen Analyse um eine Insiderinformation handelt oder die Information aufgrund veränderter Marktumstände nach Durchführung der Sondierung zu einer solchen wird[195]. Verliert eine Information ihren Status als Insiderinformation, ist der Empfänger auch hierüber unverzüglich in Kenntnis zu setzen ,was wiederum zu dokumentieren ist[196]. Daneben ist eine Liste mit den Investoren zu führen und zu aktualisieren, die signalisiert haben, nicht oder nicht bezüglich bestimmter Produkte „gesoundet" werden zu wollen[197]. Sämtliche Aufzeichnungen sind aufgrund größerer Verfügbarkeit und einfacherer Weiterleitungsmöglichkeiten elektronisch zu führen[198].

Allein dieses Beispiel zeigt den Umfang der Handlungs-, insbesondere Dokumentations- und Aktualisierungspflichten, die durch die MAR und konkretisierende Vorschriften geschaffen wurden. Eine solche Regelungsdichte in sämtlichen Bereichen des Insiderrechts geht einher mit einem erheblichen Anstieg von Rechtsermittlungs- und Compliance-Kosten[199]. Oftmals wird infolge der komple-

190 Art. 11 Abs. 3 MAR.
191 FR-DTS Rn. 75
192 Art. 11 Abs. 5 MAR.
193 FR-DTS Rn. 89.
194 FR-DTS Rn. 94 ff.
195 FR-DTS Rn. 88.
196 Art. 11 Abs. 6, FR-DTS Rn. 104 ff.
197 FR-DTS Rn. 85, 99.
198 FR-DTS Rn. 93.
199 Zur steigenden Relevanz von Compliance-Abteilungen/Compliance Management Systemen

xen Anforderungen eine Handlungspflicht dahingehend vorliegen, ein institutionalisiertes Compliance-System zur Gewährleistung normkonformen Verhaltens zu etablieren[200]. Dabei macht es die Fülle der eigenen Pflichten bei der zugleich unübersichtlichen und zum Teil noch ungeklärten Rechtslage für ein Unternehmen geradezu unmöglich, nicht auf externe Spezialberatung zurückzugreifen[201], schon alleine um den Vorwurf der „Leichtfertigkeit" begegnen zu können. Dies wiederum führt zu einer kostenmäßigen wie auch inhaltlichen Überforderung deutscher Börsenunternehmen außerhalb von DAX, MDAX und TecDAX. Der hohe gesteigerte Compliance-Aufwand wirkt dann auch als eine „IPO-Bremse" für Mittelstandsunternehmen – umso mehr, als dass durch die MAR auch eine weitreichende Reglementierung des Freiverkehrs (wie etwa des neuen Segments Scale) erfolgt[202].

5.4 Relevanz der Haltungspräventionsmaßnahmen und des Ordnungswidrigkeitenverfahrens

Mit der Sanktionsverschärfung durch MAR und MAD II einher geht ein Bedeutungszuwachs der Haftungspräventionsmaßnahmen zugunsten der Organmitglieder. Denn nicht nur können natürliche Personen selbst Adressat von Bußgeldbescheide werden, auch ist ein aktienrechtlicher Binnenregress bei Führungspersonen im Falle von Schäden der Gesellschaft durch Bußgelder grundsätzlich mit den Zwecken des Kapitalsanktionsrechts vereinbar[203]. Zwar ist ein solcher Rückgriff wohl wegen der Grundrechtsrelevanz höhenmäßig zu beschränken[204], entweder aus wertungsmäßigen Gesichtspunkten auf die Höhe des Bußgeldes, welches verhängt worden wäre, wäre die Führungskraft selbst

auch *Renz/Leibold*, CCZ 2016, 157 (169 ff.); *Giering*, CCZ 2016, 214 (220).

200 Zum dem Business Judgement unterliegenden Ausgestaltungsermessen bei der Einrichtung eines entsprechenden Systems sowie zu berücksichtigenden Kriterien und der konkreten Ausübung *Seibt/Cziupka*, AG 2015, 93 (95 f.).

201 Zum Spannungsfeld zwischen Einhaltung eines normgemäßen Verhaltens mithilfe eines wirksamen Compliance-Systems bei gleichzeitiger rechtlicher Unsicherheit *Seibt/Cziupka*, AG 2015, 93 (98).

202 Angesichts dessen empfiehlt *Klöhn*, AG 2016, 423 (426) sogar nur im Freiverkehr notierten Emittenten, über ein Delisting nachzudenken.

203 Siehe auch *Seibt*, NZG 2015, 1097 (1101); allgemein zur Verbandsbuße als regressfähigem Schaden *Fleischer*, DB 2014, 345.

204 Dazu *Seibt*, NZG 2015, 1097 (1101); zur Haftungsbeschränkung allgemein *Spindler*, AG 2013, 889 (894); *Fleischer*, DB 2014, 345 (348 f.) sowie *Peltzer*, in FS Hoffmann-Becking, 2013, 861 (865).

Bußgeldadressat[205], oder aber durch die Treuepflicht, die der Durchsetzung von Ansprüchen im konkreten Einzelfall Schranken setzt[206]. Dennoch besteht ein signifikantes Rückgriffsrisiko in existenzgefährdender Höhe bei nur einfach fahrlässige Pflichtverletzungen.

In der Praxis führt dies zu einer erheblichen Verstärkung der (persönlichen) Risikovorsorgemaßnahmen von Unternehmen und Vorstandspersonal selbst[207]. Dazu zählt zunächst eine personell und sachlich besser ausgestattete sowie qualitativ verbesserte Binnenorganisation unter Einbindung externer Berater [208], wobei in der Praxis nicht selten insbesondere Kommunikationsberaterkosten für Führungskräfte zum Reputationsschutz übernommen werden. Daneben erfolgt eine Anpassung von Vorstandsanstellungsverträgen zur wertungsgerechteren Verteilung von unternehmerischen Risiken. Durch die Einführung einer „[Halb-] vermögensschutzklausel“[209] soll das bestehende Spannungsverhältnis zwischen existenzgefährdendem Regress und Verfolgungspflicht von Ersatzansprüchen des Aufsichtsrats aufgelöst werden[210]. Außerdem steigt die Nachfrage nach anstellungsvertraglichen Zusagen für spezifischen (D&O)-Versicherungsschutz (sog. D&O-Verschaffungsklauseln)[211]. Die klassischerweise in D&O-Versicherungspolicen enthaltenen Ausschlüsse für Bußgelder[212] erfassen nach zutreffender Lesart nur solche gegen Organmitglieder selbst, der Deckungsausschluss erstreckt sich nicht auf Binnenregressansprüche wegen Verwaltungsgeldstrafen gegen den Emittenten (zumindest so lange die entsprechenden Pflichtverletzun-

---

205 So etwa *Masch-Barner*, ZHR 2009, 723 (730); *Thole*, ZHR 2009, 504 (533 f.); kritisch zur dogmatischen Anknüpfung dieser Lösung *Seibt*, NZG 2015, 1097 (1101); gegen diesen Ansatz bei Regressansprüchen im Rahmen von Kartellbußen *Bayer*, in FS K. Schmidt, 2009, 85 (97).

206 So *Seibt*, NZG 2015, 1097 (1101); zudem bereits *Seibt/Cziupka*, AG 2015, 93 (106 f.); *Spindler*, AG 2013, 889 (894 f.); vgl. auch *Bayer*, in FS K. Schmidt, 2009, 85 (97); ausführlich auch *Casper*, ZHR 2012, 617.

207 Hierzu vor allem *Seibt*, Börsen-Zeitung v. 25.7.2015, S. 9 („Persönliches Risikomanagement für Vorstände“); *Seibt*, ManagerMagazin Heft 2/2015, S. 54; jetzt *Seibt*, DB 2018, 237 (245 m.w.Nw; These 20).

208 Ausführlich zur Binnenverantwortung im Unternehmen unter dem neuen Kapitalmarktsanktionsrecht *Seibt*, NZG 2015, 1097 ff.

209 Erstmals bei *Seibt*, NZG 2015, 1097 (1102).

210 Ausführlich zur Zulässigkeit derartiger Klauseln *Seibt*, NZG 2016, 361; kritisch (aktienrechtlich unzulässig) allerdings *Habersack*, NZG 2015, 1297 ff.; *Schockenhoff*, ZHR 180 (2016), 197 (231 f.); *Wettich*, AG 2017, 60 (66); *Seyfarth*, in: Krieger/Uwe H. Schneider, Handbuch Managerhaftung, 3. Auflage 2017, Rn. 9.15, S. 256.

211 Zu D&O-Verschaffungsklauseln z.B. *Seyfarth*, in: Krieger/Uwe H. Schneider, Handbuch Managerhaftung, Rn. 9.20-9.22, S. 259 f.; zur Empfehlung *Hohenstatt/Naber*, DB 2010, 2321 (2324); *Hemeling*, in: FS Hoffmann-Becking, 2013, S. 491 (507); *v. Schenck*, NZG 2015, 494 (499).

212 Vgl. Nr. 5.11 der AVB-AVG des GDV sowie § Nr. 2 der AVB-O der Allianz.

gen nicht vorsätzlich oder wissentlich begangen wurden)[213]. In der D&O-Versicherungspraxis werden jetzt aber auch entsprechend ausdrücklich klargestellte Policen angeboten[214].

Darüber hinaus gewinnt das Ordnungswidrigkeitenverfahrens[215] als der zweiten Stufe des Verwaltungsverfahrens an Bedeutung. In Parallele zum Kartellsanktionsrecht spielen auch hier die Bußgeldbemessungsparameter sowie eventuelle Verteidigungsrecht eine Rolle, ebenso wie eventuelle Settlements[216].

5.5 Erreichen der Regulierungsziele

Zuletzt ist nach einem Jahr festzuhalten, dass die MAR dennoch ihre Regelungsziele im Wesentlichen erreicht hat: Insider- und Marktmanipulationsrecht sind auf EU-Ebene vereinheitlicht und die Sanktionen erheblich verschärft, was – trotz oder gerade wegen etlicher handwerklicher Ungenauigkeiten und verstärkter Rechtsunsicherheit – zu einem erheblichen Bedeutungszuwachs des Kapitalmarktrechts als „Chefsache“ geführt hat.

213 So bereits *Seibt*, NZG 2015, 1097 (1102); *v. Schenck*, NZG 2015, 494 (496).

214 Siehe auch *Ihlas*, in: Krieger/Uwe H. Schneider, Handbuch Managerhaftung, 3. Auflage 2017, Rn. 19.82, S. 553.

215 Siehe dazu auch *Seibt*, NZG 2015, 1097.

216 Hierzu *Seibt/Czinpka*, AG 2015, 93 (150 f.).

Anja Breilmann,[1] Rechtsanwältin, Frankfurt am Main

Product Governance nach MiFID II

Ein Überblick aus Praxissicht

---

1 Die Autorin ist Rechtsanwältin (Syndikusrechtsanwältin) und in der Rechtsabteilung der Deutsche Bank AG in Frankfurt am Main tätig. Dieser Beitrag gibt die persönliche Meinung der Autorin wider.

DOI 10.1515/9783110577433-006

1 Einleitung: Was ist MiFID II?

1.1 Von MiFID zu MiFID II

Die *Markets in Financial Instruments Directive*[2] (Finanzmarktrichtlinie) wurde im Jahr 2004 verabschiedet. Sie stellte eine Fortentwicklung der *Investment Services Directive*[3] aus dem Jahr 1993 dar. Die EU-Mitgliedstaaten hatten die – inzwischen als MiFID I bekannte – Finanzmarktrichtlinie und ihre Durchführungsrichtlinie[4] bis zum 1. November 2007[5] in nationales Recht umzusetzen. In Deutschland erfolgte eine Umsetzung über das Finanzmarktrichtlinienumsetzungsgesetz[6], das durch verschiedene Verordnungen und Änderungsverordnungen begleitet wurde.

Mit ihrer Umsetzung im Jahr 2007 fiel die MiFID I in eine Zeit noch vor der Finanzmarktkrise. Da diese Schwächen in der Funktionsweise und bei der Transparenz der Finanzmärkte zutage habe treten lassen[7] und die Entwicklung der Finanzmärkte gezeigt habe, dass der Rahmen für die Regulierung der Märkte

2 Richtlinie 2004/39/EG des Europäischen Parlaments und des Rates vom 21. April 2004 über Märkte für Finanzinstrumente, zur Änderung der Richtlinien 85/611/EWG und 93/6/EWG des Rates und der Richtlinie 2000/12/EG des Europäischen Parlaments und des Rates und zur Aufhebung der Richtlinie 93/22/EWG des Rates, ABl. L 145, S. 1.

3 Richtlinie 93/22/EWG des Rates vom 10. Mai 1993 über Wertpapierdienstleistungen, Abl. EU L 141, vom 11.6.1993, S. 27ff..

4 Richtlinie 2006/73/EG der Kommission zur Durchführung der Richtlinie 2004/39/EG des Europäischen Parlaments und des Rates in Bezug auf die organisatorischen Anforderungen an Wertpapierfirmen und die Bedingungen für die Ausübung ihrer Tätigkeit sowie in Bezug auf die Definition bestimmter Begriffe für die Zwecke der genannten Richtlinie, ABl. EU L vom 2.09.2006, S. 26 ff.

5 Art. 70 MiFID I.

6 Gesetz zur Umsetzung der Richtlinie über Märkte für Finanzinstrumente und der Durchführungsrichtlinie der Kommission (Finanzmarktrichtlinie-Umsetzungsgesetz) vom 16. Juli 2007, BGBl. I S. 1330.

7 Vorbemerkung (4) MiFID II.

für Finanzinstrumente gestärkt werden müsse, um die Transparenz zu erhöhen, Anleger besser zu schützen, das Vertrauen wiederherzustellen, sich mit nichtregulierten Bereichen zu befassen und sicherzustellen, dass Aufsichtsstellen angemessene Befugnisse zur Erfüllung ihrer Aufgaben erhalten[8], legte die EU Kommission am 20. Oktober 2011 den Entwurf[9] eines sogenannten *MiFID Recasts* vor.

Im Jahr 2014 wurden die Richtlinie 2014/65/EU des Europäischen Parlaments und des Rates vom 15. Mai 2014 über Märkte für Finanzinstrumente sowie zur Änderung der Richtlinien 2002/92/EG und 2011/61/EU[10] (MiFID II) und Verordnung (EU) Nr. 600/2014 des Europäischen Parlaments und des Rates vom 15. Mai 2014 über Märkte für Finanzinstrumente und zur Änderung der Verordnung (EU) Nr. 648/2012[11] (MiFIR) im europäischen Amtsblatt veröffentlicht. Es war zunächst vorgesehen, dass eine nationale Umsetzung bis zum 3. Juli 2016 (vgl. Art. 93 Abs. 1 MiFID II) zu erfolgen hatte; die Anwendbarkeit der Verordnungen war für den 3. Januar 2017 angelegt. Insbesondere nach Intervention der Europäischen (*European Securities and Markets Authority*, ESMA)[12], aber auch von zahlreichen EU-Mitgliedstaaten und Marktteilnehmern wurde mit gesonderter Änderungsrichtlinie[13] schließlich eine Verschiebung um ein Jahr erreicht. Damit musste die nationale Umsetzung bis zum 3. Juli 2017 erfolgen; MiFIR und die Delegierten Verordnungen sind ab dem 3. Januar 2018 anwendbar.

1.2 Regelungstechnik nach MiFID II

MiFID I wurde im sogenannten Lamfalussy-Verfahren[14] erlassen. Dabei verfolgte MiFID I noch keine Vollharmonisierung. So gibt es auf Level 1 eine Rahmenrichtli-

---

8 Vorbemerkung (4) MiFID II.

9 *Proposal for a Directive of the European Parliament and of the Council on markets in financial instruments repealing Directive 2004/39/EC of the European Parliament and of the Council* vom 20.10.2011, COM(2011) 656 final 2011/0298 (COD).

10 ABl. EU L 173. S. 349 ff. vom 12.6.2014.

11 ABl. EU L, S. 84 vom 12.06.2014.

12 Note on MiFID/MiFIR Implementation: Delays in the Go-Live Date of Certain MiFID provisions, ESMA/2015/1514.

13 Richtlinie (EU) 2016/1034 des Europäischen Parlaments und des Rates vom 23. Juni 2016 zur Änderung der Richtlinie 2014/65/EU über Märkte für Finanzinstrumente, ABl. EU L 175 vom 30.06.2016, S. 8 ff. Zeitpunkt der Anwendbarkeit von MiFID II ist seitdem der 03.01.2018.

14 Vgl. hierzu z.B. *Kasten*, Regulierung durch Expertengruppen, ZBB 2008, S. 238, 240 f.; *Möllers*, Europäische Methodenlehre im Kapitalmarktrecht, ZEuP 2008, S. 480, 483; *Schmolke*, Lamfalussy-Prozess, NZG 2005, S. 912 ff.

nie, auf Level 2 stehen eine umsetzungsbedürftige Durchführungsrichtlinie[15] und eine direkt anwendbare Durchführungsverordnung[16]. Auf Level 3 folgten nach und nach Konkretisierungen und Auslegungshilfen in Form von *Frequently Asked Questions*[17], Hinweisen zu sogenannten *Good and Poor Practices*[18] und ähnliche Veröffentlichungen, die im Wesentlichen durch den Ausschuss der Europäischen Aufsichtsbehörden für das Wertpapierwesen (*Committee of European Securities Regulators*, CESR) veröffentlicht wurden.

Da es sich bei MiFID I auf Level 1 und 2 im Wesentlichen um umsetzungsbedürftige Richtlinien handelte, die keine Vollharmonisierung anstrebten, konnten nationale Gesetzgeber eine Umsetzung ihren nationalen Besonderheiten anpassen und in den Jahren seit 2007 gab es daher zahlreiche nationale Weiterentwicklungen in Form eines sog. *Gold-Platings*[19].

MiFID II verfolgt einen anderen Ansatz. Zum einen wurde das Lamfalussy-Verfahren ersetzt, zum anderen strebt MiFID II eine deutlich stärkere Harmonisierung an und beschränkt die Fähigkeiten der EU-Mitgliedstaaten zu *Gold-Plating* stark:

Auf Level 1 findet sich in MiFID II eine Rahmenrichtlinie und eine unmittelbar anwendbare Rahmenverordnung. Es finden sich auf Level 1 zahlreiche Mandate[20] für ESMA und die EU-Kommission sog. RTS und ITS zu erlassen.

Daher wird auf Level 2 eine Konkretisierung über zahlreiche unmittelbar anwendbare Delegierte Verordnungen[21] und nur eine Delegierte Richtlinie[22] vor-

---

15 Richtlinie 2006/73/EG der Kommission zur Durchführung der Richtlinie 2004/39/EG des Europäischen Parlaments und des Rates in Bezug auf die organisatorischen Anforderungen an Wertpapierfirmen und die Bedingungen für die Ausübung ihrer Tätigkeit sowie in Bezug auf die Definition bestimmter Begriffe für die Zwecke der genannten Richtlinie, ABl. EU L vom 2.09.2006, S. 26 ff.

16 Verordnung Nr. 1287/2006 der Kommission zur Durchführung der Richtlinie 2004/39/EG des Europäischen Parlaments und des Rates betreffend die Aufzeichnungspflichten für Wertpapierfirmen, die Meldung von Geschäften, die Markttransparenz, die Zulassung von Finanzinstrumenten zum Handel und bestimmte Begriffe im Sinne dieser Richtlinie, Abl. EU L vom 2.09.2006, S. 1 ff.

17 So z.B. Questions and Answers zu *Best Execution under MiFID*, CESR/07-320, Questions and Answers zu *Understanding the definition of advice under MiFID*, CESR/10-293.

18 So zum Beispiel CESR zu *Inducements: Report on good and poor practices*, CESR/10-295.

19 In Deutschland zum Beispiel das Beratungsprotokoll (§ 34 Abs. 2a WpHG a.F.) und die Meldung von Anlageberatern (§ 34d WpHG a.F.).

20 Eine Übersicht hierzu findet sich unter https://www.esma.europa.eu/policy-rules/mifid-ii-and-mifir#title-paragrah-3.

21 Vgl. ABL. EU L 87 vom 31.03.2017, S. 1 bis 499.

22 Delegierte Richtlinie (EU) 2017/593 der Kommission vom 7. April 2016 zur Ergänzung der Richtlinie 2014/65/EU des Europäischen Parlaments und des Rates im Hinblick auf den

genommen. Zum Zeitpunkt der Schriftlegung dieses Beitrags sind noch nicht alle Level 2-Akte final veröffentlicht worden.

Auf Level 3 finden sich nun *Guidelines*[23] und *Frequently Asked Questions*[24], die ESMA veröffentlicht hat oder deren Veröffentlichung bevor steht.

Die Vielzahl und der Detaillierungsgrad der Vorschriften, aber auch die über viele Monate dauernde und zum Teil späte Finalisierung von Level 2-Vorschriften, machen die Umsetzung der MiFID II in der Praxis zu einer Herausforderung.

1.3 Umsetzung der MiFID II in deutsches Recht

Nachdem das Bundesfinanzministerium bereits am 16. Oktober 2015 den Referentenentwurf eines Finanzmarktnovellierungsgesetzes[25] vorgelegt hatte, erfolgte mit dem 1. Finanzmarktnovellierungsgesetz[26] zunächst keine Umsetzung ins deutsche Recht. Der deutsche Gesetzgeber hatte die Diskussionen über die Verschiebung des Anwendungsdatums der MiFID II berücksichtigt und davon abgesehen[27], eine MiFID II-Umsetzung im 1. Finanzmarktnovellierungsgesetz vorzunehmen.

Am 29. September 2016 legte das Bundesfinanzministerium den Referentenentwurf eines 2. Finanzmarktnovellierungsgesetzes[28] vor. Mit der Veröffentli-

Schutz der Finanzinstrumente und Gelder von Kunden, Produktüberwachungspflichten und Vorschriften für die Entrichtung beziehungsweise Gewährung oder Entgegennahme von Gebühren, Provisionen oder anderen monetären oder nicht-monetären Vorteilen, ABl. EU L 87 vom 31.03.2017, S. 500 ff.

23 Eine Übersicht der Guidelines unter MiFID II hält ESMA auf dieser Website bereit: https://www.esma.europa.eu/sites/default/files/library/esma_guidelines.pdf.

24 ESMA hat eine Vielzahl von FAQs, im Wesentlichen im Bereich Marktinfrastruktur veröffentlicht sowie ein Set an FAQ zu Fragen des Anlegerschutzes nach MiFID II, Questions and Answers On MiFID II and MiFIR investor protection and intermediaries topics, Q&A ESMA35-43-349.

25 Referentenentwurf eines Gesetzes zur Novellierung von Finanzmarktvorschriften aufgrund europäischer Rechtsakte (Finanzmarktnovellierungsgesetz).

26 Erstes Gesetz zur Novellierung von Finanzmarktvorschriften auf Grund europäischer Rechtsakte (Erstes Finanzmarktnovellierungsgesetz – 1. FiMaNoG) vom 01.07.2016, BGBl. I S. 1514 ff.

27 Vgl. Pressemitteilung des Bundesfinanzministeriums vom 06.01.2016 (http://www.bundesfinanzministerium.de/Content/DE/Pressemitteilungen/Finanzpolitik/2016/01/2016-01-06-PM02.html?source=stdNewsletter=).

28 Referentenentwurf eines zweiten Gesetzes zur Novellierung von Finanzmarktvorschriften auf Grund europäischer Rechtsakte (Zweites Finanzmarktnovellierungsgesetz – 2. FiMaNoG).

chung des 2. FiMaNoG[29] im Bundesgesetzblatt am 24. Juni 2017 wurden wesentliche Teile der MiFID II fristgerecht in deutsches Recht umgesetzt. Das 2. FiMaNoG fasst das Wertpapierhandelsgesetz neu und passt insbesondere das Kreditwesengesetz und das Börsengesetz, aber auch das Versicherungsaufsichtsgesetz und Kapitalanlagegesetzbuch an.

Wesentliche Inhalte der Änderungen[30] sind

- Anpassung des Abschnitts 6 (nunmehr Abschnitt 11) des Wertpapierhandelsgesetzes an die geänderten Verhaltens- und Organisationspflichten aus der MiFID II
- Aufnahme neuer Abschnitte in das Wertpapierhandelsgesetz zur Überwachung von Positionslimits bei Warenderivaten und zur Aufsicht über Datenbereitstellungsdienste nach der MiFID II
- Anpassung verschiedener Vorschriften im Börsengesetz und Kreditwesengesetz an die Vorgaben der MiFID II;
- Erweiterung des Katalogs von Ordnungswidrigkeitstatbeständen und Erhöhung des Bußgeldrahmens in Wertpapierhandelsgesetz, Kreditwesengesetz, Börsengesetz, Kapitalanlagegesetzbuch und Versicherungsaufsichtsgesetz sowie die Einführung einer grundsätzlich zwingenden Veröffentlichung von Maßnahmen und Sanktionen durch die Bundesanstalt für Finanzdienstleistungsaufsicht (BaFin) und
- die Zuweisung von Zuständigkeiten zur Ausführung der genannten EU-Verordnungen.

Das 2. FiMaNoG folgt grundsätzlich dem Prinzip der 1:1-Umsetzung[31]. Insbesondere in Bereichen, in denen der deutsche Gesetzgeber jedoch bereits über MiFID I hinausgehende Regelungen implementiert hatte, bleibt es jedoch bei deutschrechtlichen Besonderheiten[32].

---

29 Zweites Gesetz zur Novellierung von Finanzmarktvorschriften auf Grund europäischer Rechtsakte (Zweites Finanzmarktnovellierungsgesetz – 2. FiMaNoG), BGBl. I vom 24.06.2017, S. 1693 ff.

30 BT-Drs. 18/10936, S. 2.

31 BT-Drs. 18/10936, S. 2.

32 Als Beispiele seien hier angeführt: die Regelungen zur (unabhängigen) Honorar-Anlageberatung (§ 64 Abs. 5 WpHG n.F.), die über die Anforderungen der MiFID II ebenso hinausgehen wie die Regelungen zur Meldung von Anlageberatern nach § 87 Abs. 1 WpHG n.F., die durch die MiFID II nicht vorgesehen ist.

Art. 26 des 2. FiMaNoG sieht ein gestaffeltes Inkrafttreten[33] der einzelnen Regelungen vor. Die MiFID II umsetzenden Regelungen treten im Wesentlichen zum 3. Januar 2018 in Kraft.

Im Mai 2017 legten das Bundesfinanzministerium und die BaFin verschiedene Referentenentwürfe[34] für Verordnungen vor, die insbesondere das WpHG konkretisieren sollen. Finale Fassungen dieser Verordnungen[35] wurden inzwischen veröffentlicht. Sie treten jeweils am 3. Januar 2018 in Kraft.

MiFID II regelt verschiedenste Bereiche der europäischen Finanzmärkte. Sie enthält Verhaltens- und Organisationsregelungen von sogenannten Wertpapierfirmen, aber auch Regelungen im Bereich der Handelsplätze und der Marktinfrastruktur.

2 Product Governance im Überblick

2.1 Rechtsgrundlagen der Product Governance

Bei MiFID II handelt es sich um einen *Recast* der MiFID I. Es wurden also zahlreiche Regelungskomplexe der MiFID I weiter entwickelt und konkretisiert. Zur Orientierung findet sich daher in Anhang IV der MiFID II eine Entsprechungstabelle, die es ermöglicht zu lokalisieren, welche Vorschrift der MiFID II auf welcher Vorschrift der MiFID I aufsetzt. Zwar verweist die Übersicht zu den Entsprechungsregelungen auf MiFID I-Regelungen zu Interessenkonflikten (Art. 13 Abs. 3 MiFID I) und dem Gebot der Wahrheit und Klarheit in der Kundenkommunikation (Art. 19 Abs. 2 MiFID I), echte Entsprechungen oder Vorgängernormen zu den Product

33 Die Vorschriften des 2. FiMaNoG treten je nach Angabe gem. Art. 26 des 2. FiMaNoG zwischen dem 25.06.2017 und dem 3.07.2018 in Kraft.

34 Das BMF legte am 9.05.2017 den Referentenentwurf einer Verordnung zur Konkretisierung der Verhaltensregeln und Organisationsanforderungen für Wertpapierdienstleistungsunternehmen (Wertpapierdienstleistungs-Verhaltens- und Organisationsverordnung – WpDVerOV) vor; die BaFin legte am 29.05.2017 den Diskussionsentwurf einer Verordnung zur Änderung der WpHG-Mitarbeiteranzeigeverordnung sowie den Diskussionsentwurf einer Verordnung über die Prüfung der Wertpapierdienstleistungsunternehmen nach § 89 des Wertpapierhandelsgesetzes (Wertpapierdienstleistungs-Prüfungsverordnung – WpDPV) vor.

35 Verordnung zur Konkretisierung der Verhaltensregeln und Organisationsanforderungen für Wertpapierdienstleistungsunternehmen (Wertpapierdienstleistungs-Verhaltens- und -Organisationsverordnung – WpDVerOV), BGBl. I vom 23.10.2017, S. 3566 ff. und die Verordnung zur Änderung der WpHG-Mitarbeiteranzeigeverordnung vom 24.11.2017, BGBl I vom 07.12.2017, Seite 3810ff.

Governance Regelungen enthält MiFID I jedoch nicht. Es handelt sich daher um einen neu durch MiFID II eingeführten Regelungskomplex.

Ähnlich wie viele anlegerschützende Vorschriften lassen sich die Product Governance Regelungen in Organisations-[36] und Wohlverhaltensregelungen[37] unterteilen. Die Abgrenzung fällt mitunter schwer. Dies zeigt sich auch auf Level 2 der MiFID II: In der Delegierten Richtlinie wurde diese Trennung im Bereich der Product Governance aufgegeben und ausschließlich eine Trennung der Regelungen für den Konzepteur[38] und das Vertriebsunternehmen[39] vorgenommen. Zur Auslegung und Konkretisierung sollten dabei auch die Vorbemerkungen[40] der Delegierten Richtlinie herangezogen werden.

In seiner Umsetzung ins deutsche Recht folgt der deutsche Gesetzgeber dem europäischen Vorbild: während sich im WpHG n.F. noch eine Trennung von Organisations-[41] und Wohlverhaltensregelungen[42] feststellen lässt, enthält die WpDVerOV n.F. nur noch die Unterscheidung der Regelungen für den Konzepteur[43] und das Vertriebsunternehmen[44].

ESMA hat auf Level 3 ihren *Final report on guidelines on MiFID II product governance requirements*[45] zusammen mit den *Guidelines on Product Governance*[46] veröffentlicht. Eine deutschsprachige Fassung wurde bis zur Schriftlegung dieses Beitrags durch ESMA nicht vorgelegt. Daher wurde die 2-Monatsfrist[47] für die BaFin zur Bestätigung, ob sie diesen Leitlinien nachkommt oder nachzukommen beabsichtigt, noch nicht in Gang gesetzt.

Entgegen ihres Namens beschäftigen sich die *Guidelines on MiFID II product governance requirements* nicht mit verschiedensten Fragen der Product Gover-

---

36 Art. 16 Abs. 3 MiFID II.

37 Art. 24 Abs. 2 MiFID II.

38 Art. 9 MiFID II DR.

39 Art. 10 MiFID II DR.

40 Insbesondere Vorbemerkungen 15 bis 20 MiFID II DR.

41 § 63 Abs. 4 und 5 WpHG n.F.

42 § 80 Abs. 9 bis 13 WpHG n.F.

43 § 11 WpDVerOV n.F.; als Konzepteur gilt, wer Finanzinstrumente neu schafft, entwickelt, begibt oder gestaltet (§ 11 Abs. 1 WpDVerOV n.F.).

44 § 12 WpDVerOV n.F.; als Vertriebsunternehmen gilt, wer Kunden anzubieten oder zu empfehlen beabsichtigt (§ 12 Abs. 1 WpDVerOV n.F.).

45 ESMA35-43-620.

46 Annex IV des Final Reports, ESMA35-43-620, S. 31 ff..

47 Art. 16 Verordnung (EU) Nr. 1095/2010 des Europäischen Parlaments und des Rates vom 24. November 2010 zur Errichtung einer Europäischen Aufsichtsbehörde (Europäische Wertpapier- und Marktaufsichtsbehörde), zur Änderung des Beschlusses Nr. 716/2009/EG und zur Aufhebung des Beschlusses 2009/77/EG der Kommission, ABl. EU L 331/84.

nance, sondern im Wesentlichen nur mit Fragen der Bestimmung des Zielmarktes (dazu sogleich mehr). Daher ist es nicht auszuschließen, dass ESMA zum Komplex der Product Governance noch *Frequently Asked Questions* veröffentlicht. Die BaFin beabsichtigt die Einfügung eines neuen Moduls BT 5[48] in die Mindestanforderungen an die Compliance-Funktion und die weiteren Verhaltens-, Organisations- und Transparenzpflichten nach §§ 31 ff. WpHG für Wertpapierdienstleistungsunternehmen (MaComp)[49]. Eine Konsultation hat hierzu jedoch nicht stattgefunden. Mit einer Veröffentlichung ist Anfang 2018 zu rechnen.

2.2 Ziele der Product Governance

Die Regelungen zur Product Governance finden Anwendung auf Wertpapierdienstleistungsunternehmen[50] und erstrecken sich auf Finanzinstrumente[51] und strukturierte Einlagen[52].

Sie sind unabhängig von den Anforderungen an die Geeignetheit[53] und Angemessenheit[54] nach MiFID II[55]. Während Angemessenheits- und Geeignetheitsprüfung am jeweiligen Kunden und an einem konkreten Finanzinstrument ansetzen, greifen die Product Governance-Regelungen früher[56] und auf Produktebene. Angemessenheits- und Geeignetheitsprüfung finden am sogenannten *„Point of Sale“* statt. Die Product Governance Regelungen erfordern ein deutliches früheres Handeln: sowohl Konzepteur als auch Vertriebsunternehmen müssen bereits bei der Konzeption[57] eines Finanzinstruments und bei der Auswahl der Kunden

48 Vgl. Vortrag Dr. Thorsten *Becker*, „Product Governance“, Folie 2, anlässlich der BaFin-Konferenz „Umsetzung der MiFID II-Vorgaben im Bereich der Wohlverhaltensregeln“ vom 27.10.2017 (https://www.bafin.de/SharedDocs/Downloads/DE/Veranstaltung/dl_171027_mifid_II_2_product_governance.pdf?__blob=publicationFile&v=1)

49 Rundschreiben 4/2010 (WA) vom 07.06.2010, zuletzt geändert am 08.03.2017.

50 Zum Begriff des Wertpapierdienstleistungsunternehmens vgl. § 2 Abs. 10 WpHG n.F.

51 § 2 Abs. 4 WpHG n.F.

52 § 2 Abs. 19 WpHG n.F.; die Anwendbarkeit der Regelungen zur Product Governance auf strukturierte Einlagen ergibt sich aus § 96 WpHG sowie § 13 WpDVerOV. Aus Vereinfachungsgründen wird im Folgenden dennoch nur noch auf Finanzinstrumente oder Produkte Bezug genommen.

53 Art. 25 Abs. 2 MiFID II.

54 Art. 25 Abs. 3 MiFID II.

55 So bereits Vorbemerkung 71 MiFID II.

56 So bereits Vorbemerkung (15) MiFID II DR.

57 Zum Begriff vgl. § 11 Abs. 1 WpDVerOV n.F.

grundsätzlich angebotenen Produkte[58] und Wertpapierdienstleistungen Produktprüfungen und -freigaben vornehmen[59].

Die Regelungen zur Product Governance sollen damit letztlich dafür sorgen, dass nur noch Produkte konzipiert und Kunden angeboten werden, für es auch ein Kundenbedürfnis gibt, die also zu dem jeweiligen Zielmarkt passen.

3 Akteure

Die Anforderungen im Bereich der Product Governancne unterscheiden sich stark danach, ob es sich bei dem entsprechenden Wertpapierdienstleistungsunternehmen um einen Konzepteur oder ein Vertriebsunternehmen handelt.

Nach § 11 Abs. 1 S. 1 WpDVerOV n.F. umfasst das Konzipieren von Finanzinstrumenten im Sinne des § 80 Abs. 9 WpHG n.F. das Neuschaffen, Entwickeln, Begeben und die Gestaltung von Finanzinstrumenten. Emittenten, die zugleich Wertpapierdienstleistungsunternehmen sind, sind daher stets aus Konzepteure im Sinne dieser Vorschrift. Eine nähere Bestimmung der Merkmale Entwickeln und Gestalten fehlt. Vorbemerkung (15) der Delegierte Richtlinie MiFID II weist jedoch darauf hin, dass aber Wertpapierdienstleistungsunternehmen als Konzepteure angesehen werden sollen, wenn sie Emittenten aus dem Unternehmenssektor bei der Auflage neuer Finanzinstrumente beraten. Um eine solche Konzepteurseigenschaft zu begründen, bedarf es dabei aber wohl eines erheblichen Beitrags bei der Gestaltung[60] des betreffenden Finanzinstruments. Beispiele könnten hier Fragen der Zinsgestaltung, Herabschreibungsrechte oder ähnliche Strukturierungsmerkmale, die einen Einfluss auch auf den Zielmarkt haben können, sein.

Vertriebsunternehmen sind solche Wertpapierdienstleistungsunternehmen, die die Finanzinstrumente anbieten oder empfehlen (§ 63 Abs. 5 WpHG n.F.). Laut den Hinweisen der ESMA[61] ist dies sehr weit auszulegen, daher reicht es bereits aus, dass ein Wertpapierdienstleistungsunternehmen Finanzinstrumente (auch des Sekundärmarktes) nur zugänglich macht. Die Vorschriften der §§ 63 Abs. 5, 80 Abs. 10, 12, 13 WpHG n.F. und § 12 WpDVerOV n.F. finden zudem auch Anwendung

58 § 12 Abs. 1 WpDVerOV n.F.

59 § 63 Abs. 4 und 4 WpHG n.F.

60 Bei Aktien und einfachen Schuldverschreibungen ohne weitere Strukturierung dürfte daher bei einem Wertpapierdienstleistungsunternehmen, dass einen Industrieemittenten berät jedenfalls keine Konzepteurseigenschaft vorliegen.

61 ESMA35-43-620, Ziffer 6, S: 32.

auf Kapitalverwaltungsgesellschaften, die Anlageberatung oder Finanzportfolioverwaltung erbringen (§ 5 Abs. 2 KAGB n.F.).

4 Der Zielmarkt

Seit Veröffentlichung der MiFID II gab es Diskussionen darüber, wie der Zielmarkt im Sinne der Art. 16 Abs. 3 und 24 Abs. 2 MiFID II zu bestimmen sei. Die ESMA näherte sich dem Thema der Product Governance in ihrem Konsultationspapier[62] und ihrem *Technical Advice*[63]. Diese blieben jedoch in ihrer Beschreibung eines möglichen Zielmarkts noch eher vage: Daher begannen Marktteilnehmer und Verbände früh, sich zu rechtlich vertretbaren Ansätzen, einen Zielmarkt zu bestimmen, austauschen. Im deutschen Markt stand das Bestreben nach einem einheitlichen Verständnis der Zielmarktbestimmungen im Vordergrund[64]. Die erforderliche Kommunikation zwischen einer Vielzahl von Konzepteuren und einer noch größeren Anzahl an Vertriebsunternehmen machte das Erfordernis der Automatisierung in der Übermittlung der Zielmarktdaten schnell deutlich[65]. Eine Automatisierung erfordert aber auch immer, dass beide Seiten wissen, welche Parameter zwingend auszutauschen sind und wie diese ausgefüllt und verstanden werden können.

Auch die ESMA hat dieses Erfordernis nach Automatisierung anerkannt[66]. Der Zielmarkt ist für jedes Finanzinstrument zu bestimmen. Dabei können automatisierte Systeme zur Anwendung kommen[67]. ESMA fordert allerdings, dass auch

62 *Consultation Paper on MiFIDII/MiFIR* vom 22. Mai 2014, ESMA/2014/549, insbesondere Ziffer 2.7, S. 39 ff.

63 *Final Report, ESMA's Technical Advice to the Commission on MiFID II and MiFIR* vom 19. Dezember 2014, ESMA /2014/1569, insbesondere Ziffer 2.7, S. 47 ff.

64 Vgl. den Marktstandard der Deutschen Kreditwirtschaft (einem Zusammenschluss des Bundesverbandes der Deutschen Volksbanken und Raiffeisenbanken, des Bundesverbandes deutscher Banken, des Bundesverbandes Öffentlicher Banken Deutschlands, des Deutschen Sparkassen- und Giroverbandes und des Verbandes deutscher Pfandbriefbanken für Zwecke der die Interessenvertretung der kreditwirtschaftlichen Spitzenverbände), des Deutschen Derivate Verbands e.V. und des BVI Bundesverband Investment und Asset Management e.V. zur Bestimmung des Zielmarkts für Wertpapiere.

65 Vgl. hierzu z.B. die Hinweise der Deutschen Kreditwirtschaft in ihrer Stellungnahme zur ESMA Konsultation zu den "Guidelines on MiFID II product governance requirements" vom 5. Januar 2017 (https://die-dk.de/media/files/2017-01-05_DK_STN_ESMA_Guidelines_Product_Governance_V1.0_EN.pdf), S. 2 ff.

66 ESMA/2016/1436, Ziffer 4, S. 14.

67 ESMA35-43-620, Ziffer 13, S. 33.

qualitative Elemente Eingang finden sollen[68]. Was ESMA damit konkret meint, bleibt offen. Daher bleibt es den Wertpapierfirmen überlassen, selbst zu definieren, wie qualitative Elemente in die Bestimmung des Zielmarkts Eingang finden können. Dies können dann zum Beispiel wertende Kriterien bei der Bildung der Gruppen von Finanzinstrumenten für Zwecke der automatisierten Verfahren sein.

Es müssen stets mindestens fünf Zielmarktmerkmale bestimmt werden[69]. Ob dabei das relevante Zielmarktmerkmal relativ standardisiert befüllt wird oder weitere Details innerhalb des jeweiligen Zielmarktmerkmals[70] oder gar weitere Zielmarktmerkmale[71] hinzukommen sollen, ist im Hinblick auf das einzelne Finanzinstrument zu bestimmen und hängt insbesondere von Art, Natur und anderen Merkmalen des Finanzinstruments[72] ab.

Da Kunden unterschiedliche Merkmale, Ziele und Eigenschaften aufweisen, mag nicht jedes Produkt für jeden Kunden bedürfnisgerecht sein. Daher erfordert es die Product Governance, dass der Konzepteur auf Basis seines theoretischen Wissens[73] zu Kunden und das Vertriebsunternehmen im Hinblick auf seine Kunden[74] einen Zielmarkt bestimmt und dabei auch festlegt, an wen sich Produkte nicht richten[75] (der sogenannte negative Zielmarkt[76]). Ist der Konzepteur zugleich auch Vertriebsunternehmen, so muss nur ein Zielmarkt bestimmt werden[77]. Hat der Konzepteur für ein Finanzinstrument keinen Zielmarkt bestimmt, so hat das Vertriebsunternehmen den Zielmarkt eigenständig zu bestimmen[78].

4.1 Der Kundentyp, an den sich das Produkt richtet („*The type of clients to whom the product is targeted*")

Mögliche Kundenypen, an die sich ein Finanzinstrument richtet, bestimmen sich nach den MiFID Kundenkategorien[79]: Privatkunden (auch als Kleinanleger

---

68 ESMA35-43-620, Ziffer 13, S. 33.
69 ESMA35-43-620, Ziffer 14, S. 33.
70 ESMA35-43-620, Ziffer 14, S. 33.
71 ESMA35-43-620, Ziffer 15, S. 34.
72 ESMA35-43-620, Ziffer 14, S. 34.
73 § 11 Abs. 8 WpDVerOV n.F.
74 § 12 Abs. 3 und 7 WpDVerOV n.F.
75 §§ 11 Abs. 7 S. 2 und 12 Abs. 4 S. 3 WpDVerOV n.F.
76 ESMA35-43-620, Ziffer 67, S. 45.
77 § 11 Abs. 7 S. 4 WpDVerOV n.F.
78 § 12 Abs. 3 S. 2 WpDVerOV n.F.
79 ESMA35-43-620, Ziffer 18(a), S. 34.

bezeichnet), professionelle Kunden und geeignete Gegenparteien. Privatkunden sind dabei alle Kunden, die keine professionellen Kunden sind (§ 67 Abs. 3 WpHG n.F.). Manche Wertpapierfirmen haben sich zur Vereinfachung entschieden, alle Kunden dieser Kundenkategorie zuzuordnen. Sie genießen nach dem WpHG und der MiFID II das höchste Schutzniveau. Professionelle Kunden verfügen über ausreichende Erfahrungen, Kenntnisse und Sachverstand, um ihre Anlageentscheidungen zu treffen und die damit verbundenen Risiken angemessen beurteilen zu können (§ 67 Abs. 2 S. 1 WpHG n.F.). Sie lassen sich in zwei Gruppen unterteilen: solche, die per-se professionell sind, und solche, die durch einen sogenannten *Opt-Up* als gekorene professionelle Kunden gelten. Per-se professionelle Kunden erfüllen bestimmte formale Merkmale. Zu ihnen zählen[80] nach § 67 Abs. 2 S. 2 Nr. 1 WpHG n.F. beaufsichtigte Unternehmen wie Kreditinstitute und Wertpapierdienstleistungsunternehmen sowie besonders große Unternehmen, die zwei der drei Größenkriterien erfüllen: eine Bilanzsumme von mindestens EUR 20.000.000, Umsatzerlöse von mindestens EUR 40.000.000 oder Eigenmittel von mindestens EUR 2.000.000 (§ 67 Abs. 2 S. 2 Nr. 2 WpHG n.F.). Gekorene professionelle Kunden sind solche, bei denen nach der Bewertung des betreffenden Wertpapierdienstleistungsunternehmens festgestellt wurde, dass der Kunde aufgrund seiner Erfahrungen, Kenntnisse und seines Sachverstandes in der Lage ist, generell oder für eine bestimmte Art von Geschäften eine Anlageentscheidung zu treffen und die damit verbundenen Risiken angemessen zu beurteilen (§ 67 Abs. 6 S. 2 WpHG n.F.). Es müssen dabei nach § 67 Abs. 2 S. 3 WpHG n.F. zusätzlich mindestens zwei der drei folgenden Kriterien erfüllt sein: der Kunde hat an dem Markt, an dem die Finanzinstrumente gehandelt werden, für die er als professioneller Kunde eingestuft werden soll, während des letzten Jahres durchschnittlich zehn Geschäfte von erheblichem Umfang im Quartal getätigt, der Kunde verfügt über Bankguthaben und Finanzinstrumente im Wert von mehr als EUR 500.000 oder der Kunde hat mindestens für ein Jahr einen Beruf am Kapitalmarkt ausgeübt, der Kenntnisse über die in Betracht kommenden Geschäfte, Wertpapierdienstleistungen und Wertpapiernebendienstleistungen voraussetzt.

80 Die vollständige Darstellung der per-se professionellen Kunden ist § 67 Abs. 2 WpHG n.F. sowie Annex II Ziffer I. MiFID II zu entnehmen.

4.2 Kenntnisse und Erfahrungen ("*Knowledge and experience*")

Kenntnisse und Erfahren sind Kundenangaben, die Wertpapierfirmen für Zwecke der Angemessenheits- und der Geeignetheitsprüfung spätestens seit MiFID I einholen. Allerdings gibt es eine große Bandbreite im Hinblick auf die Informationserhebung. So mag es Unternehmen geben, die nach Produktarten, Funktionsweisen oder Risiko unterschieden Kenntnisse und Erfahrungen zu Finanzinstrumenten erheben. Wie dabei ermittelt wird, ab wann ein Kunde als solcher mit Erfahrungen und/oder Kenntnissen gilt, ist ebenfalls nicht standardisiert. Eine Kommunikation zwischen Konzepteuren und Vertriebsunternehmen ist in diesem Bereich daher besonders herausfordernd. ESMA bildet Beispiele für eine Befüllung dieses Zielmarktmerkmals: so könne beschrieben werden, dass Kunden Kenntnisse im Hinblick auf die Funktionsweise und die wahrscheinlichen Ergebnisse aus dem Produkt haben sollten[81]. Es könne aber auch beschrieben werden, welche praktischen Erfahrungen ein Kunde gesammelt haben sollte[82]. Bedenkt man nun, dass diese Angaben in einem automatisiert übertragbaren Format angegeben werden müssen, damit die Informationen auch vom Konzepteur zum Vertriebsunternehmen gelangen, wird schnell die Herausforderung deutlich, die in diesem Merkmal liegt. In Deutschland hat sich daher ein Marktstandard entwickelt, bei dem nach vier Leveln von Kenntnissen und/oder Erfahrungen unterschieden wird, von denen die ersten drei hierarchisch aufeinander aufbauen[83]. Das erste Level ist dabei im Wesentlichen den Finanzinstrumenten vorbehalten, die als nicht-komplex im Sinne des Art. 25 Abs. 4 a) MiFID II gelten, während das vierte Level für Finanzinstrumente vorgesehen ist, die spezielle Kenntnisse und/oder Erfahrungen erfordern.

81 ESMA35-43-620, Ziff. 18 (b), S. 34.

82 ESMA35-43-620, Ziff. 18 (b), S. 34.

83 So auch der von der Deutschen Kreditwirtschaft, dem Deutschen Derivate Verband e.V. und BVI Bundesverband Investment und Asset Management e.V. entwickelten Marktstandard zur Bestimmung des Zielmarkts für Wertpapiere.

4.3 Finanzielle Situation mit einem Fokus auf der Fähigkeit Verluste zu tragen ("*Financial situation with a focus on the ability to bear losses*")

ESMA sieht in diesem Bereich vor, dass Konzepteure angeben sollen, welchen „Prozentsatz an Verlusten" (*percentage of losses*) Zielkunden zu tragen in der Lage sein sollten und ob es zu zusätzlichen Zahlungen kommen kann, die das eingesetzte Kapital überschreiten können[84]. Vereinfacht gesagt, lassen sich so mindestens drei Gruppen der Verlusttragfähigkeit bilden: Finanzinstrumente, die keinen Verlust bei dem Anleger verursachen können, Finanzinstrumente, die ein Totalverlustrisiko haben und solche Finanzinstrumente, bei denen es zu Nachschusspflichten oder Zahlungen kommen kann, die das eingesetzte Kapital oder erhaltene Zahlungen übersteigen[85]. Es könne auch angegeben werden, so ESMA weiter, welchen Prozentsatz am Vermögen ein Finanzinstrument nicht überschreiten sollte[86]. Die letztere Art der Umschreibung ist dabei von verschiedenen Marktteilnehmern kritisiert worden. So führt die Deutsche Kreditwirtschaft in ihrer Stellungnahme zur ESMA-Konsultation aus: „*Whilst the maximum proportion of net investable assets does play a role within the context of a client's investment strategy, it has no relevance to a client's ability to bear losses. Also, the reference value for such expression of a maximum proportion will be of a relative nature and vary from client to client depending on different sizes of amounts to be invested, size of portfolios, etc. However, the target market description at product level needs to be standardised and cannot take individual and specific client situations into account. The proportion of net investable assets must remain the sole responsibility of the client.*"[87]

84 ESMA35-43-620, Ziffer 18 (c), S. 35.

85 So auch der von der Deutschen Kreditwirtschaft, dem Deutschen Derivate Verband e.V. und BVI Bundesverband Investment und Asset Management e.V. entwickelten Marktstandard zur Bestimmung des Zielmarkts für Wertpapiere.

86 ESMA35-43-620, Ziffer 18 (c), S. 35.

87 Comments on the ESMA Consultation Paper – Draft guidelines on MiFID II product governance requirements (ESMA/2016/1436)der Deutschen Kreditwirtschaft vom 5.01.2017 („DK Stellungnahme") Ziffer 2 d) a.E., S. 5, (https://die-dk.de/media/files/2017-01-05_DK_STN_ESMA_Guidelines_Product_Governance_V1.0_EN.pdf)

4.4 Risikotoleranz und Kompatibilität mit des Risiko-/Ertragsprofil des Produkts mit dem Zielmarkt („*Risk tolerance and compatibility of the risk/reward profile of the product with the target market*")

Nach den Angaben der ESMA soll dieses Zielmarktmerkmal beschreiben, welche Risikoneigung (*risk attitude*) Kunden haben sollen, die in das entsprechende Produkt investieren[88]. Um dieses vereinheitlicht abzubilden, schlägt ESMA insoweit die Nutzung des Risikoindikators der PRIIPs-Verordnung[89] sowie der OGAW-Richtlinie[90] vor[91]. Obwohl der Gesamtrisikoindikator (*summary risk indicator*, SRI)[92] der PRIIPs-Verordnung und der Systematische Risiko- und Ertragsindikator (*systematic risk and return indicator*, SRRI)[93] der OGAW-Richtlinie insoweit nicht miteinander vergleichbar sind, als sie auf unterschiedlicher Basis berechnet werden, sind diese beiden Risikoindikatoren sehr gut für die Kommunikation zwischen Konzepteur und Vertriebsunternehmen geeignet, da sich diese eindeutig bestimmen und verarbeiten lassen. Anleger können den SRI im Basisinforma-

---

88 ESMA 35-43-620, Ziffer 18 (d), S. 35.

89 Verordnung (EU) Nr. 1286/2014 des Europäischen Parlaments und des Rates vom 26. November 2014 über Basisinformationsblätter für verpackte Anlageprodukte für Kleinanleger und Versicherungsanlageprodukte (PRIIP), L 352/1; für PRIIPs wird als Risikokennzahl der der Gesamtrisikoindikator (*summary risk indicator*, SRI) verwendet; er wird auf einer Skala von 1 bis 7 angegeben.

90 Richtlinie 2009/65/EG des Europäischen Parlaments und des Rates vom 13. Juli 2009 zur Koordinierung der Rechts- und Verwaltungsvorschriften betreffend bestimmte Organismen für gemeinsame Anlagen in Wertpapieren (OGAW) (Neufassung) L 302/32; für OGAW-Fonds wird als Risikokennzahl der Systematische Risiko- und Ertragsindikator (*systematic risk and return indicator*, SRRI) verwendet; er wird auf einer Skala von 1 bis 7 angegeben.

91 ESMA 35-43-620, Ziffer 18 (d), S. 35.

92 Einzelheiten zu der Berechnung des Gesamtrisikoindikators enthält die Delegierte Verordnung (EU) 2017/653 der Kommission vom 8. März 2017 zur Ergänzung der Verordnung (EU) Nr. 1286/2014 des Europäischen Parlaments und des Rates über Basisinformationsblätter für verpackte Anlageprodukte für Kleinanleger und Versicherungsanlageprodukte (PRIIP) durch technische Regulierungsstandards in Bezug auf die Darstellung, den Inhalt, die Überprüfung und die Überarbeitung dieser Basisinformationsblätter sowie die Bedingungen für die Erfüllung der Verpflichtung zu ihrer Bereitstellung, L 100/1.

93 Einzelheiten zur Berechnung des SRRI enthält die Verordnung (EU) Nr. 583/2010 der Kommission vom 1. Juli 2010 zur Durchführung der Richtlinie 2009/65/EG des Europäischen Parlaments und des Rates im Hinblick auf die wesentlichen Informationen für den Anleger und die Bedingungen, die einzuhalten sind, wenn die wesentlichen Informationen für den Anleger oder der Prospekt auf einem anderen dauerhaften Datenträger als Papier oder auf einer Website zur Verfügung gestellt werden, Amtsblatt L 176 vom 10 Juli 2010, S. 1.

tionsblatt des jeweiligen PRIIPs und den SRRI in den Wesentlichen Anlegerinformationen des jeweiligen Investmentfonds finden. Beide Risikokennzahlen sind sehr technisch und daher mitunter schwer verständlich für den Anleger. Zudem werden beide auf einer Skala von 1 bis 7 angegeben, jedoch ist ein SRRI von 7 nicht gleichbedeutend mit einem SRI von 7. Daher können Wertpapierfirmen im Umgang mit Kunden auf eine eigene Risikosystematik oder deskriptive Beschreibung zurückgreifen, die den SRI und SRRI angemessen berücksichtigen.

4.5 Anlagehorizont ("*investment horizon*")

Der Anlagehorizont ist kein eigenständiges Zielmarktmerkmal nach ESMA. Er wird durch ESMA als mögliche Angabe innerhalb von *„client's objectives and needs"* bezeichnet[94]. Allerdings ist der Anlagehorizont aus Sicht vieler Marktteilnehmer ein wesentlicher Faktor bei der Bestimmung des Zielmarkts. Er wird daher nicht als optional betrachtet[95]. Um ihn automatisiert erfassbar zu machen, bedurfte es daher eines eigenen Zielmarktmerkmals. Der Anlagehorizont kann bei Laufzeitprodukten nach der Fälligkeit angeben werden. Sonst lässt er sich aber auch über Jahresangaben oder die Abgrenzung kurz-, mittelfristig und langfristig charakterisieren[96]. Zwar lassen sich diesen Angaben nicht einheitlich bestimmen, aber die meisten Wertpapierfirmen können diese Angaben ohne weiteres für ihre eigenen Systeme adaptieren.

4.6 Kundenziele und -bedürfnisse („*Client's objectives and needs*")

Die letzte Kategorie der Zielmarktmerkmale verbindet zwei Kategorien aus der ESMA Konsultation. ESMA kommt mit dieser Vereinheitlichung Anmerkungen der Marktteilnehmer nach, die geltend gemacht hatten *„objectives"* und *„needs"* ließen sich kaum unterscheiden und daher sei unklar, welche Angaben hier

94 ESMA35-43-620, Ziffer 18 (e), S. 35.

95 So auch der von der Deutschen Kreditwirtschaft, dem Deutschen Derivate Verband e.V. und BVI Bundesverband Investment und Asset Management e.V. entwickelten Marktstandard zur Bestimmung des Zielmarkts für Wertpapiere.

96 So auch der von der Deutschen Kreditwirtschaft, dem Deutschen Derivate Verband e.V. und BVI Bundesverband Investment und Asset Management e.V. entwickelten Marktstandard zur Bestimmung des Zielmarkts für Wertpapiere.

jeweils zu machen seien[97]. Zudem merkten Marktteilnehmer an, dass nicht alle Produkte sich an Anleger mit speziellen Bedürfnissen richten würden[98]. Mangels einheitlicher Standards zu Angaben wie *„green investment“* oder *„ethical investment“* gestalten sich Angaben in diesem Bereich auch als schwer verwertbar[99].

4.7 Weitere Zielmarktmerkmale

Der Konzepteur kann sich dazu entscheiden, weitere Zielmarktmerkmale zu bestimmen. Dies würde sich anbieten, wenn die fünf (oder sechs) Standardzielmarktmerkmale sich als zu einschränkend darstellen, um einen aussagekräftigen Zielmarkt zu bestimmen[100]. Wie ESMA allerdings zurecht anmerkt, sollte dabei darauf geachtet werden, dass dies Vertriebsunternehmen mit einer *open architecture*, die also Finanzinstrumente einer breiten Palette von Konzepteuren anbieten, negativ beeinflussen kann[101], denn die Bildung zusätzlicher Zielmarktmerkmale bedeutet auch, dass ein rein automatisierter Austausch der Informationen zu den Zielmarktmerkmalen ggf. nicht mehr möglich ist.

4.8 Der negative Zielmarkt

Die Product Governance erfordert es, dass der Konzepteur festlegt, an wen sich Produkte nicht richten (§ 11 Abs. 7 S. 3 WpDVerOV n.F.) (der sogenannte negative Zielmarkt[102]). Dies gilt ebenso für Vertriebsunternehmer (§12 Abs. 4 S. 2 WpDVer OV n.F.)

Bei der Bestimmung des negativen Zielmarkts sind die Merkmale zu verwenden, die auch der Bestimmung des positiven Zielmarkts dienen[103]. Der Bestimmung eines negativen Zielmarkts bedarf es wohl nicht immer: einige Produkte weisen schlicht keinen negativen Zielmarkt auf, bei anderen Finanzinstrumenten ergibt sich der negative Zielmarkt bereits aus der Angabe des positiven Ziel-

97 ESMA35-43-620, Ziffer 15, S. 17.
98 ESMA35-43-620, Ziffer 15, S. 17.
99 DK Stellungnahme, Ziffer 2 h), S. 6.
100 ESMA35-43-620, Ziffer 16, S. 34.
101 ESMA35-43-620, Ziffer 16, S. 34.
102 ESMA35-43-620, Ziffer 67. S. 45.
103 ESMA35-43-620, Ziffer 67, S. 45.

markts. ESMA führt als Beispiel an, dass ein der Spekulation dienendes Finanzinstrument sich nicht an einen Kunden mit einer geringen Risikoneigung richtet[104].

Auch bei der Bestimmung des negativen Zielmarkts kommt der Grundsatz der Verhältnismäßigkeit zur Anwendung: Die Detaillierung der negativen Zielmarktmerkmale richtet sich nach der Art, der Komplexität sowie dem Risiko-Rendite-Profil des jeweiligen Finanzinstruments[105].

Je nach Bestimmung des positiven und negativen Zielmartkts kann es zudem einen „grauen" Zilemarkt geben und damit eine Kundengruppe, die weder im positiven noch im negativen Zielmarkt ist.

5 Finanzinstrumente ohne Konzepteur

Wie bereits unter Abschnitt 3 erläutert, finden die Product Governance Vorschriften für Konzepteure nur dann Anwendung, wenn es sich bei dem konzipierenden Unternehmen auch um ein Wertpapierdienstleistungsunternehmen im Sinne des WpHG n.F. handelt. Drittstaatenemittenten und Emittenten, die zwar im Europäischen Wirtschaftsraum ansässig sind, jedoch eben keine Wertpapierdienstleistungsunternehmen sind, fallen damit nicht in den Anwendungsbereich der Product Governance Regelungen. Als wichtiges Beispiel können hier Kapitalverwaltungsgesellschaften genannt werden. Diese könnten zwar als Konzepteure der durch sich aufgelegten und verwalteten Investmentfonds verstanden werden, aber nach § 5 Abs. 2 Kapitalanlagegesetzbuch n.F. (in der Fassung des 2. FiMaNoG)[106] sind die §§ 63 bis 68, 70, 80, 82 Absatz 1 bis 9 und 13, 83 und 84 WpHG n.F. durch Kapitalverwaltungsgesellschaften nur anzuwenden, soweit diese Dienst- und Nebendienstleistungen im Sinne des § 20 Absatz 2 Nummer 1 bis 3 und Absatz 3 Nummer 2 bis 5 KAGB erbringen, also nicht beim Vertrieb von Fondsanteilen.

Zudem gibt es Finanzinstrumente, die zwar über einen MiFID-Konzepteur verfügen, die aber so zu behandeln sind, als seien sie durch Konzepteure konzipiert worden, die nicht von den Vorschriften der MiFID II erfasst werden[107]. Laut ESMA müssen nämlich MiFID-Konzepteure für vor dem 03.01.2018 konzipierte

104 ESMA35-43-620, Ziffer 68, S. 45.

105 ESMA35-43-620, Ziffer 69, S. 45f.

106 Kapitalanlagegesetzbuch vom 4. Juli 2013 (BGBl. I S. 1981), das zuletzt durch Artikel 6 des Gesetzes vom 17. Juli 2017 (BGBl. I S. 2394) geändert worden ist.

107 ESMA35-43-620, Ziffer 65, S. 45.

Finanzinstrumente[108] zunächst keinen Zielmarkt bestimmen[109]. Sie müssen aber vor dem 03.01.2018 konzipierte Finanzinstrumente zum Gegenstand der regelmäßigen und anlassbezogenen Überprüfungen[110] machen und dann im Rahmen dieser regelmäßigen Überprüfung eben auch einen Zielmarkt bestimmen[111].

§ 12 Abs. 2 S. 1 WpDVerOV n.F. sieht vor, dass ein Vertriebsunternehmen, das Finanzinstrumente anbietet oder empfiehlt, die durch Konzepteure konzipiert wurden, die nicht von den Vorschriften der MiFID II erfasst werden, sicherzustellen hat, dass § 80 Abs. 9 bis 11 WpHG n.F. sowie § 12 Abs. 3, 4 und 6 bis 12 WpDVerOV n.F. beachtet werden. Nach § 12 Abs. 6 WpDVerOV n.F. muss das Vertriebsunternehmen in diesem Fall zumutbare Schritte einleiten, um alle Informationen zu erlangen, die nötig sind, um sicherzustellen, dass die Finanzinstrumente entsprechend den Bedürfnissen, Merkmalen und Zielen des Zielmarkts vertrieben werden können[112]. Liegen dem Vertriebsunternehmen ausreichende[113] öffentliche Informationen vor, die es in die Lage versetzen, einen eigenen Zielmarkt zu bilden, muss das Vertriebsunternehmen keinen Kontakt mit dem Konzepteur, der nicht der MiFID II unterliegt, aufnehmen. Das Vertriebsunternehmen kann sich Informationen aber auch anderweitig aus nicht-öffentlichen Quellen beschaffen, so z.B. direkt vom Nicht-MiFID-Konzepteur oder aber über Informationsverbrei-

---

108 Soweit es sich bei diesen Finanzinstrumenten allerdings um solche im Anwendungsbereich der PRIIPs-Verordnung handelt und diese auch zum Vertrieb an Privatkunden bestimmt sind, müssen diese Konzepteure für das im Rahmen der PRIIPs-Verordnung erforderliche Basisinformationsblatt einen Abschnitt „Beschreibung des Kleinanlegertyps, an den das PRIIP vermarktet werden soll" (Art. 8 Abs. befüllen und dabei insbesondere Angaben zur Fähigkeit, Anlageverluste zu verkraften, und dem Anlagehorizont machen. Es gibt hier also eine Überlappung mit den für den Zielmarkt erforderlichen Angaben.

109 ESMA35-43-620, Ziffer 65, S. 45.

110 Vgl. hierzu unter Abschnitt 10.2 dieses Beitrags.

111 ESMA35-43-620, Ziffer 66, S. 45.

112 Vgl. hierzu auch die näheren Ausführungen der ESMA in ESMA35-43-620, Ziffer 61, S. 43f.

113 Öffentliche Informationen gelten dann als ausreichend, wenn sie klar, zuverlässig und im Einklang mit den gesetzlichen Vorgaben und den regulatorischen Anforderungen erstellt wurden, etwa weil Informationen, nach der Richtlinie 2003/71/EG des Europäischen Parlaments und des Rates vom 4. November 2003 betreffend den Prospekt, der beim öffentlichen Angebot von Wertpapieren oder bei deren Zulassung zum Handel zu veröffentlichen ist, und zur Änderung der Richtlinie 2001/34/EG (ABl. EU L 345 vom 31.12.2003, S. 64; L 218 vom 24.7.2014, S. 8, zuletzt geändert durch Richtlinie 2014/51/EU, ABl. EU L 153 vom 22.5.2014, S. 1.) oder der Richtlinie 2004/109/EG des Europäischen Parlaments und des Rates vom 15. Dezember 2004 zur Harmonisierung der Transparenzanforderungen in Bezug auf Informationen über Emittenten, deren Wertpapiere zum Handel auf einem geregelten Markt zugelassen sind, und zur Änderung der Richtlinie 2001/34/EG (ABl. EU L 390 vom 31.12.2004, S. 38.) vorliegen (§ 12 Abs. 6 S. 4 WpDVerOV n.F.).

tungssysteme. Das Ausmaß der Pflichten hängt insbesondere von dem Grad der öffentlich verfügbaren Informationen, aber auch der Komplexität des betreffenden Finanzinstruments ab (§ 12 Abs. 6 S. 6 WpDVerOV n.F.).

Soweit das Vertriebsunternehmen keine ausreichenden Informationen über das Finanzinstrument erlangen und daher den Zielmarkt nicht bestimmen kann, sollte das Vertriebsunternehmen ein solches Finanzinstrument nicht in seine Produktpalette aufnehmen[114].

6 Vertriebsstrategie

Für jedes Finanzinstrument ist neben dem Zielmarkt eine geeignete Vertriebsstrategie zu bestimmen. Diese muss mit dem Zielmarkt vereinbar sein (§ 63 Abs. 4 Nr. 2 WpHG n.F.) und soll den Verkauf in den Zielmarkt fördern.

Der Konzepteur und das Vertriebsunternehmen müssen bei der festzulegenden Vertriebsstrategie bedenken, welche Kundeninformationen in verschiedenen Vertriebsstrategien zur Verfügung stehen und wie sich dies auf die Fähigkeit, den Zielmarkt zu bestimmen und festzustellen, ob der Kunde im Zielmarkt ist, auswirken kann[115].

Die Vertriebsstrategie ist damit entlang der möglichen Wertpapierdienstleistungen zu bestimmen, mit denen Finanzinstrumente angeboten werden können oder sollen[116].

Als Vertriebsstrategien kommen daher das reine Ausführungsgeschäft (§ 63 Abs. 11 WpHG n.F., (auch als beratungsfreies Geschäft ohne Angemessenheitsprüfung bezeichnet), das beratungsfreie Geschäft mit Angemessenheitsprüfung (§ 63 Abs. 10 WpHG n.F.) und die Anlageberatung (§§ 2 Abs. 8 S. 1 Nr. 10, 64 Abs. 3 WpHG n.F., Art. 54 Delegierte Verordnung MiFID II) sowie die Finanzportfolioverwaltung (§ 2 Abs. Abs. 8 S. 1 Nr. 1 WpHG n.F.) in Betracht. Es ist davon auszugehen, dass zwischen diesen eine Hierarchie besteht: hat der Konzepteur oder das Vertriebsunternehmen also z.B. das reine Ausführungsgeschäft als Vertriebsstrategie angegeben, so eigenen sich wohl auch das beratungsfreie Geschäft oder die Anlageberatung, zum Vertrieb.

114 ESMA35-43-620, Ziffer 63, S. 44.
115 ESMA35-43-620, Ziffer 26, S. 36, sowie Ziffer 44 und 45, S. 40.
116 ESMA35-43-620, Ziffer 45, S. 40.

7 Der Zielmarkt im Vertrieb von Finanzinstrumenten

Vertriebsunternehmen haben bei der Auswahl der Finanzinstrumente, die sie zugänglich machen wollen, die Regelungen der §§ 80 Abs. 12 und 13, 81 Abs. 4 WpHG n.F. sowie des § 12 Abs. 2 bis 12 WpDVerOV n.F. zu beachten.

Das Vertriebsunternehmen nimmt die Informationen des Konzepteurs aus dessen Produktfreigabeverfahren entgegen (§ 80 Abs. 11 S. 2 WpHG n.F.). Diese bilden die Leitlinie für das Vertriebsunternehmen[117].

Nach § 12 Abs. 3 S. 1 WpDVerOV n.F. hat das Vertriebsunternehmen, für jedes Finanzinstrument, das es vertreibt, allerdings einen eigenen Zielmarkt zu bestimmen. Zurückgreifen soll es dabei auf Daten aus seinem Kundenstamm (§ 12 Abs. 4 S. 2, Abs. 7 WpDVerOV n.F.). Dabei sollen die Informationen über die eigenen Kunden, die vorhandenen Informationen über das Finanzinstrument und die zur Verfügung stehenden Wertpapierdienstleistungen[118] einfließen.

Der Zielmarkt des Vertriebsunternehmens besteht aus denselben Zielmarktkriterien wie der des Konzepteurs[119].

Das Vertriebsunternehmen muss die Umstände und Bedürfnisse der von ihm ausgewählten Kunden angemessen ermitteln und bewerten, um sicherzustellen, dass die Kundeninteressen nicht auf Grund von wirtschaftlichem oder finanziellem Druck beeinträchtigt werden (§ 12 Abs. 4 S. 2 WpDVerOV n.F.).

Auch das Vertriebsunternehmen hat einen negativen Zielmarkt zu bestimmen (§ 12 Abs. 4 S. 3 WpDVerOV n.F.) und eine Vertriebsstrategie festzulegen[120].

Das Vertriebsunternehmen hat dabei zu berücksichtigen, dass je nach Wertpapierdienstleistung unterschiedliche Informationen über Kunden vorliegen und daher der Zielmarktabgleich ggf. nur eingeschränkt vorgenommen werden kann[121]. Die Vertriebsstrategie beeinflusst also, welche Kundeninformationen in die Zielmarktbestimmung und den Zielmarktabgleich einfließen können[122]. Andererseits soll das Vertriebsunternehmen analysieren, ob diese Tatsache dazu führen soll, dass bestimmte Finanzinstrumente aufgrund Besonderheiten des

117 ESMA35-43-620, Ziffer 36, S. 38.
118 ESMA35-43-620, Ziffer 36, S. 38.
119 ESMA35-43-620, Ziffer 34, S. 38.
120 ESMA35-43-620, Ziffer 49, S. 41.
121 ESMA35-43-620, Ziffer 44, S. 40.
122 ESMA35-43-620, Ziffer 44, S. 40.

Zielmarkts ggf. nicht über jede Vertriebsstrategie zugänglich gemacht werden sollen[123].

Das Vertriebsunternehmen darf bei der Bestimmung seines Zielmarkts und seiner Vertriebsstrategie von den Angaben des Konzepteurs abweichen[124]. Es ist dabei denkbar, dass das Vertriebsunternehmen den Zielmarkt nur konkretisiert und ggf. verengt, aber das Vertriebsunternehmen kann sich auch entscheiden, den Zielmarkt zu erweitern und auch eine andere Vertriebsstrategie wählen. Dies gilt auch für die Angaben des negativen Zielmarkts.

Haben sich Konzepteur und Vertriebsunternehmen bereits zur Bestimmung des Zielmarkts und der Vertriebsstrategie ausgetauscht oder einen gemeinsamen Zielmarktstandard, z.B. im Rahmen eines Marktstandards entwickelt, so muss das Vertriebsunternehmen den Zielmarkt des Konzepteuers nicht notwendigerweise verfeinern und kann diesen auch übernehmen[125].

7.1 Reines Ausführungsgeschäft

Über das reine Ausführungsgeschäft (§ 63 Abs. 11 WpHG n.F.) dürfen nur nichtkomplexe Finanzinstrumente (Art. 57 Delegierte Verordnung MiFID II) zugänglich gemacht werden. Das Vertriebsunternehmen wird in diesem Fall nur die Kundenkategorie im Zielmarkt abgleichen und den Kunden über seinen eingeschränkten Zielmarktabgleich informieren[126]. Es kann sich anbieten, die Zielmarktfestlegung zudem dem Kunden mitzuteilen, um diesem eine informierte Entscheidung über das Finanzinstrument zu erlauben. Gemäß § 63 Abs. 11 WpHG n.F. muss das Vertriebsunternehmen den Kunden zudem informieren, dass keine Angemessenheitsprüfung vorgenommen wird.

7.2 Beratungsfreies Geschäft

Im beratungsfreien Geschäft mit Angemessenheitsprüfung (§ 63 Abs. 10 WpHG n.F.) erfolgt ein Zielmarktabgleich anhand der Kriterien Kundentyp und Kenntnisse und Erfahrungen mit Finanzinstrumenten[127]. Auch hier ist der Kunde über

---

123 ESMA35-43-620, Ziffer 44, S. 40.
124 ESMA35-43-620, Ziffer 36, S. 38 sowie Ziffer 50f., S. 41f.
125 ESMA35-43-620, Ziffer 39, S. 39.
126 ESMA35-43-620, Ziffer 47, S. 41.
127 ESMA35-43-620, Ziffer 45, S. 40.

den eingeschränkten Zielmarktabgleich zu informieren[128] und ggf. auch über die eigentliche Zielmarktfestlegung.

Anschließend folgt die Angemessenheitsprüfung, um festzustellen, ob der Kunde über ausreichende Kenntnisse und Erfahrungen in Bezug auf Geschäfte mit bestimmten Arten von Finanzinstrumenten verfügt, um die mit dem Finanzinstrument verbundenen Risiken zu verstehen (Art. 55 und 56 Delegierte Verordnung MiFID II). Dabei müssen Zielmarktabgleich und Angemessenheitsprüfung nicht zum gleichen Ergebnis gelangen. Der Kunde kann also im Zielmarkt sein und dennoch kann sich in der individuelleren Angemessenheitsprüfung ergeben, dass der Kunde nicht über ausreichende Kenntnisse und Erfahrungen für das betreffende Finanzinstrument verfügt.

Kommt das Vertriebsunternehmen zu dem Schluss, dass der Kunde nicht über angemessene Kenntnisse und Erfahrungen verfügt oder liegen dem Vertriebsunternehmen keine ausreichenden Kundenangaben vor, um die Angemessenheit beurteilen zu können, ist der Kunde entsprechend zu warnen (§ 63 Abs. 10 S. 3 und 4 WpHG n.F.).

Der Zielmarkt stellt kein Produktverbot dar. Allerdings soll ein Verkauf in den negativen Zielmarkt eine Ausnahme sein[129]. Dies stellt das Vertriebsunternehmen vor die Frage, wie es damit umgehen soll, wenn der Kunde aufgrund mangelnder Kenntnisse und Erfahrungen im Zusammenhang mit Finanzinstrumenten, sich im negativen Zielmarkt befindet, der Kunde aber dennoch (auch nach erfolgter Warnung) ordern möchte. Die ESMA Guidelines legen insoweit nicht fest, dass eine Order nicht angenommen werden darf. Vertriebsunternehmen müssen aber festlegen, wie sie mit solchen Situationen umgehen wollen[130].

Es können einem Kunden zum Beispiel in einem solchen Fall auch zusätzliche Kenntnisse vermittelt werden. So lässt sich ein Verkauf in den negativen Zielmarkt ggf. vermeiden.

7.3 Anlageberatung und Finanzportfolioverwaltung

Sofern ein Vertriebsunternehmen Anlageberatung erbringt, hat es über seine Kunden umfangreiche Angaben einzuholen (§ 64 Abs. WpHG n.F. iVm Art. 54 Delegierte Verordnung MiFID II).

---

128 ESMA35-43-620, Ziffer 47, S. 41.
129 ESMA35-43-620, Ziffer 70, S. 46.
130 ESMA35-43-620, Ziffer 72, S. 46.

Zusätzlich[131] zur Geeignetheitsprüfung ist basierend auf diesen Angaben ein vollständiger Zielmarktabgleich durchzuführen. Im Rahmen der Anlageberatung können alle persönlichen Umstände des Kunden und sein Gesamtportfolio einbezogen werden. Bei der Festlegung des Zielmarkts stehen aber das einzelne Finanzinstrument und ein abstrakter und typisierter Kunden im Fokus. Daher liegt es nahe, dass ein Kunde sich zwar außerhalb des Zielmarkts befinden, ein Finanzinstrument aber dennoch mit Blick auf sein Portfolio geeignet sein kann. ESMA trägt dem Rechnung, indem sie in diesem Fall eine Empfehlung und einen Verkauf (ggf. sogar in den negativen Zielmarkt[132]) als zulässig erachtet[133].

Das Vertriebsunternehmen soll den Kunden hierüber aber dann informieren[134]. Ob diese Information auch zum Gegenstand der Geeignetheitserklärung werden soll, ist Art. 54 Abs. 12 Delegierte Verordnung MiFID II nicht zu entnehmen. ESMA empfiehlt jedoch die Aufnahme in die Geeignetheitserklärung[135].

Sollte das Vertriebsunternehmen zu dem Schluss gelangen, dass ein Finanzinstrument ungeeignet für den Kunden ist, so muss es nicht sein, dass der Kunde sich außerhalb des Zielmarkts befindet. Ist der Kunde weder im Zielmarkt noch ist das Finanzinstrument geeignet für ihn, so ist der Kunde adäquat zu informieren. Das Vertriebsunternehmen wird dem Kunden vom Kauf abraten.

ESMA stellt klar, dass auch Finanzportfolioverwalter als Vertriebsunternehmen zu betrachten sind und als solche den Zielmarkt angemessen zu berücksichtigen haben[136]. Es ist nicht ganz klar, ob dies bedeutet, dass der Finanzportfolioverwalter auf Einzelinstrumentenebene einen Abgleich durchführen muss, ob der Kunde jeweils im Zielmarkt ist. Ggf. könnte es ausreichen, einen Zielmarkt auf Ebene der Anlagestrategie der vereinbarten Finanzportfolioverwaltung festzulegen, zu prüfen, ob der Kunde insoweit im Zielmarkt der Anlagestrategie ist, und dann auf Ebene des einzelnen Finanzinstruments einen Abgleich nur noch mit dem Zielmarkt der Anlagestrategie vorzunehmen.

Insbesondere im Falle der Finanzportfolioverwaltung können Aspekte wie die Gesamtzusammensetzung des Portfolios, Risikodiversifizierung oder Hedging-Ansätze rechtfertigen, dass der Finanzportfolioverwalter ein Finanzinstrument für das Kundenportfolio erwirbt, auch wenn der Zielmarktabgleich

131 ESMA35-43-620, Ziffer 33, S. 38.
132 ESMA35-43-620, Ziffer 55, S. 42.
133 ESMA35-43-620, Ziffer 52 ff., S. 42.
134 ESMA35-43-620, Ziffer 55, S. 42.
135 ESMA35-43-620, Ziffer 70, S. 46.
136 ESMA35-43-620, Ziffer 31, S. 37.

negativ ausging[137]. Dies wird durch ESMA nicht als meldepflichtiger Verkauf außerhalb des Zielmarktes betrachtet[138].

Führen Portfolio-, Hedging- oder andere Erwägungen jedoch zu einem Verkauf in den negativen Zielmarkt, dann ist der Kunde ebenso wie der Konzepteur hierüber auch zu informieren[139].

8 Der Informationsfluss zwischen Konzepteur und Vertriebsunternehmen

Die Regelungen zur Product Governance machen einen Informationsfluss zwischen Konzepteur und Vertriebsunternehmen erforderlich.

Der Konzepteur muss nach § 80 Abs. 11 WpHG n.F. allen Vertriebsunternehmen sämtliche erforderlichen und sachdienlichen Informationen zu den von ihm konzipierten Finanzinstrumenten und seinem Produktfreigabeverfahren (§ 80 Abs. 9 S. 1 WpHG n.F.) einschließlich des nach § 80 Abs. 9 S. 2 bestimmten Zielmarkts zur Verfügung stellen. Das Vertriebsunternehmen muss nach § 80 Abs. 11 S. 2 WpHG n.F. über angemessene Vorkehrungen verfügen, um sich die in § 80 Abs. 11 S. 1 WpHG n.F. genannten Informationen zu verschaffen und die Merkmale sowie den Zielmarkt des Finanzinstruments zu verstehen (vgl. auch § 12 Abs. 5 S. 1 WpDVerOV n.F.).

Daher gehören die Zielmarktmerkmale, die Vertriebsstrategie und, soweit der Konzepteur diese festgelegt hat, die Angabe der Vertriebskanäle zu den Informationen, die ein Konzepteur in jedem Fall an Vertriebsunternehmen kommunizieren muss (§ 11 Abs. 12 WpDVerOv n.F.). Dies kann bilateral geschehen in einem hierfür zwischen den beiden Parteien vereinbarten Verfahren oder aber über Informationsverbreitungskanäle, die marktüblich sind. Von Interesse für das Vertriebsunternehmen können aber auch weitere Informationen aus dem Produktfreigabeverfahren des Konzepteurs sein.

Der Konzepteur muss im Rahmen des Produktfreigabeverfahrens verschiedene Prüfungen durchlaufen. Hierzu zählen unter anderem Folgende:

Der Konzepteur muss eine Prüfung und Analyse etwaiger Interessenkonflikte vornehmen und dabei auch sicherstellen, dass sich die Gestaltung des Finanzin-

137 ESMA35-43-620, Ziffer 52, S. 42.
138 ESMA35-43-620, Ziffer 54, S. 42.
139 ESMA35-43-620, Ziffer 55, S. 42.

struments nicht nachteilig auf Endkunden auswirkt (§ 11 Abs. 2 S. 1 und 2 WpDVerOV n.F.).

Er hat zu prüfen, ob das Finanzinstrument eine Gefahr für das geordnete Funktionieren oder die Stabilität der Finanzmärkte darstellt (§11 Abs. 4 WpDVerOV n.F.).

Es sind Szenarioanalysen (§ 11 Abs. 9 WpDVerOV n.F.) durchzuführen, die die Risiken des Finanzinstruments beurteilen lassen. Dabei soll festgestellt werden, wie sich das Finanzinstrument unter negativen Bedingungen verhält, also wenn sich die sich die Marktbedingungen verschlechtern, der Konzepteur oder ein an der Konzeption oder dem Funktionieren des Finanzinstruments beteiligter Dritter in finanzielle Schwierigkeiten gerät oder ein anderweitiges Gegenparteirisiko eintritt, sich das Finanzinstrument als kommerziell nicht lebensfähig erweist oder die Nachfrage nach dem Finanzinstrument erheblich höher als erwartet ausfällt, so dass die Mittel des Wertpapierdienstleistungsunternehmens oder der Markt des Basiswerts unter Druck geraten (§ 11 Abs. 9 S. 2 Nr. 1 bis 4 WpDVerOV n.F.).

Zu prüfen ist die Gebührenstruktur des Finanzinstruments mit einem Augenmerk darauf, ob die Kosten und Gebühren des Finanzinstruments mit den Bedürfnissen, Zielen und Merkmalen des Zielmarkts vereinbar sind, die Gebühren die erwartete Rendite des Finanzinstruments nicht aufzehren, was insbesondere der Fall sein soll, wenn die Kosten oder Gebühren sämtliche Vorteile des Finanzinstruments, einschließlich steuerlicher Vorteile, aufwiegen, übersteigen oder aufheben, und ob die Gebührenstruktur des Finanzinstruments für den Zielmarkt hinreichend transparent ist, so dass sie keine versteckten Gebühren enthält oder zu komplex ist, um verständlich zu sein (§ 11 Abs. 11 WpDVerOV n.F.).

Das Vertriebsunternehmen kann sich an den Konzepteur wenden, um diese Informationen zu erlangen. Dies wird sich insbesondere dann anbieten, wenn das Vertriebsunternehmen beabsichtigt, die Finanzinstrumente in seine Angebotspalette für Zwecke der Anlageberatung aufzunehmen.

Auch das Vertriebsunternehmen muss Informationen an den Konzepteur geben. Es muss auf Nachfrage des Konzepteurs diesem Informationen über den Vertrieb und, sofern angebracht, über seine regelmäßigen Überprüfungen des Finanzinstruments und seines Zielmarkts zur Verfügung stellen (§ 12 Abs. 11 WpDVerOV n.F.). Vorbemerkung 20 der Delegierten Richtlinie MiFID II erläutert, welche Informationen das Vertriebsunternehmen hierbei, soweit relevant, zur Verfügung stellen soll: Daten zum Umfang der Verkäufe außerhalb des Zielmarkts des Konzepteurs, zusammenfassende Informationen über die Arten von Kunden, eine Zusammenfassung der erhaltenen Beschwerden oder eine vom Konzepteur zusammengestellte Befragung einer Kundenstichprobe zwecks Einholung von Rückmeldungen. ESMA stellt klar, dass diese Informationen jeweils in zusammengefasster Form geliefert werden können[140].

Vertriebsunternehmen sollen dabei Informationen ihrer periodischen Reviews[141] ebenso berücksichtigen wie andere Informationen, die dem Vertriebsunternehmen vorliegen können, die darauf hindeuten, dass der Zielmarkt nicht zutreffend bestimmt wurde oder ein Finanzinstrument nicht länger mit dem Zielmarkt kompatibel ist[142]. Vertriebsunternehmen sollten dabei jedenfalls in der Lage sein, Informationen zu liefern zu Verkäufen in den negativen Zielmarkt und zu Erweiterungen des Zielmarkts oder der Vertriebsstrategie im Vergleich Zielmarkt und Vertriebsstrategie, die der Konzepteur festgelegt hat[143]. Weiterhin soll das Vertriebsunternehmen auch regelmäßig Kundenbeschwerden oder andere ihm zur Verfügung stehende Daten auswerten[144].

9 Vertriebsketten

Vertriebsketten bestehen, wenn mehr als ein Vertriebsunternehmen in den Prozess der Beratung oder des sonstigen Vertriebs eines Finanzinstruments eingebunden sind. Zu denken ist hier etwa an ein Hauptvertriebsunternehmen, das sich Untervertriebsunternehmen bedient, aber auch Vertriebsunternehmen, die als Anlageberater oder Finanzportfolioverwalter agieren, deren Kunden aber ein anderes Kreditinstitut mit der Depotführung und Auftragsausführung betraut haben.

Nach § 12 Abs. 12 WpDVerOV n.F. trägt ausschließlich das Vertriebsunternehmen mit direkter Kundenbeziehung (Endvertreiber) die Letztverantwortung bei der Erfüllung der Produktfreigabepflichten gem. § 80 Abs. 9 bis 11 WpHG n.F. und § 12 WpDVerOV n.F.

Ob dies bedeutet, dass ein zwischengeschaltetes Unternehmen gar keinen Zielmarkt zu bestimmen hat, ist nicht klar. Allerdings sollte dies zumindest dahingehend ausgelegt werden, dass ein Zielmarktabgleich, also die Feststellung, ob ein Endkunde im Zielmarkt ist, nicht dem zwischengeschalteten Wertpapierdienstleistungsunternehmen obliegt.

---

140 ESMA35-43-620, Ziffer 57, S. 43.
141 Vgl. hierzu unter Abschnitt 10.2 dieses Beitrags.
142 ESMA35-43-620, Ziffer 58, S. 43.
143 ESMA35-43-620, Ziffer 59, S. 43.
144 ESMA35-43-620, Ziffer 73, S. 46.

ESMA stellt insoweit auch klar, dass es sich bei den Kunden, die für Zwecke des Zielmarkts zu betrachten sind, um Endkunden handelt[145]. Das Hauptvertriebsunternehmen muss daher keinen auf die zwischengeschalteten Vertriebsunternehmen zugeschnittenen Zielmarkt bestimmen[146].

Nach § 12 Abs. 12 S: 2 WpDVerOV n.F. ist das zwischengeschaltete Vertriebsunternehmen verpflichtet, (i) sicherzustellen, dass der Endvertreiber relevante Informationen vom Konzepteur erhält, (ii) dem Konzepteur Informationen über die Produktverkäufe zur Verfügung gestellt werden, soweit dieser solche Informationen benötigt, um seine eigenen Produktfreigabeverpflichtungen zu erfüllen und (iii) die jeweiligen Produktfreigabepflichten der Konzepteure in Bezug auf die von den zwischengeschalteten Vertriebsunternehmen zu erfüllen.

10 Organisationsfragen

§§ 80 Abs. 9 bis 13, 81 Abs. 1 Nr. 2 und Abs. 4 WpHG n.F. und die diese implementierenden §§ 11 und 12 WpDVerOv n.F. enthalten zahlreiche organisatorische Anforderungen im Zusammenhang mit Product Governance Anforderungen.

10.1 Verantwortung der Geschäftsleitung

Nach § 81 Abs. 1 Nr. 2 WpHG n.F. müssen die Geschäftsleiter eines Wertpapierdienstleistungsunternehmens die Geschäftspolitik hinsichtlich der angebotenen oder erbrachten Wertpapierdienstleistungen und Wertpapiernebendienstleistungen und der angebotenen oder vertriebenen Produkte, festlegen, umsetzen und überwachen. Diese muss im Einklang stehen mit der Risikotoleranz des Wertpapierdienstleistungsunternehmens und etwaigen Besonderheiten und Bedürfnissen seiner Kunden, wobei erforderlichenfalls geeignete Stresstests durchzuführen sind. Nach § 81 Abs. 4 WpHG n.F. haben die Geschäftsleiter sicherzustellen, dass die Compliance-Berichte an die Geschäftsleiter systematisch Informationen über die von dem Wertpapierdienstleistungsunternehmen konzipierten und empfohlenen Finanzinstrumente enthalten, insbesondere über die jeweilige Vertriebsstrategie. Auf Verlangen sind die Compliance-Berichte der BaFin zur Verfügung zu stellen.

---

145 ESMA35-43-620, Ziffer 75, S. 47.
146 ESMA35-43-620, Ziffer 75, S. 47.

10.2 Regelmäßige Überprüfung

Konzepteur und Vertriebsunternehmen haben jeweils Verfahren für die Freigabe jedes einzelnen Finanzinstruments zu unterhalten und zu betreiben (§ 80 Abs. 9 S. 1, 12 S. 1 WpHG n.F.) (Produktfreigabeverfahren). Diese Verfahren müssen sicherstellen, dass für jedes Finanzinstrument für Endkunden innerhalb der jeweiligen Kundengattung ein bestimmter Zielmarkt festgelegt wird. Dabei sind alle einschlägigen Risiken für den Zielmarkt zu bewerten.

Die Produktfreigabeverfahren haben darüber hinaus zu regeln, dass regelmäßige Überprüfungen sowohl der Produktfreigabeverfahren als solche als auch der einzelnen Produktfreigaben stattfinden (§ 80 Abs. 10 und 13 WpHG n.F.). Die gem. Artikel 22 Abs. 2 Delegierte Verordnung MiFID II eingerichtete Compliance-Funktion muss dabei die Entwicklung und regelmäßige Überprüfung der Produktfreigabevorkehrungen überwachen und so sicherstellen, dass etwaige Risiken, dass Anforderungen an den Produktüberwachungsprozess nicht erfüllt werden, frühzeitig erkannt werden (§ 80 Abs. 13 S. 2 WpHG n.F.).

Der Konzepteur muss durch seine Verfahren sicherstellen, dass für jedes Finanzinstrument für Endkunden innerhalb der jeweiligen Kundengattung ein bestimmter Zielmarkt festgelegt wird und dabei alle einschlägigen Risiken für den Zielmarkt bewertet werden (§ 80 Abs. 9 S. 2 WpHG n.F., vgl. hierzu bereits die vorstehenden Ausführungen zum Zielmarkt, Abschnitt 4, und der Vertriebsstrategie, Abschnitt 6 dieses Beitrags).

In den regelmäßigen Prüfungen hat der Konzepteur festzustellen, ob das Finanzinstrument weiterhin mit den Bedürfnissen, Merkmalen und Zielen des Zielmarkts vereinbar ist und auf dem vorher festgelegten Zielmarkt vertrieben wird oder ob es auch solche Kunden erreicht, mit deren Bedürfnissen, Merkmalen und Zielen das Finanzinstrument nicht vereinbar ist (§ 11 Abs. 13 S. 1 WpDVerOV n.F.). Weiterhin hat der Konzepteur zu überprüfen, ob sich das Finanzinstrument in der beabsichtigten Weise auswirkt (§ 11 Abs. 14 S. 1 WpDVerOV n.F.).

Für diese Zwecke muss der Konzepteur festlegen, wie regelmäßig er seine Finanzinstrumente überprüft (§ 11 Abs. 14 S. 2 WpDVerOV n.F.). Maßgeblich für die Abstände der Überprüfung sind die Besonderheiten des Finanzinstruments, insbesondere seine Komplexität und der innovative Charakter (§ 11 Abs. 14 S. 3 WpDVerOV n.F.). Der Konzepteur hat für die Zwecke der Überprüfungen auch festzulegen, welche Informationen seiner Vertriebsunternehmen er hierzu benötigt und welche Vertriebsunternehmen er hierzu anspricht. Denn diese Vertriebsunternehmen sind ja nur auf Nachfrage des Konzepteurs zur Informationsübermittlung verpflichtet (§ 12 Abs. 11 WpDVerOV n.F.).

Der Konzepteur muss neben den regelmäßigen Überprüfungen auch ad hoc Überprüfungen ausführen. Dazu hat er wesentliche Ereignisse zu bestimmen, die

die Risiko- und Ertragserwartung des Finanzinstruments beeinflussen können (§ 11 Abs. 15 S. 1 WpDVerOV n.F.).

Stellt der Konzepteur in seiner Überprüfung fest, dass der Zielmarkt adjustiert werden muss, die Finanzinstrumente nicht den angestrebten Zielmarkt erreichen oder sich andere wesentliche Ereignisse verwirklicht haben, so muss er geeignete Maßnahmen ergreifen (§ 11 Abs. 16 WpDVerOV n.F.). Dies kann bedeuten, dass der Konzepteur Informationen an seine Vertriebsunternehmen gibt, seine Produktfreigabeverfahren ändert, den Vertrieb von Finanzinstrument einstellt, diese nicht mehr auflegt oder etwa die Vertragsbeziehung zum Vertriebsunternehmen beendet (§ 11 Abs. 14 WpDVerOV n.F.).

Auch das Vertriebsunternehmen muss die von ihm angebotenen oder empfohlenen Finanzinstrumente regelmäßig überprüfen und dabei alle Ereignisse berücksichtigen, die die potenziellen Risiken für den bestimmten Zielmarkt wesentlich beeinflussen könnten (§ 12 Abs. 9 S. 1 WpDVerOV n.F.). Dabei ist zu bewerten, ob das Finanzinstrument den Bedürfnissen, Merkmalen und Zielen des bestimmten Zielmarkts weiterhin entspricht und ob die beabsichtigte Vertriebsstrategie nach wie vor geeignet ist (§ 12 Abs. 9 S. 2 WpDVerOV n.F.). Sollte das Vertriebsunternehmen feststellen, dass der Zielmarkt für ein bestimmtes Produkt oder eine bestimmte Dienstleistung fehlerhaft bestimmt worden ist oder das Finanzinstrument den Gegebenheiten des bestimmten Zielmarkts nicht mehr gerecht wird, muss es erneut Zielmarkt und Vertriebsstrategie festlegen (§ 12 Abs. 9 S. 3 WpDVerOv n.F.).

Sowohl Konzepteur als auch Vertriebsunternehmen werden jeweils in ihre Überprüfungsprozesse die Informationen einfließen lassen, die sie jeweils durch den anderen im Rahmen des Informationsaustauschs erhalten haben (vgl. hierzu bereits Abschnitt 8 dieses Beitrags).

10.3 Sachkunde der Mitarbeiter

Nach § 81 Abs. 1 S. 2 Nr. 1 b) WpHG n.F. müssen die Geschäftsleiter eines Wertpapierdienstleistungsunternehmens unter Berücksichtigung von Art, Umfang und Komplexität der Geschäftstätigkeit des Wertpapierdienstleistungsunternehmens sowie aller von dem Wertpapierdienstleistungsunternehmen einzuhaltenden Anforderungen Festlegungen treffen zu den erforderlichen Fähigkeiten, Kenntnissen und Erfahrungen ihrer Mitarbeiter.

§ 87 WpHG n.F., enthält Sachkundeanforderungen für Vertriebsmitarbeiter (§ 87 Abs. 2 WpHG n.F.), Anlageberater (§ 87 Abs. 1 S. 1 WpHG n.F.), Vertriebsbeauftragte (§ 87 Abs. 4 S. 1 WpHG n.F.) und Compliance-Beauftragte (§ 87 Abs. 5 WpHG n.F.)[147].

Mit §§ 11 Abs. 5 und 12 Abs. 10 WpDVerOV n.F. wurden nun auch eigene Regelungen für die Mitarbeiter geschaffen, die an der Konzeption eines Finanzinstruments oder seines Vertriebs beteiligt sind.

§ 11 Abs. 5 WpDVerOV n.F. legt fest, dass die an der Konzeption von Finanzinstrumenten beteiligten maßgeblichen Mitarbeiter und Beauftragten[148] über die erforderliche Sachkunde verfügen müssen, um die Merkmale und Risiken der von ihnen konzipierten Finanzinstrumente zu verstehen. § 12 Abs. 10 WpDVerOV n.F. verweist entsprechend auf die Anforderungen des § 11 Abs. 5 WpDVerOV n.F. Er setzt Art. 10 Abs. 7 Delegierte Richtlinie MiFID II um. Nach diesem müssen die maßgeblichen Mitarbeiter des Vertriebsunternehmens über die notwendige Sachkenntnis verfügen, um die Merkmale und Risiken der Produkte, die sie anbieten oder empfehlen wollen, und der erbrachten Dienstleistungen sowie die Bedürfnisse, Merkmale und Ziele des bestimmten Zielmarkts zu verstehen.

Daher müssen sowohl der Konzepteur als auch das Vertriebsunternehmen jeweils die Mitarbeiter bestimmen, die in den Anwendungsbereich dieser Vorschriften fallen, und für diese eigene Sachkundeanforderungen festlegen und dokumentieren.

10.4 Product Governance Policy

Insgesamt bietet es sich, dass Konzepteur und Vertriebsunternehmen jeweils eine unternehmensinterne Product Governance Policy festlegen und darin ihre Produktfreigabeverfahren einschließlich der Bestimmung des Zielmarkts und der Vertriebsstrategie, der Anforderungen an die Sachkunde der beteiligten Mitarbeiter, des Informationsaustauschs mit dem jeweils anderen Unternehmen, der Überprüfungsprozesse und der Einbindung der Geschäftsleistung und Compliance-Funktion festlegen.

147 Diese werden konkretisiert durch die die Verordnung über den Einsatz von Mitarbeitern in der Anlageberatung, als Vertriebsmitarbeiter, in der Finanzportfolioverwaltung, als Vertriebsbeauftragte oder als Compliance-Beauftragte und über die Anzeigepflichten nach § 87 des Wertpapierhandelsgesetzes (WpHG-Mitarbeiteranzeigeverordnung - WpHGMaAnzV) (in der Fassung der Verordnung zur Änderung der WpHG-Mitarbeiteranzeigeverordnung vom 24.11.2017, BGBl. I S. 3810 vom 07.12.2017).

148 Dies ist wohl für solche Personen gedacht, die zwar an der Konzeption im Auftrag des Konzepteurs beteiligt, aber nicht zugleich Mitarbeiter des Konzepteurs sind.

Das Vertriebsunternehmen hat darin zudem den Umgang mit dem Zielmarkt je nach Wertpapierdienstleistung sowie den Zielmarktabgleich zu regeln. Darin sollte dann auch festgelegt sein, ob und wann das Vertriebsunternehmen von dem Zielmarkt des Konzepteurs und seiner Vertriebsstrategie abweichen oder diese verengen möchte, und wie das Vertriebsunternehmen mit Kunden umgeht, bei denen es feststellt, dass der Kunde entweder nicht im positiven Zielmarkt oder sogar im negativen Zielmarkt ist.

Univ.-Prof. Dr. Rüdiger Veil, Universität München

Produktintervention im Finanzdienstleistungsrecht

Systematik, Dogmatik und Grundsatzfragen der neuen Aufsichtsbefugnisse

1 Einleitung

Vor mehr als drei Jahrzehnten stellte *Merton Miller* fest, die zwanzig zurückliegenden Jahre seien einmalig in der Finanzwelt gewesen, was die Entwicklungsgeschwindigkeit von Finanzprodukten angehe.[1] Seitdem hat sich die Finanzwelt noch rasanter bewegt. Die Gründe für ständig neue Produkte sind vielfältig. Regulierungsarbitrage, steuerliche Motive, Spekulation, Diversifikation von

1 *Miller*, 21 J. Financ. Quant. Analy. (1986), 459.

DOI 10.1515/9783110577433-006

Risiken und Hedging dürften die wichtigsten Triebfedern für immer wieder neue Arten und Typenkombinationen von Wertpapieren und Derivaten sein.[2] Mit der Digitalisierung der Finanzbranche werden ebenfalls neue Produkte und Praktiken sowie Vertriebswege entstehen.

Die deutsche Kapitalmarktrechtsordnung hatte sich zunächst spröde gezeigt und den Handel besonders risikoreicher Finanzprodukte nur erfahrenen Anlegern ermöglicht. Ohne Börsentermingeschäftsfähigkeit[3] vermochten Anleger bis Anfang der 2000er Jahre keine Derivate erwerben. Dies änderte sich erst durch das insoweit im Vorgriff auf das MiFID I-Regime verabschiedete 4. Finanzmarktförderungsgesetz, das von der Vorstellung getragen war, Anlegerschutz durch Information sicherzustellen.[4] Das Informationsmodell erfuhr in der Folgezeit sukzessive Verbesserungen (Basisinformationsblätter; Protokollierungspflichten; Anforderungen an Berater). Die Finanz- und Staatsschuldenkrise offenbarte aber, dass das Informationsmodell an Grenzen stößt und weitergehende regulatorische Ansätze erforderlich sind, um einen wirksamen Anlegerschutz zu verwirklichen und die Stabilität des Finanzsystems zu gewährleisten.[5] Diese Einsicht – gestützt auch auf Erkenntnisse der Behavioural Finance[6] – mündete in Europa in eine grundlegende Reform. Den Anfang bildete die Verabschiedung der Leerverkaufs-Verordnung.[7] Ferner entschlossen sich einzelne Mitgliedstaaten dazu, den Vertrieb von Finanzprodukten zu beschränken und zu verbieten. Den Anfang machte Belgien mit einem Moratorium.[8] Kurz darauf schuf das Vereinigte Königreich Rechtsgrundlagen für eine Produktintervention durch die FCA.[9] Auch

2 Vgl. *Möslein* ZBB 2013, 1 ff.; zu Chancen und Risiken *Klingenbrunn*, Produktintervention zugunsten von Finanzmarktstabilität, 2018, S. 73 ff.

3 Deutschland führte den Regelungsansatz, Anleger durch das Erfordernis Börsentermingeschäftsfähigkeit zu schützen, im Juli 1989 ein (§ 50 Abs. 1 Satz 2 BörsG a.F.).

4 Vgl. Begr. RegE 4. Finanzmarktförderungsgesetz, BT-Drucks. 14/8017, S. 64: „Zugleich wird das international unübliche und komplizierte Modell der ‚Termingeschäftsfähigkeit kraft Information' in einem neuen Abschnitt 8 des WpHG durch Regelungen ersetzt, denen zufolge die Verletzung von Informationspflichten Schadensersatzansprüche nach sich zieht."

5 Vgl. *Ferran*, 13 EBOR (2012), 247, 265-267; *Moloney*, 13 EBOR (2012), 169, 181-183.

6 Vgl. *Veil*, Regulierung von Finanzprodukten – Abschied vom Leitbild des verständigen Anlegers?, in: Bumke/Röthel, Autonomie im Recht, 2017, S. 185, 190 ff.

7 Das Verbot ungedeckter Leerverkäufe kann als Produktverbot im weiteren Sinne verstanden werden. Vgl. *Klingenbrunn*, Produktintervention zugunsten von Finanzmarktstabilität, 2018.

8 Moratorium on the distribution of particularly complex structured products, FSMA/2011_02, 20 June 2011.

9 Eingeführt durch section 24 Financial Services Act 2012 durch Änderung des Financial Services and Markets Act 2000 (FSMA), vgl. insbesondere section 137D FSMA.

wenn einzelne Mitgliedstaaten, wie beispielsweise Deutschland,[10] folgten, waren behördliche Befugnisse zum Verbot von Finanzprodukten in Europa bis zur Verabschiedung der MiFIR kaum anzutreffen.[11] Erst seit dem 3. Januar 2018 verfügen alle Aufsichtsbehörden der Mitgliedstaaten und die ESAs über Produktinterventionsbefugnisse.

Anliegen dieses Beitrags ist es, die Produktinterventionsbefugnisse rechtsdogmatisch und -systematisch zu erfassen. Von Interesse ist vor allem, ob es dem Gesetzgeber gelungen ist, ein gewisses Maß an Rechtssicherheit zu schaffen.[12] Ferner sollen die Grundsatzfragen des neuen Regimes entfaltet werden. Dafür ist es hilfreich, sich der in einzelnen Mitgliedstaaten vor MiFID II/MiFIR gesammelten Aufsichtspraxis zu vergewissern. Die einzelnen Fälle können hier nicht im Detail behandelt werden.[13] Es soll aber auf die Diskussion zum Moratorium in Belgien und zu den Verboten eingegangen werden, die im Vereinigten Königreich in Bezug auf Contingent Convertible Bonds und in Deutschland in Bezug auf bestimmte Contracts for Difference verhängt wurden. Die Auseinandersetzung mit diesen Maßnahmen lässt die Probleme, die sich mit einer Produktintervention verbinden, wie unter einem Brennglas erscheinen. Auf zivilrechtliche Fragen wird nicht eingegangen.[14]

2 Rechtsgrundlagen im Finanzdienstleistungsrecht

2.1 Unionsrechtliche Befugnisse (MiFIR/PRIIPS)

Die MiFIR sieht einen „Mechanismus zum Verbot oder zur Beschränkung von Marketing, Vertrieb und Verkauf von Finanzinstrumenten oder strukturierten Einlagen vor, bei denen ernsthafte Bedenken hinsichtlich des Anlegerschut-

---

10 Vgl. § 4b Abs. 1 WpHG a.F., eingeführt durch Art. 3 Nr. 4 Kleinanlegerschutzgesetz vom 3. Juli 2015, BGBl. I Nr. 28 S. 1114; zu weiteren Rechtsgrundlagen *Buck-Heeb*, BKR 2017, 89, 90.

11 Vgl. CEEPS, IODS und TABB Group, 15.12.2014: "The conclusion to be drawn from this data gathering exercise is that MIFIR- like product intervention rule-making powers are uncommon today across EU national competent authorities."

12 Rechtssicherheit ist ein zentrales Problem von Produktverboten. Dazu bereits *Grigoleit*, ZHR 177 (2013), 264, 302 ff.

13 Vgl. für eine Zusammenstellung der nationalen Aufsichtspraxis SMSG, Advice to ESMA, Own initiative report on product intervention under MiFIR, 16 June 2017, ESMA/22-106-264.

14 Vgl. hierzu *Klingenbrunn*, WM 2015, 316 ff.; *Buck-Heeb*, BKR 2017, 89, 94f.

zes, des ordnungsgemäßen Funktionierens und der Integrität der Finanz- oder Warenmärkte oder der Stabilität des gesamten Finanzsystems oder eines Teils davon bestehen.[15] Im Zentrum steht die Befugnis zur Produktintervention durch nationale Aufsichtsbehörden (Art. 42 MiFIR). Die ESMA und die EBA verfügen über Befugnisse zur vorübergehenden Intervention (Art. 40 und 41 MiFIR). Es handelt sich um subsidiäre Eingriffsbefugnisse, weil sie voraussetzen, dass die zuständige nationale Behörde keine Maßnahmen ergriffen hat, um der Bedrohung zu begegnen, oder die ergriffenen Maßnahmen der Bedrohung nicht gerecht werden (Art. 40 Abs. 2 lit. c) und Art. 41 Abs. 2 lit. c) MiFIR). Schließlich kann die EIOPA nach Art. 16 PRIIPS die Vermarktung, den Vertrieb oder den Verkauf von bestimmten Versicherungsanlageprodukten oder Versicherungsanlageprodukten verbieten oder beschränken.[16]

2.2 Verfeinerungen auf Level 2

Die Voraussetzungen für ein behördliches Einschreiten sind in den Level 1-Vorschriften generalklauselartig konzipiert. Damit die Befugnisse möglichst einheitlich in der EU wahrgenommen werden, hat die Europäische Kommission in einer Level 2-Verordnung[17] auf der Grundlage eines Technical Advice der ESMA[18] Konkretisierungen der MiFIR-Anforderungen vorgenommen. Die VO 2017/567 sieht in Art. 19-21 für ESMA, EBA und die nationalen Behörden Listen der Kriterien und Faktoren vor, die zu berücksichtigen sind, wenn eine Behörde feststellt, ob Bedenken hinsichtlich des Anlegerschutzes bestehen oder eine Gefahr für das ordnungsgemäße Funktionieren und die Integrität der Finanz- oder Warenmärkte oder für die Stabilität des Finanzsystems besteht.

15 Erwägungsgrund 29 Unterabs. 1 Satz 1 MiFIR.

16 Verordnung (EU) Nr. 1286/2014 vom 26. November 2015 über Basisinformationsblätter für verpackte Anlageprodukte für Kleinanleger und Versicherungsanlageprodukte (PRIIP), Abl. EU Nr. L 352 vom 9.12.2014, S. 1.

17 Delegierte Verordnung (EU) 2017/567 vom 18. Mai 2016 zur Ergänzung der Verordnung (EU) Nr. 600/2014 des Europäischen Parlaments und des Rates im Hinblick auf Begriffsbestimmungen, Transparenz, Portfoliokomprimierung und Aufsichtsmaßnahmen zur Produktintervention und zu den Positionen, Abl. EU Nr. L 87 vom 31.3.2017, S. 90 (im Folgenden VO 2017/567).

18 Die ESMA hat die Marktpraxis konsultiert und sodann der Kommission den Technical Advice unterbreitet. Vgl. ESMA, Consultation Paper MiFID II/MiFIR, 22 May 2014, ESMA/2014/549; ESMA, Final Report, ESMA's Technical Advice to the Commission on MiFID II and MiFIR, 19 December 2014, ESMA/2014/1569.

3 Praxis der Produktintervention pre MiFIR in den Mitgliedstaaten

3.1 Verbot des Vertriebs von Contingent Convertible Bonds (UK)

Der spektakulärste Fall eines Vertriebsverbots von Finanzinstrumenten spielte sich 2014 im Vereinigten Königreich ab. Er betrifft Contingent Convertible Bonds (CoCos). Diese Finanzinstrumente sind ähnlich wie traditionelle Wandelanleihen ausgestaltet. Es handelt sich um Schuldverschreibungen, deren Nennwert herabgeschrieben oder in Eigenkapital umgewandelt wird, wenn ein bestimmter Umstand eintritt. Es kann daher sein, dass Investoren statt der Rückzahlung Aktien erhalten.[19] Der Umtausch von Fremd- in Eigenkapital erfolgt bei CoCos automatisch, vorausgesetzt, dass die in den Anleihebedingungen festgelegten Umstände eintreten (sog. *trigger events*), beispielsweise, dass der Emittent nach Verlusten bestimmte bilanzielle Kennzahlen nicht mehr einhält.[20] Der Darlehensgläubiger wird dann automatisch zum Aktionär der Gesellschaft.

Die FCA stellte fest, dass Banken zwischen 2009 und 2013 CoCos mit einem Volumen von etwa 70 Mrd. USD ausgegeben hatten.[21] Außerdem schätzte sie, dass der europäische Markt für CoCos bis zum Jahr 2020 auf mehr als 150 Mrd. Euro wachsen würde. Die FCA war daher besorgt, dass Banken vermehrt CoCos ausgeben würden, um den Anforderungen an Kernkapital zu genügen. Dies würde dazu führen, dass CoCos vermehrt auch Privatkunden offeriert würden. Die Privatkunden seien wegen der Komplexität und Risikostruktur der CoCos besonders schützenswert.[22] Die FCA reklamierte zudem, dass irrationales Verhalten der Anleger zu erwarten sei. Angesichts der geringen Renditen für herkömmliche Finanzprodukte sei es wahrscheinlich, dass sich auch Anleger, die bislang

---

19 Vgl. *Danz/Kieninger/Patzner* in Zerey, Finanzderivate, 4. Aufl. 2016, § 41 Rn. 37.

20 Es wird zwischen buchwert-, marktwert- und ermessensbasierten Auslösungsereignissen unterschieden. Näher *Kerssenbrock*, Die Regulierung komplexer Finanzinstrumente: MiFID II/MiFIR und Behavioral Finance, 2018, S. 11 ff.

21 Vgl. FCA, Temporary product intervention rules – restrictions in relation to the retail distribution of contingent convertible instruments, August 2014, Rn. 35–37.

22 Ebenso ESMA, Statement: Potential Risks Associated with Investing in Contingent Convertible Instruments v. 31.7.2014, ESMA/2014/944, Rn. 6; vgl. auch BaFin, BaFin Journal Oktober 2014, S. 9.

nur mit Bargeldersparnissen vertraut seien, von den hohen Zinssätzen der CoCos verführen lassen würden.[23]

3.2 Moratorium (Belgien)

Die belgische Aufsichtsbehörde FSMA brachte bereits im Jahr 2011 die Finanzindustrie dazu, freiwillig auf den Vertrieb von strukturierten Finanzprodukten an Kleinanleger zu verzichten.[24] Mit dem Moratorium sollten solche Finanzprodukte erfasst werden, die *particularly (bzw. needlessly) complex* sind. Dies beurteilt die FSMA danach, ob eine der folgenden vier Voraussetzungen nicht erfüllt ist: (i) the underlying value of the derivative component must be fully accessible, (ii) the strategy of the derivative component must not be overly complex, (iii) the calculation formula must not be too complex and (iv) there must be sufficient transparency regarding costs, credit risk and market value.

Mit der Unterzeichnung wurde das Moratorium für die Marktteilnehmer verbindlich. Es war als ein erster Schritt in einem größeren Prozess gedacht. Die nächsten Schritte sollten eine öffentliche Konsultation über ein neues Produktinterventionsregime und schließlich ein Gesetzentwurf sein. Beides ist bislang nicht geschehen. Dies mag auch damit zu erklären sein, dass das neue MiFID II/MiFIR-Regime bereits 2014 verabschiedet wurde.

Nahezu alle Marktteilnehmer haben sich dem Moratorium unterworfen. Sie sind verpflichtet, vor dem Vertrieb neuer Produkte der FSMA die Marketing-Unterlagen zur Verfügung zu stellen und weitere Informationen über den Wert der Derivate zu geben. Dies soll es der FSMA erleichtern, die Einhaltung der Vorgaben des Moratoriums zu überprüfen. In der Praxis hat das Moratorium dazu geführt, dass der Vertrieb komplexer Produkte an Kleinanleger abgenommen hat.[25]

Darüber hinaus verbot die nationale Aufsichtsbehörde in 2014 den Vertrieb von Life Settlements und in 2016 Binary Options.[26] Sie reklamierte, dass Binary

---

23 Vgl. FCA, Temporary product intervention rules – restrictions in relation to the retail distribution of contingent convertible instruments, August 2014, Rn. 14-25.

24 Die FSMA hat strukturierte Finanzprodukte i.S.d. Moratoriums wie folgt definiert: (i) an investment product (investment instrument, fund unit, insurance contract or deposit); (ii) containing a derivative component; (iii) the repayment or return of which is linked to the evolution of one or more underlying values.

25 Vgl. SMSG, Advice to ESMA, Own initiative report on product intervention under MiFIR, 16 June 2017, ESMA/22-106-264, S. 11.

26 Vgl. hierzu SMSG, Advice to ESMA, Own initiative report on product intervention under MiFIR, 16 June 2017, ESMA/22-106-264, S. 12 f.

Options extrem risikoreich seien und führte ferner an, dass diese Finanzinstrumente sehr aggressiv vertrieben worden seien.

3.3 Verbot bestimmter CFDs (Deutschland)

Der deutsche Gesetzgeber führte 2 ½ Jahre vor dem neuen MiFID II/MiFIR-Regime mit dem Kleinanlegerschutzgesetz eine Rechtsgrundlage für eine behördliche Produktintervention ein. Die BaFin erwog erstmals im Juli 2016, von ihren Eingriffsbefugnissen Gebrauch zu machen. Die Anhörung der BaFin enthielt bereits den Entwurf einer Allgemeinverfügung bezüglich des Verbots der Vermarktung, des Vertriebs und des Verkaufs von Zertifikaten bezogen auf Bonitätsrisiken. Daraus geht hervor, dass die BaFin eine hohe Produktkomplexität bemängelte, dass Privatkunden auf professionell geprägte Märkte gerieten, die Produktbezeichnung irreführend, in der Produktstruktur ein Interessenkonfliktrisiko angelegt und das Produkt bei Privatkunden weit verbreitet sei.[27]

Aufgrund einer Selbstverpflichtung der Deutschen Kreditwirtschaft (DK) und des Deutschen Derivate Verbands (DDV)[28] stellte die BaFin das Vorhaben zurück. Darauf braucht im Einzelnen nicht eingegangen zu werden.[29] Von Interesse ist aber, wie die Industrie und Fachöffentlichkeit auf das Vorhaben reagierte. So wurde vielfach geltend gemacht, dass Finanzprodukte durchweg komplex seien und die von der BaFin geltend gemachten Erwägungen für einen großen Kreis an Finanzprodukten gültig seien. Das in Aussicht gestellte Verbot wurde von breiten Kreisen als paternalistisch angesehen.

Rechtspolitisch auf größere Zustimmung stieß dagegen die Allgemeinverfügung der BaFin vom 8. Mai 2017, die Vermarktung, den Vertrieb und Verkauf von CFDs an Privatkunden zu verbieten, sofern diese eine Nachschusspflicht begründen können.[30] Die Behörde führte zur Begründung erheblicher Bedenken für den

---

27 Vgl. BaFin, Verbot der Vermarktung, des Vertriebs und Verkaufs von Bonitätsanleihen. Entwurf Allgemeinverfügung vom 28. Juli 2016, abrufbar unter bafin.de/SharedDocs/Veroeffentlichungen/DE/Aufsichtsrecht/Verfuegung/vf_160728_allgvfg_bonitaetsanleihen.html.

28 Vgl. die Grundsätze für die Emission von „bonitätsabhängigen Schuldverschreibungen" zum Vertrieb an Privatkunden in Deutschland, abrufbar unter https://die-dk.de/media/files/Grundsaetze_bonitaetsabhaengige_Schuldverschreibungen.pdf

29 Vgl. hierzu die Pressemitteilung der BaFin vom 16.12.20156, abrufbar unter https://www.bafin.de/SharedDocs/Veroeffentlichungen/DE/Pressemitteilung/2016/pm_161216_bonitaetsanleihen_branche.html?nn=7846960.

30 Vgl. BaFin, Allgemeinverfügung gemäß § 4b Abs. 1 WpHG bezüglich Contracts for Difference (CFDs) vom 8.5.2017, abrufbar unter https://www.bafin.de/SharedDocs/Veroeffentlichungen/

Anlegerschutz die Komplexität der Performance-Berechnung, den Aspekt der Spekulation auf Kredit, die Intransparenz der Berechnung von Basiswerten bei sog. Kurslücken und die fehlende Begrenzung des Verlustrisikos an. Die Finanzwirtschaft begrüßte sogar die Pläne der ESMA, dieses Verbot europaweit auszudehnen.[31]

3.4 Fazit

Die Entscheidungen der BaFin zu den CFDs und der FCA zu den CoCos sind größtenteils auf ein positives Echo gestoßen. Dies dürfte daran liegen, dass die besonders große Komplexität und Intransparenz von Contingent Convertible Bonds intuitiv einleuchtet[32] und das enorme Verlustrisiko der betreffenden CFDs sehr gut nachvollziehbar ist. Dass in beiden Fällen eine hohe Anzahl von Privatanlegern (potentiell) betroffen war, mag zur Akzeptanz der behördlichen Verbote beigetragen haben.

Andererseits verdeutlichen das Moratorium in Belgien und das (einstweilen nicht umgesetzte) Vorhaben der BaFin, den Vertrieb von Bonitätsanleihen an Privatkunden zu verbieten, das Dilemma des Produktinterventionsregimes. Nahezu alle Wertpapiere und Derivate sind heutzutage komplex,[33] so dass einem behördlichen Eingreifen Tür und Tor offen zu stehen scheint.

4 Dogmatik der Produktintervention

4.1 Konzeptionelles Verständnis

Die nationalen Behörden haben die Befugnis, die Vermarktung und den Vertrieb von Finanzinstrumenten und strukturierte Einlagen sowie eine Form der Finanztätigkeit und -praxis zu verbieten oder zu beschränken. Mit Finanztätigkeiten und -praktiken ist jegliches Verhalten von Marktteilnehmern erfasst, insbeson-

---

DE/Pressemitteilung/2017/pm_170508_cfd.html.

31 Vgl. die Stellungnahme des CFD-Verbands, abrufbar unter http://www.cfdverband.de/stellungnahmen/.

32 *Kerssenbrock* (Fn. 20), S. 27 f.

33 Plakativ *Awrey*, Complexity, Innovation and the Regulation of Modern Financial Markets, Harvard Law Rev. (2012), S. 235, 242: “Modern financial markets are very, very complex.”

dere Verkaufs- und Vertriebspraktiken.[34] Der Anwendungsbereich der Interventionsbefugnisse gem. Art. 42 MiFIR ist mit Rücksicht auf die bunte Vielfalt der Finanzinnovationen und potentielle Umgehungsstrategien denkbar weit konzipiert.[35] Dass die BaFin auch gegen Finanztätigkeiten und -praktiken vorgehen kann, leuchtet daher ein. Andererseits wirft dies schwierige Abgrenzungsfragen zu anderen Eingriffsbefugnissen auf.[36] Vorzugswürdig erscheint die Auslegung, dass eine Finanztätigkeit oder eine Finanzpraxis einen Bezug zu einem Finanzinstrument oder einer strukturierten Einlage haben muss.

Das Gesetz sieht vor, dass eine nationale Behörde aus Gründen des Anlegerschutzes oder zur Gewährleistung der Funktionsfähigkeit der Märkte oder der Finanzstabilität tätig werden kann. Hier interessieren allein die beiden erstgenannten Ziele. Art. 41 Abs. 2 lit. a) i) MiFIR verlangt, dass ein Finanzinstrument „erhebliche Bedenken für den Anlegerschutz aufwirft oder eine Gefahr für das ordnungsgemäße Funktionieren und die Integrität der Finanz- oder Warenmärkte" besteht. Bekanntermaßen sind Anlegerschutz und die Funktionsfähigkeit der Märkte zwei Seiten derselben Medaille.[37] Dennoch ist es gerechtfertigt, beide Voraussetzungen vorzusehen und damit den Anwendungsbereich der Produktintervention weit zu fassen. Die Funktionsfähigkeit und Integrität von Märkten können durch Finanzinstrumente oder Praktiken gefährdet sein, ohne dass erhebliche Bedenken für den Anlegerschutz bestehen.[38] Dass die Eingreifschwelle für das erstgenannte Ziel geringer ist (erhebliche Bedenken) als für die zweit- und drittgenannten Ziele (Gefahr),[39] ist rechtspolitisch gut vertretbar. Die Produktintervention ist vornehmlich ein Instrument des Anleger- und Verbraucherschutzes.[40]

---

34 Vgl. *Bußalb*, WM 2017, 553, 554.

35 Dennoch hat die ESMA Schutzdefizite ausgemacht und in einer Opinion gefordert, die Vorschriften auf Investmentgesellschaften auszuweiten. ESMA, Opinion. Impact of the exclusion of fund management companies from the scope of the MiFIR Intervention Powers, 12 January 2017, ESMA50-12153332076-23.

36 Vgl. bereits zu § 4b WpHG a.F. *Ehlers*, WM 2017, 420, 422.

37 *Hopt*, Der Kapitalanlegerschutz im Recht der Banken, 1975, S. 51 f.

38 Vgl. *Ehlers*, WM 2017, 420, 425 mit Beispielen (Preisbildungsmechanismus; Risiken für die Infrastruktur eines Marktes).

39 Dies hat zunächst die ESMA in ihrem Konsultationspapier dargelegt, vgl. ESMA, Consultation Paper MiFID II/MiFIR, 22 May 2014, ESMA/2014/549, S. 169. Die Kommission hat diese Auslegung in Erwägungsgrund 18 der VO 2017/567 (sprachlich missglückt in der deutschen Fassung) aufgegriffen. A.A. wohl *Bußalb*, WM 2017, 553, 554, der eine erhebliche Gefahr mit erheblichen Bedenken gleichsetzt.

40 Ähnlich zu § 4b WpHG a.F. *Ehlers*, WM 2017, 420, 425.

Der europäische Gesetzgeber hat die Produktintervention als ein subsidiäres Instrument ausgestaltet. So ist in Art. 42 Abs. 2 lit. b) MiFIR verfügt, dass eine Behörde eine Maßnahme ergreifen kann, wenn „bestehende regulatorische Anforderungen nach Unionsrecht [...] den Risiken nicht hinreichend begegnen und das Problem *nicht* besser durch eine stärkere Aufsicht oder Durchsetzung der vorhandenen Anforderungen gelöst würde".[41] Schließlich muss die Maßnahme gem. Art. 42 Abs. 2 lit. c) MiFIR verhältnismäßig sein, und zwar mit Rücksicht auf die Wesensart der ermittelten Risiken, das Kenntnisniveau der Anleger oder Marktteilnehmer und die wahrscheinliche Wirkung der Maßnahme auf Anleger und Marktteilnehmer.

Der europäische Gesetzgeber hat mit dem MiFID II/MiFIR-Regime die Befugnis vorgesehen, „ein Verbot [auch] vorsorglich auszusprechen, bevor ein Finanzinstrument vermarktet, vertrieben oder an Kunden verkauft wird". Die BaFin kann daher, wie im Rahmen ihrer allgemeinen Befugnis der Missstandsaufsicht,[42] auch präventiv vorgehen. Eine „Produktzulassung" bzw. ein Genehmigungsverfahren im Sinne eines Finanz-TÜV wollte der europäische Gesetzgeber aber nicht einführen.[43]

Das neue MiFID II/MiFIR-Regime beschränkt sich darauf, die Voraussetzungen eines Verbotes oder einer Beschränkung zu regeln. Wie das neue System funktionieren soll, lässt das Unionsrecht aber offen. Dies betrifft zunächst die Frage des Informationszugangs: Wie soll die nationale Aufsichtsbehörde Kenntnis von potentiell gefährlichen Produkten erlangen? Mangels unionsrechtlicher Vorgaben dürfte dies in den Mitgliedstaaten unterschiedlich funktionieren. Die belgische Behörde erhält aufgrund des Moratoriums, ähnlich wie in einem Genehmigungsverfahren, alle Informationen über neue Produkte. Dagegen ist die BaFin auf Beschwerden von Einzelpersonen oder Verbänden angewiesen. Denkbar ist auch, dass sie durch den Marktwächter auf Probleme hingewiesen wird. Schließlich kommt in Betracht, dass die Aufsichtsbehörden sich untereinander und mit der ESMA austauschen (worauf Art. 43 MiFIR abzielt).

Die Produktinterventionsbefugnisse sollen nach der Vorstellung des europäischen Gesetzgebers *last resort powers* sein.[44] Für die konkrete Normanwendung

---

41 In der deutschen Sprachfassung ist das Wort „nicht" nicht enthalten. Aus der englischen Sprachfassung ergibt sich aber, dass es sich um einen Übersetzungsfehler handelt („and the issue would not be better addressed by improved supervision or enforcement of existing requirements").

42 Vgl. *Döhmel* in Assmann/Schneider, WpHG, 6. Aufl. 2012, § 4 Rn. 17.

43 Vgl. auch Erwägungsgrund 29 Unterabs. 2 MiFIR.

44 Commission Staff Working Paper: Impact Assesment of the MiFID II and MiFIR, 20.11.2011, SEC (2011) 1226 final, S. 45; vgl. auch ESMA, Consultation Paper MiFID II/MiFIR, 22 May

ist diese schlagwortartige Beschreibung aber kaum hilfreich. Wichtiger dürfte es sein, sich des Schutzzwecks des Finanzdienstleistungsrechts zu vergegenwärtigen. Das neue MiFID II-/MiFIR-Regime changiert in vielen Regelungen zwischen Anleger- und Verbraucherschutz. Dies sollte aber nicht überbewertet werden. Die Reform verfolgt das Anliegen, auch den besonders unerfahrenen und irrationalen Anleger zu schützen. Der Verbraucherschutz hat Einzug in das Finanzdienstleistungsrecht gehalten.[45] Das unionsrechtliche Produktinterventionsrecht ist ein eindrucksvoller Beleg. Deshalb kann eine Behörde den Vertrieb eines Finanzinstruments mit der Begründung verbieten oder beschränken, dass dies zum Schutz des Verbrauchers erforderlich sei.[46]

4.2 Gewährleistung von Anlegerschutz sowie der Funktionsfähigkeit der Märkte und Finanzstabilität

Man braucht nicht viel Phantasie, um sich vorzustellen, welche Konsequenzen es hätte, wenn die generalklauselartig konzipierten Voraussetzungen nach Art. 42 Abs. 2 lit. a) i) MiFIR nicht rechtsverbindlich konkretisiert wären. Es wäre vor allem zu befürchten, dass bestimmte nationale Behörden eine besonders restriktive Auslegungspraxis entwickeln, um Finanzindustrie zu attrahieren (Aufsichtsarbitrage). Darüber hinaus ist es sehr gut vorstellbar, dass in den Mitgliedstaaten unterschiedliche rechtspolitische Vorstellungen über die Funktion paternalistischer Instrumente bestehen. In einem Mitgliedstaat könnte die Produktintervention als eine das Informationsmodell verdrängende Maßnahme, in einem anderen Mitgliedstaat dagegen als eine ultima ratio-Maßnahme verstanden werden.

Art. 42 Abs. 7 MiFIR ermächtigt daher die Kommission, in einem delegierten Rechtsakt Kriterien und Faktoren festzulegen, die von den nationalen Behörden bei der Bestimmung der Tatsache zu berücksichtigen sind, wann erhebliche Bedenken hinsichtlich des Anlegerschutzes gegeben sind oder die ordnungsgemäße Funktionsweise und die Integrität der Finanzmärkte oder Warenmärkte oder die Stabilität des Finanzsystems gefährdet sind. Die Kommission hat, weit über die Level 1-Mindestanforderungen hinausgehend, in Art. 21 der VO 2017/567

2014, ESMA/2014/549, S. 167; zustimmend *Gläßner*, Die Beschränkung des Vertriebs von Finanzprodukten, 2017, S. 304 (ultima ratio).

45 Dazu grundlegend mit skeptischer Grundhaltung *Mülbert* ZHR 177 (2013), 160, 180 ff.

46 Die BaFin hatte ihre erste, auf § 4b WpHG a.F. gestützte Verbotsentscheidung auch mit ihrem (seinerzeit neuen) Ziel des kollektiven Verbraucherschutzes begründet. Vgl. BaFin, (Fn. 27): "Das öffentliche Interesse am kollektiven Verbraucherschutz überwiegt vorliegend das individuelle Interesse von Privatanlegern am Handel mit CFDs".

insgesamt 22 Faktoren und Kriterien vorgesehen. Dazu gehören u.a. der Grad der Komplexität, das Ausmaß möglicher negativer Auswirkungen, die Art der beteiligten Kunden und das Maß an Transparenz des Finanzinstruments.

Der Katalog an Faktoren und Kriterien ist nicht abschließend. Dies lässt sich damit rechtfertigen, dass die Aufsichtsbehörden in der Lage sein sollen, beim Auftreten neuer Finanzinstrumente eingreifen zu können.[47] Es handelt sich um ein bewegliches System.[48] Damit ist gemeint, dass ein Regime grundsätzlich ranggleiche Prinzipien bzw. Kriterien der Gerechtigkeit vorsieht, die wechselseitig austauschbar sind.[49] Bei der Abwägung beansprucht keiner der Prinzipien bzw. Kriterien einen Vorrang. Es muss in jedem Einzelfall beurteilt werden, wie stark die verschiedenen Elemente ausgeprägt sind;[50] ihr Zusammenspiel kann in jedem Einzelfall völlig unterschiedlich ausfallen.[51] Das in Art. 21 VO 2017/567 vorgesehene Regime erlaubt es der Aufsichtsbehörde in diesem Sinne, ihre Entscheidung auf ein oder mehrere Faktoren und Kriterien zu stützen, um den Besonderheiten des Falls Rechnung zu tragen. Dabei kann sie auch Erkenntnisse aus der Behavioral Finance-Forschung über Heuristiken etc. und einen Information Overload berücksichtigen.[52]

Andererseits erhöht es die Rechtssicherheit, dass die Faktoren und Kriterien in Art. 21 VO 2017/567 detailliert ausgestaltet sind. Die Kommission hat sich beispielsweise nicht darauf beschränkt, den Grad der Komplexität eines Finanzinstruments als Kriterium festzulegen, sondern sechs Faktoren bestimmt, anhand derer die Komplexität zu beurteilen ist. Ein anderer Zugriff, die Komplexitätsschwelle zu bestimmen, ist schwerlich vorstellbar.

Die sekundärrechtliche Konkretisierung einer zentralen Voraussetzung für ein behördliches Verbot schafft ein gewisses Maß an Rechtssicherheit und ist auch geeignet, eine konsistente Aufsichtspraxis in den Mitgliedstaaten sicherzustellen. Der feinnervige Katalog spiegelt zudem wider, dass die bloße Komplexität eines Finanzprodukts ein Verbot oder eine Beschränkung nicht zu rechtfertigen

---

47 Vgl. ESMA, Consultation Paper MiFID II/MiFIR, 22 May 2014, ESMA/2014/549, S. 167 („intervention powers are dynamic enough to enable NCAs [...] to deal with a range of different exceptional situations").

48 Grundlegend *Wilburg*, Entwicklung eines beweglichen Systems, Grazer Rektoratsrede 1950; vgl. auch *ders.*, Die Elemente des Schadensrechts, 1941, S. 26 ff.; ferner *Westerhoff*, Die Elemente des Beweglichen Systems, 1991.

49 Vgl. *Canaris*, Systemdenken und Systembegriff in der Jurisprudenz, 2. Aufl. 1983, S. 75.

50 Vgl. *Leisch*, Informationspflichten nach § 31 WpHG, 2004, S. 149 ff.

51 Vgl. *Breidenbach*, Die Voraussetzungen von Informationspflichten beim Vertragsschluß, 1989, S. 62.

52 Vgl. *Gläßner* (Fn. 44), S. 296; *Buck-Heeb*, BKR 2017, 89, 97.

vermag. Bezüglich der beiden weiteren Voraussetzungen für ein behördliches Einschreiten sind aber keine konkretisierenden Vorschriften vorgesehen. Die ESMA hat auch keine Leitlinien oder Q&A herausgegeben, die den Behörden die Anwendung des Subsidiaritäts- und Verhältnismäßigkeitsgrundsatzes erleichtern würden.

4.3 Subsidiarität

Die Produktintervention ist potentiell innovationshemmend. Der europäische Gesetzgeber war sich dieser Problematik durchaus bewusst und hat daher vorgesehen, dass ein behördliches Verbot oder eine Beschränkung nur subsidiär in Betracht kommen. Die BaFin muss sich damit auseinandersetzen, ob regulatorische Anforderungen den Risiken hinreichend begegnen und ob „das Problem" (gemeint sind die Bedenken des Anlegerschutzes und Gefahren für die Finanzstabilität) durch eine stärkere Aufsicht oder Rechtsdurchsetzung gelöst werden kann. Da das MiFID II-Regime ausschließlich aufsichtsrechtliche Wohlverhaltensregeln vorsieht, dürften die zivilrechtlichen Anforderungen und Mechanismen der Rechtsdurchsetzung außer Betracht bleiben.

Das Hauptaugenmerk gilt der Produkt-Governance und den unionsrechtlichen Vorgaben für die Anlageberatung.[53] Diese aufsichtsrechtlichen Regime begegnen der Problematik, dass für bestimmte (unerfahrene) Anleger schwer verständliche und besonders komplexe Produkte ungeeignet sind.[54]. Allerdings wird man zu berücksichtigen haben, dass der Gesetzgeber mit dem Produktinterventionsregime zum Ausdruck gebracht hat, dass allein mit Information ein effektiver Anlegerschutz nicht immer verwirklicht werden kann.[55] Sollte es im Einzelfall gerechtfertigt sein anzunehmen, dass ein weitergehender Schutz erforderlich ist, ist freilich schwer vorstellbar, dass eine bessere Aufsicht und Sanktionierung durch die BaFin die erheblichen Bedenken, Anleger seien nicht ausreichend geschützt, ausräumen können.

Ob die BaFin einen gerichtlich nur eingeschränkt überprüfbaren Beurteilungsspielraum bezüglich der Defizite regulatorischer Anforderungen und einer wirksameren Aufsicht hat, ist eine Frage, die hier nur gestellt werden kann; sie

---

53 Vgl. zum Zusammenspiel zwischen Produkt-Governance und -Intervention *Gläßner* (Fn. 44), S. 296, die die Intervention auch als Mechanismus zur Durchsetzung der Governance begreift. A.A. insoweit *Klingenbrunn*, WM 2015, 316, 322.

54 Ähnlich auch ESMA, Consultation Paper MiFID II/MiFIR, 22 May 2014, ESMA/2014/549, S. 168

55 Darauf zu Recht hinweisend *Ehlers*, WM 2017, 420, 424.

lässt sich nur mit verwaltungsrechtlicher Expertise beantworten. Festzuhalten ist, dass nach der normativen Ermächtigungslehre die Auslegung und Anwendung unbestimmter Rechtsbegriffe durch die BaFin gerichtlich voll überprüfbar ist. Allerdings könnte für das neue Produktinterventionsregime eine andere Beurteilung geboten sein, wenn man es wegen der Koordinationsaufgabe und der Koordinationsbefugnisse der ESMA (Art. 43 MiFIR)[56] als einen europäischen Verwaltungsverbund[57] begriffe.

4.4 Verhältnismäßigkeit

Schließlich schreibt Art. 42 Abs. 2 lit. c) MiFIR für die Rechtsfolgenseite vor, dass die Maßnahme verhältnismäßig sein muss. Dabei sind die Wesensart der ermittelten Risiken, das Kenntnisniveau der Anleger oder Marktteilnehmer und die wahrscheinliche Wirkung der Maßnahme auf Anleger und Marktteilnehmer zu berücksichtigen. Die Interessen der Anbieter eines Finanzinstruments sind nicht explizit genannt. Auf sie muss die BaFin aber schon deshalb eingehen, weil ein Verbot oder eine Beschränkung für die Anbieter einen Eingriff in ihr Eigentumsgrundrecht bedeutet. Rechtsdogmatisch wird man Anbieter als Marktteilnehmer i.S.d. Vorschrift qualifizieren können.

Die Verhältnismäßigkeitsprüfung ist nur schemenhaft auf Level 1 vorgezeichnet, so dass sich die Frage stellt, ob eine normative Konkretisierung sinnvoll ist. Weder die Kommission noch die ESMA haben den Auftrag erhalten, hierzu Level 2- oder 3-Maßnahmen zu ergreifen. Die ESMA hat aber die Bedeutung der Verhältnismäßigkeitsprüfung („*a major focus within the decision making process*“) erkannt und darauf aufmerksam gemacht, dass einige in der VO 2017/567 vorgesehenen Faktoren und Kriterien zur Beurteilung der Voraussetzungen nach Art. 42 Abs. 2 lit a) i) MiFIR (Bedenken für den Anlegerschutz; Gefahr für Funktionsfähigkeit der Märkte oder für Finanzstabilität) auch für die Verhältnismäßigkeitsprüfung relevant seien.[58]

Als weniger eingreifende Maßnahmen als ein Verbot kommen insbesondere Warnungen, eine verbesserte Transparenz und bessere Aufklärung oder frei-

---

56 Die ESMA wird für einen Austausch zwischen den mitgliedstaatlichen Behörden sorgen. Vgl. bereits ESMA, Consultation Paper MiFID II/MiFIR, 22 May 2014, ESMA/2014/549, S. 167.

57 Vgl. etwa OVG Lüneburg v. 28.5.2009 – 13 ME 76/09 Rn. 11 (Prognose einer abstrakten Gefahr gem. § 20 Abs. 2 GenTG sei nur eingeschränkt gerichtlich überprüfbar).

58 ESMA, Consultation Paper MiFID II/MiFIR, 22 May 2014, ESMA/2014/549. S. 167 (“numbers affected, amount of loss and persistence, nature of the problem and social context”).

willige Vertriebsbeschränkungen in Betracht, die einen Verkauf der Finanzinstrumente an Kleinanleger als unwahrscheinlich erscheinen lassen (etwa höhere Nominalwerte von Finanzinstrumenten).

Die BaFin hat den Vertrieb von CFDs, die Nachschusspflichten zur Folge haben können, an Privatkunden verboten. Theoretisch denkbar ist, dass die Intervention aus Gründen der Verhältnismäßigkeit noch differenzierter erfolgt. Das MiFID II/MiFIR-Regime unterscheidet weiterhin zwischen professionellen Kunden und Gegenparteien sowie Privatkunden. Dies schließt es aber nicht aus, dass ein Verbot sich auf den Vertrieb von Produkten an bestimmte Anleger(gruppen) innerhalb einer dieser Kategorien beschränkt.[59] Problematisch ist dabei, die betroffenen Anleger(gruppen) rechtssicher zu bestimmen. Vor dem Hintergrund dieser praktischen Schwierigkeiten dürfte es einfacher sein, dass die BaFin Maßnahmen ergreift, die einen Vertrieb von Finanzprodukten an Kleinanleger als nahezu ausgeschlossen erscheinen lassen (etwa durch eine Mindestanlagesumme von 100.000 Euro).

5 Grundsatzprobleme

5.1 Ungleichbehandlung von Anlageprodukten und Regulierungsarbitrage

Dem Produktinterventionsregime ist immanent, dass Anlageprodukte ungleich behandelt werden. So mag die Behörde einerseits ein besonders komplexes Produkt verbieten, andererseits bezüglich des Vertriebs eines nicht minder komplexen Produkts nicht einschreiten, weil sie nicht die Gefahr sieht, dass eine Vielzahl von Privatanlegern betroffen ist. Dies gilt erst recht vor dem Hintergrund, dass die Aufsichtsbehörde keinen umfassenden Überblick über den Markt für Finanzinstrumente hat.[60] Dies mag nur dann anders sein, wenn die Industrie sich, wie in Belgien, freiwillig verpflichtet, die BaFin über neue, besonders komplexe Finanzprodukte zu informieren. Die Informationsasymmetrien zwischen Behörde und Markt verstärken Ungleichgewichte.[61]

Vor diesem Hintergrund liegt es auf der Hand, dass das Verbot eines einzelnen Produkts dazu führen kann, dass Anbieter auf andere, bislang nicht im Fokus

---

59 Vgl. *Gläßner* (Fn. 44), S. 302.
60 Vgl. *Kerssenbrock* (Fn. 20), S. 144.
61 Vgl. *Kerssenbrock* (Fn. 20), S. 144.

der Aufseher stehende Produkte oder auf andere, von einer anderen Behörde überwachten Märkte, ausweichen (Regulierungsarbitrage). Dies ist durch vielfältige anekdotische Evidenz belegt. Die Interventionsbefugnisse der ESMA und EBA sind subsidiär und können der Problematik nur bedingt begegnen. Der von der ESMA zu moderierende Erfahrungsaustausch zwischen den Behörden wird daher eine herausragende Bedeutung haben.

5.2 Schwächung des Informationsmodells

Schließlich birgt das Produktinterventionsregime die Gefahr, dass Anleger sich über die Produkte nicht oder nicht angemessen informieren. Es kann der Eindruck entstehen, dass mangels behördlichen Verbots oder Vertriebsbeschränkungen die angebotenen Finanzprodukte verständlich sind und keine (unverhältnismäßigen) Risiken haben. Dies könnte dazu führen, dass Privatanleger keine eigenverantwortliche Prüfung (mehr) vornehmen und die Vorstellung haben, die BaFin reagiere auf alle Gefahren.[62]

Es ist noch zu früh, um zu beurteilen, ob Anleger zu falschen Erwartungen gelangen. Dies dürfte auch maßgeblich davon abhängen, wie intensiv die BaFin ihre Befugnisse nutzen und wie sie Verbote oder Beschränkungen kommunizieren wird. Das europäische Recht vertraut jedenfalls im Grundsatz weiterhin dem Informationsmodell und begreift die Produktintervention als ein Instrument, welches den Schwächen des Informationsmodells begegnet. Die Einführung der Produktintervention entbindet nicht davon, das Informationsmodell als Fundament des Anleger- und Verbraucherschutzes weiter zu entwickeln. Dazu sind die Informationspflichte stärker mit Rücksicht auf die Erkenntnisse der Behavioral Finance-Forschung auszugestalten (*smart disclosure*).[63] Dies mag eine bestimmte graphische Darstellung der Information oder eine bestimmte Art und Weise, Fragen zu stellen und Antworten zu geben, implizieren,[64] kann aber auch in einen Anlegertest über die Neigung zu Heuristiken münden.[65]

---

62 Vgl. *Gläßner* (Fn. 44), S. 306.

63 Vgl. zuletzt *Eberius*, Regulierung der Anlageberatung und behavioral finance, 2013; *Zimmer* JZ 2014, 714, 720 f.; *Veil* (Fn. 6), S. 185, 193 ff.; *Gläßner* (Fn. 44), S. 91; kritisch bzw. zurückhaltend *Buck-Heeb* ZHR 177 (2013), 310, 342; *Clouth* ZHR 177 (2013), 212, 221, 262 f.

64 Vgl. zuletzt ESMA, Consultation Paper: Guidelines on certain aspects of the MiFID II suitability requirements, 13 July 2017, ESMA35-43-748, Rn-. 10 ff.: “assessment of suitability in the light of behavioural finance finding”. Vgl. zuletzt auch *Gläßner*, Die Beschränkung des Vertriebs von Finanzprodukten, 2017, S. 91.

65 Vgl. *Gläßner* (Fn. 44), S. 368 ff.

6 Ausblick

Die grundlegende Reform durch das MiFID II/MiFIR-Regime hat die Kritik an einem nicht ausreichenden Anleger- und Verbraucherschutz nicht verstummen lassen. Es wird (erneut) diskutiert, ob (zumindest in Deutschland) ein Genehmigungsverfahren für Finanzprodukte eingeführt werden sollte (Finanz-TÜV). Zuletzt erörterte der Finanzausschuss des Deutschen Bundestags aufgrund eines Antrags der Fraktion DIE LINKE[66] die Thematik im Rahmen einer Anhörung im Mai 2017.[67] Die Meinungen der Experten waren, wenig verwunderlich, gespalten und reflektierten grundsätzliche rechtspolitische Vorstellungen ihrer Interessenverbände.

Die rechtswissenschaftliche Diskussion in Deutschland hat sich mit einem Finanz-TÜV bislang nicht vertieft beschäftigt. Es wäre erforderlich, zunächst den potentiellen administrativen Aufwand für die Aufsichtsbehörde und die Marktteilnehmer zu schätzen. Dazu müsste ermittelt werden, wie viele neue Produkte jährlich auf den Markt kommen.[68]

Ferner müsste erörtert werden, wie ein Finanz-TÜV konstruiert sein könnte. Die Bundestagsfraktion DIE LINKE hat ein Eckpunktepapier entwickelt, das zentrale Aspekte aufführt.[69] Ein Zulassungsverfahren gibt es zudem bereits in Hong Kong, sodass die Diskussion rechtsvergleichend geführt werden kann.[70] Die zentralen konzeptionellen Fragen lauten, ob das Genehmigungsverfahren für jedes neue Produkt oder, um den administrativen Aufwand zu minimieren, nur für bestimmte gefährliche Produkte vorgesehen werden sollte. Es müsste aber noch erörtert werden, wie die Prüfungsmaßstäbe aussehen könnten. Andererseits stellt sich die Frage, ob es nicht ausreichen würde, eine bloße Anzeigepflicht für neue Produkte zu begründen, damit die Aufsichtsbehörde über die Entwick-

---

66 BT-Drucks. 18/9709 vom 21.9.2016 mit zahlreichen Forderungen, u.a. einer EU-weiten obligatorischen Zulassungsprüfung für Kapitalanlagen und Finanzinstrumente aller Art und einer Gefährdungshaftung des Emittenten einer Kapitalanlage für sein Produkt.

67 Vgl. Deutscher Bundestag, Finanzausschuss, Wortprotokoll der 115. Sitzung, Protokoll-Nr. 18/115.

68 In der Anhörung führte ein Vertreter der BaFin aus, es würden jährlich 3,2 Mio. Finanzprodukte aufgrund 300 Basisprospekte auf den deutschen Markt gelangen. Vgl. Wortprotokoll (Fn. 67), S. 20.

69 Eckpunkte zur Ausgestaltung eines Finanz-TÜV, 21. Juni 2016, abrufbar unter https://www.linksfraktion.de/fileadmin/user_upload/Positionspapiere/2016/positionspapier-ak-finanz-tu-v-rk.pdf.

70 Vgl. *Chen Chao-hung*, Product Intervention for Retail Structured Investment Products: A Comparison of Rules in Singapore, Hong Kong and Taiwan, Singapore Management University School of Law Research Paper No. 19/2016.

lung des Marktes unterrichtet wäre. Dies dürfte weitgehend dem Moratorium in Belgien entsprechen. Schließlich müsste erörtert werden, dass manche Grundsatzprobleme des MiFID II/MiFIR-Interventionsregimes sich verschärfen würden. Die Sorge, dass von einem TÜV-Siegel das Signal einer hohen Produktqualität (im Sinne eines geringen Risikos) ausgehen könnte, erscheint naheliegend. Zugleich könnten Produkte, die nicht genehmigungsbedürftig sind, darunter leiden, dass sie kein Gütesiegel erhalten haben.[71] Vor allem aber würde die Produktkonkurrenz noch weiter abnehmen.[72]

Noch ist es zu früh, eine Reform der Reform (MiFID III) zu diskutieren. Es fehlen Erfahrungen mit dem neuen MiFID II-Regime, insbesondere mit den regulatorischen Innovationen (Produkt-Governance und -Intervention) und neuen Akzenten tradierter Regelungsansätze (stärkere Ausgestaltung des Informationsmodells an robusten Erkenntnissen der Behavioral Finance-Forschung). Die von der Europäischen Kommission im Jahr 2011 angestellten Überlegungen erscheinen daher immer noch überzeugend: "Bearing in mind the last resort character of such a measure the costs of a full ex ante authorisation regime compared to the benefits would be disproportionate. In addition [...] financial innovation might be significantly hindered."[73]

---

71 *Kerssenbrock* (Fn. 20), S. 142.

72 Dazu bereits *Mülbert*, ZHR 177 (2013), 160, 201.

73 Commission Staff Working Paper: Impact Assessment of the MiFID II and MiFIR, 20.11.2011, SEC (2011) 1226 final, S. 45.

Tagungsbericht[1]

1 Einleitung

Der 28. Bankrechtstag der Bankrechtlichen Vereinigung – Wissenschaftliche Gesellschaft für Bankrecht e.V. (BrV) fand am 30. Juni 2017 in Frankfurt a.M. statt.

2 Begrüßung

Univ.-Prof. Dr. *Mathias Habersack*, Ludwigs-Maximilians Universität München und Mitglied des Kuratoriums der BrV, begrüßte die Teilnehmer und stellte die Themen der beiden Abteilungen des Bankrechtstags knapp vor.

3 1. Abteilung

Die erste Abteilung des Bankrechtstags moderierte ebenfalls Univ.-Prof. Dr. *Mathias Habersack*, Ludwigs-Maximilians Universität München.

1. Univ.-Prof. *Matthias Rocholl*, PhD, Präsident der ESMT Berlin, beleuchtete in seinem Vortrag aus wirtschaftswissenschaftlicher Sicht die „Ertragssituation und –perspektiven der deutschen Kreditwirtschaft". Nach einer kurzen - negativen - Prognose zur Ertragssituation der Banken ging er auf Ursachen der Niedrigzinsphase ein. Einerseits habe international die Nachfrage nach Kapital abgenommen. Andererseits sei strittig, ob auch die Geldpolitik eine (Mit-)Ursache für das niedrige Zinsniveau bilde. Auf die Zinshöhe hätten wohl beide Aspekte Einfluss. Im Anschluss erläuterte er, dass eine Zinsanhebung durch die Zentralbank die Niedrigzinsphase nicht zwingend beenden könne, denn die Kosteneffizienz deutscher Banken sei schlecht und mithin die Eigenkapitalrendite nur sehr gering. Zur Steigerung der Kosteneffizienz seien weitere Fusionen erforderlich, zur Steigerung der Provisionserträge müsse das Investment-Banking verstärkt werden.

1 Auszüge aus *Tobias Bastian* und *Stefan Werner*, Banken zwischen Ertragserwartungen und Regulatorik - Bericht über den Bankrechtstag am 30. Juni 2017 in Frankfurt a. M., WM 2017, 1533.

DOI 10.1515/9783110577433-007

Schließlich sei erforderlich, dass Bankkunden die Erwartung einer kostenlosen bzw. preisgünstigen Kontoführung aufgäben.

[Beitrag *Rocholl*, S. 3ff.]

2. Rechtsanwalt Dr. *Irmen* eröffnete die Diskussion mit der Frage, ob die Eigenkapitalrendite in Höhe von 8% vor oder nach Steuern gemeint sei und merkte zur Cost-Income-Ratio an, dass möglicherweise der hohe Wettbewerbsdruck in Deutschland dazu führe, dass die Erträge niedrig seien. Deshalb könne die schlechte Eigenkapitalrendite nicht ausschließlich auf eine schlechte Kosteneffizienz zurückgeführt werden. *Rocholl* erwiderte dazu, dass – vorbehaltlich weiterer Untersuchungen - aus seiner Sicht mehr die mangelnde Kosteneffizienz und weniger ein zu hoher Wettbewerbsdruck die Ursache für die schlechte Eigenkapitalrendite der Banken sei. Dafür spräche, dass die Bankkunden in Deutschland auch keine besseren Konditionen erhielten als in anderen Ländern mit einer besseren Cost-Income-Ratio. Im Übrigen sei die bezeichnete Eigenkapitalrendite nach Steuern gemeint.

Prof. Dr. Dr. *Klaus Hopt*, ehem. Max-Planck-Institut für ausländisches und internationales Privatrecht, fragte nach den Ursachen für die Kostenineffizienz und stellte die Überlegung an, ob nicht möglicherweise auch das dreigliedrige Bankensystem in Deutschland dafür mitverantwortlich sei, da sich daraus zu wenig Wettbewerb mit entsprechendem Druck zur Kosteneffizienz entwickelt habe. Weiterhin stelle sich die Frage nach der der internationalen Wettbewerbsfähigkeit. *Rocholl* stimmte *Hopt* zu, dass auch die Eigentümerstruktur einer Bank Auswirkungen auf die Kosteneffizienz haben könne, insbesondere, wenn daraus keine primäre Ertragsorientierung, sondern als Zielsetzung die Sicherstellung der Grundversorgung mit Bankdienstleistungen resultiere. Daraus folge ggf. auch eine schwächere Ausrichtung an Provisionseinnahmen und keine Streben nach möglichst hohen Erträgen. Im Übrigen habe sich – im Hinblick auf die Frage der Internationalisierung - noch kein einheitlicher europäischer Bankenmarkt entwickelt.

Univ.-Prof Dr. *Georg Bitter*, Universität Mannheim, warf die Frage auf, ob es aus ökonomischer Sicht einen Zusammenhang zwischen der sehr restriktiven deutschen Entgelt-Rechtsprechung und der mangelnden Kosteneffizienz gäbe. Aus Sicht von *Rocholl* könnte es in der Tat einmal ein interessantes Thema sein zu untersuchen, ob und inwieweit sich die Rechtsprechung in anderen Ländern, in denen die Banken in stärkerem Umfange Erträge generieren, von der deutschen unterscheidet.

Univ.-Prof. Dr. *Thilo Kuntz*, Universität Bremen, knüpfte an *Bitter* an und fragte, ob die Entgeltrechtsprechung, die unter dem Gesichtspunkt des Verbraucherschutzes stehe, nicht evtl. ein Anreiz für die Banken darstellen könne, wieder verstärkt zum Investment-Banking zurückzukehren, das entsprechende ertragsfeindliche Restriktionen nicht kenne. Für *Rocholl* ist dies keine Lösung, da in den Banken dazu zu häufig die erforderliche Kompetenz fehle.

Habersack wollte zur Fristentransformation wissen, ob aus kurzfristigen Darlehen langfristige gemacht werden sollten. *Rocholl* wies in diesem Zusammenhang noch einmal darauf hin, dass er diese Art der Fristentransformation eher für gefährlich halte, da dadurch ein aktuell niedriges Zinsniveau langfristig fortgeschrieben werde

Univ.-Prof. Dr. *Katja Langenbucher*, Universität Frankfurt, wollte insbesondere wissen, ob die üblichen langfristigen festverzinslichen Darlehen eine typisch deutsche Erscheinung seien mit entsprechenden Auswirkungen auf der Risikoseite. *Rocholl* merkte insoweit an, dass die Festzinskredite in der Tat zu einer Risikoverlagerung auf die Banken weg von den Kunden führe.

Rechtsanwalt *Werner Gaus* stellte die Frage, ob die Institute von langfristigen festverzinslichen Darlehen weggehen und eher kurzfristige, variable Kredite anbieten sollten. Aus der Sicht von *Rocholl* ist insoweit eine einheitliche Empfehlung nicht möglich; vielmehr sollte immer unter Berücksichtigung der aktuellen wirtschaftlichen Rahmendaten überlegt werden, ob langfristige festverzinsliche Darlehen unter wirtschaftlichen Gesichtspunkten und unter Risiko-Erwägungen sinnvoll sind.

Dr. *Christoph Keller*, Deutsche Bundesbank, merkte an, dass der Investitionsbedarf in Deutschland viel feingliedriger als in Frankreich sei. Während es dort vor allem große Unternehmen mit entsprechend hohem Investitionsbedarf gäbe, seien es in Deutschland häufig kleine oder mittelgroße Unternehmen, die ihren Finanzierungsbedarf befriedigen würden. Außerdem sei der deutsche Markt offener als der französische und damit einem stärkeren Wettbewerb ausgesetzt. *Rocholl* bemerkte hierzu, es sei zwar richtig, dass das deutsche System feingliedriger sei, doch gäbe es dies auch anderen Ländern, in denen die Banken gleichwohl eine höhere Eigenkapitalrendite als in Deutschland erwirtschaften. In Deutschland habe die Eigenkapitalquote der Unternehmen seit 2000 von seinerzeit 20% auf jetzt mehr als 30% zugenommen, woraus auch ein geringer Finanzierungsbedarf resultiere. Die Marktoffenheit spiele dagegen keine so große Rolle, da es noch keinen einheitlichen europäischen Bankenmarkt gibt.

3. Im Anschluss referierte Univ.-Prof. Dr. *Matthias Caspar*, Westfälische Wilhelms-Universität Münster, zum Thema "Zulässigkeit von Bankentgelten". Er begann seinen Vortrag mit der Darstellung zweier möglicher Sichtweisen zur Bepreisung von Bankleistungen: die Bepreisung nach dem „Verursacherprinzip“ und die nach dem „All-Inclusive-Modell“. Im weiteren Verlauf ging er auf die Kontrollfä-

higkeit von Bankenentgelten nach. § 307 Abs. 3 S. 1 BGB ein. Kontrollfähig seien insbesondere Preisnebenabreden. Der BGH wende sich in seiner Rechtsprechung deutlich dem „All-Inclusive-Modell" zu und die pauschale Kontoführungsgebühr sei hiernach die nicht zu beanstandende „Idealform" der Bepreisung, weshalb ihre Höhe gemäß § 307 Abs. 3 S. 1 BGB kontrollfrei sei. Es folgte eine Darstellung der BGH-Rechtsprechung zu ausgewählten Gebühren. Abschließend stellte *Caspar* fest, dass die aktuelle höchstrichterliche Rechtsprechung zu sehr dem All-Inclusive-Modell verhaftet sei und Quersubventionierungen zu Lasten derjenigen bewirke, die eine Bank unterdurchschnittlich in Anspruch nehmen. Außerdem führe ein solches Modell gerade im gewerblichen Bereich zu erhöhter Intransparenz.

[Beitrag *Casper*, S. 11ff.]

4. Sodann befasste sich Univ.-Prof. Dr. *Sebastian Omlor,* Philipps-Universität Marburg, mit "Negativzinsen". Er stellte zunächst fest, dass die Zinsen schon seit Jahren einen Abwärtstrend zeigen. Hieran knüpfe sich rechtlich die Frage, ob die negativen EZB-Einlagenzinsen dazu führen können, dass der Darlehensnehmer keine Zinszahlungen mehr leisten muss, sondern Zinsen erstattet bekommt, und umgekehrt, ob im Einlagengeschäft für angelegtes Kapital „Zinsen" zu zahlen sind. Mit Blick auf den Zinsbegriff stellte er fest, dass „Zinsen" nur positiv sein könnten. Der zivilrechtliche Zinsbegriff weise eine definitorische Untergrenze von 0% auf. Eine Umkehrung der Leistungsströme sei mit dem gegenwärtigen Zinsbegriff nicht vereinbar. Sofern ein Vertrag vorsehen sollte, dass es sowohl positive als auch negative Zinsen geben könne, läge ein Typenkombinationsvertrag vor, der sich aus Elementen des Darlehens- und des (unregelmäßigen) Verwahrvertrags zusammensetze. Schließlich beleuchtete er die Auswirkungen bei Zinsanpassungsklauseln, beim Einlagengeschäft und bei Zins-Swaps.

[Beitrag *Omlor*, S. 41ff.]

5. *Bitter* merkte zu *Caspar* an, er habe völlig zu Recht die Aufgabe des Verursacherprinzips durch den BGH festgestellt,, obwohl dies teilweise zu wirtschaftlich unsinnigen Ergebnissen führe. Grundsätzlich sei es zwar in Ordnung, wenn es im nicht regulierten Bereich nicht auf das reine Verursachungsprinzip ankomme; dies passe jedoch nicht, wenn es der Kunde in der Hand habe, durch sein Verhalten oder seine Entscheidung das Entstehen von Kosten zu steuern. Wenn eine verursachergerechte Bepreisung nicht möglich sei, komme es zu Quersubventionierungen. Es sollte zulässig sein, wenigsten zwei alternative Modelle durch dien Banken anzubieten: eines, das sich am Verursacherprinzip orientiert, und eines

nach dem All-Inclusive-Gedanken. Basis- und P-Konten sollten – insbesondere in Kombination – anders bepreist werden dürfen als normale Konten, damit die Banken entsprechend den Vorstellungen des Gesetzgebers mit ihnen Geld verdienen und Kosten verursachergerecht umlegen können. Bei den Darlehenskonten sollten auch laufzeitunabhängige Entgelte zulässig sein, zumal das Gesetz die Laufzeitabhängigkeit für die Vergütung nicht vorschreibe. Es müsse deshalb möglich sein, am Anfang eines Vertrags anfallende höhere Kosten dem Darlehensnehmer unmittelbar in Rechnung zu stellen.

Zu *Omlor* äußerte *Bitter*, er habe Zweifel an der Typologie der beiden Verträge im Einlagen- und Kreditgeschäft als Darlehensvertrag und Verwahrvertrag.

Eine Journalistin der Stuttgarter Zeitung wollte von *Omlor* wissen, ob eine Vertragsänderung, die beim Übergang zu Negativzinsen bei Spareinlagen erforderlich werde, auch über AGB möglich wäre.

Gaus merkte zum Vortrag von *Caspar* zum Bearbeitungsentgelt im unternehmerischen Bereich an, dass es im Bauträgergeschäft häufig Finanzierungen mit variablem Zinssatz gäbe. Wäre das Bearbeitungsentgelt unzulässig, müsste dieses auf die Zinsen umgelegt werden. Es sei aber unklar, wie eine entsprechende Umrechnung erfolgen könne. Sonderleistungen dürften zwar bepreist werden, es stelle sich im Bauträgergeschäft aber die Frage, was darunter alles fallen könne und nicht als im Eigeninteresse der Bank anzusehen sei; z.B. die Mittelverwendungskontrolle oder auch Hilfe gegenüber Behörden zur Erlangung von Baugenehmigungen.

Rechtsanwalt Dr. *Tobias Hemler* warf die selbstkritische Frage auf, ob eine zu weitgehende Differenzierung zwischen ursachengerecht zu verteilenden Kosten und „All-Inclusive-Kosten“ nicht zu nicht mehr sachgerechten Ergebnissen führen könne, insbesondere, wenn es um die Frage gehe, was Hauptleistung und was Nebenleistung sei.

Rechtsanwalt Dr. *Matthias Terlau*, wies darauf hin, dass nach der PSD II die Banken den Intermediären technischen Zugang zur Erbringung ihrer Dienstleistungen einräumen müssten. Die dafür erforderlichen Maßnahmen würden Kosten auslösen, bei denen unklar sei, wie sie verteilt werden könnten.

Rechtsanwalt Dr. *Justus Froehlich* LL.M. fragte, ob *Omlor* und *Bitter* ihre Prämissen auch bei einem kompletten Bargeldverbot aufrechterhalten könnten, d.h. wenn Zahlungen nur noch elektronisch abgewickelt würden.

Rechtsanwalt Dr. *Konrad Rusch* stellte zu den synthetischen Festzinsdarlehen an *Omlor* die Frage nach seinem Verständnis des deutschen Rahmenvertrags. Dieser sehe vor, dass ein variabler Betrag zu zahlen sei. Allerdings gäbe es Swap-Banken, die entsprechende Entgelte vereinnahmen wollen. Deshalb stelle sich die Frage, ob dies mit dem Vertrag vereinbar sei.

Prof. Dr. *Michael Nietsch*, EBS Law School Universität für Wirtschaft und Recht, warf die Frage auf, ob es möglich wäre, als Alternative zum Bearbeitungsentgelt und Aufwendungsersatzansprüchen einen Vertrag mit höheren Zinsen als „All-in-Fee" anzubieten.

Caspar stimmte *Bitter* weitgehend zu. Aus seiner Sicht sollte das Basiskonto gesondert bepreist werden können, dagegen dürfte für eine P-Konto kein gesondertes Entgelt zulässig sein. Zu *Gaus* merkte er an, es müsse in jedem Einzelfall geprüft werden, ob tatsächlich eine Sonderleistung vorliege, die über den Finanzierungsauftrag hinausgehe und für die dann auch ein Entgelt berechnet werden dürfe. Zu der von *Hemler* geäußerten Kritik am Verursacherprinzip äußerte sich *Caspar* dahingehend, dass aus seiner Sicht entsprechend feinteilige Ausdifferenzierungen durchaus möglich sind und ggf. bepreist werden dürfen. *Terlau* wies er darauf hin, dass es sich bei den neuen gesetzlichen Anforderungen der PSD II im Zusammenhang mit Intermediären und der Kundenauthentifizierung um originäre Pflichten der Zahlungsdienstleister handeln dürfte, die diese nicht für jede einzelne Nutzung bepreisen dürfen, sondern nur in die allgemeinen Kosten mit einbeziehen können. Das von *Froehlich* angesprochene Bargeldverbot führe aus seiner Sicht nicht zu einem grundsätzlichen Überdenken seiner Position. Es fallen allenfalls die mit Bargeld im Zusammenhang stehenden Überlegungen weg, nicht jedoch die zur Kontoführung und dem unbaren Zahlungsverkehr. Bei *Nietsch* bedankte er sich für den Hinweis auf die Judikatur zu den „All-in-Fees". Eine inhaltliche Berücksichtigung komme erst bei der Veröffentlichung des Vortrags in Betracht.

Omlor ging auf *Bitters* Kritik bezüglich der Typenmischverträge ein. Aus seiner Sicht sei es bei Darlehensverträgen durchaus denkbar, dass bei Negativzinsen die Bank ein Interesse an der Verwahrung ihres Kapitals beim Darlehensnehmer haben kann, wenn sie woanders dafür höhere Kosten aufzuwenden hätte. Deshalb seien entsprechende Mischverträge denkbar. Auf die Frage der Stuttgarter Zeitung entgegnete *Omlor*, dass den Instituten in den Rahmenverträge mit ihren Kunden normalerweise keine solch weitgehende Befugnis eingeräumt würde, den Vertragstyp, den die Parteien gemeinsam festgelegt haben, einseitig zu ändern. Zu *Busch* wies er darauf hin, dass nach seinem Wissen mittlerweile auch Alternativklauseln für Negativzinsen existieren. Die Existenz dieser Klauseln zeige, dass mit den bisherigen Klauseln der Übergang zu Negativzinsen nicht möglich sei. Wird auf den Absicherungszweck des Swaps Bezug genommen, könne ggf. ein Anspruch auf Vertragsanpassung in Betracht kommen; ein einseitiger Übergang von Positiv- zu Negativzinsen komme jedoch auf der Grundlage des Rahmenvertrags nicht in Betracht.

4 2. Abteilung

Die zweite Abteilung moderierte *Elisabeth Roegele*, Exekutivdirektorin der BaFin in Frankfurt a.M.

1. Prof. Dr. *Christoph H. Seibt*, Rechtsanwalt in Hamburg, leitete die zweite Abteilung ein mit einem Vortrag zum Thema „1 Jahr Market Abuse Regulation [MAR] aus Praxissicht". Dabei fokussierte er auf fünf Thesen, die aus seinen bisherigen Erfahrungen mit der MAR abzuleiten seien, und die die folgenden Themen zum Gegenstand hatten: der neuerliche Bedeutungszuwachs des Insider- und Marktmanipulationsrechts, eine Abnahme der Rechtsklarheit, steigende Rechtsermittlungs- und Compliance-Kosten, die wachsende Bedeutung von Maßnahmen zur Haftungsprävention sowie die Verwirklichung der von der MAR verfolgten Regelungsziele. Abschließend beschäftigte sich *Seibt* mit einigen Streitfragen aus der Praxis.

[Beitrag *Seibt*, S. 79ff.]

2. Die anschließende Diskussion eröffnete Univ.-Prof. Dr. *Katja Langenbucher*, Universität Frankfurt, mit der Frage, ob *Seibt* davon ausgehe, dass der EuGH den eher restriktiven deutsch-rechtlichen Grundsatz zur Wissenszurechnung im Zusammengang mit der Kenntnis vom Vorliegen einer Insiderinformation folgen werde. *Seibt* erwiderte, dass man hier nicht allzu zuversichtlich sein dürfte. Im unmittelbaren Anschluss fragte *Langenbucher*, inwiefern das Drängen ausländischer Behörden, bspw. des US-amerikanischen Department of Justice, bestimmte Informationen vor dem Hintergrund eines mit dem Unternehmen getroffenen Vergleichs nicht zu veröffentlichen, dazu führen könne, dass sich das betroffene Unternehmen von einer etwaigen ad hoc-Pflicht ggf. selbst befreien könne. Hierzu äußerte *Seibt*, dass er hierin ein Aufschubinteresse sehen würde, da andernfalls der Vergleich mit der Behörde gefährdet sei und voraussichtlich höhere Bußgelder drohen würden. Diese Sichtweise sei auch im Hinblick auf Absprachen im Bereich von Kartellrechtsverstößen verprobt.

Prof. Dr. *Michael Nietsch, EBS Law School,* merkte an, dass ihm die Möglichkeit zum ewigen Aufschub der Veröffentlichung bei Vorliegen eines im Rahmen einer unternehmensinternen Untersuchung aufgedeckten Compliance-Verstoß zu optimistisch erscheine, insbesondere wenn der Compliance-Verstoß gerade in der Unterlassung einer gebotenen Informationsveröffentlichung gelegen habe und die Untersuchung das Vorliegen des Verstoßes zweifelsfrei festgestellt habe. Insofern sei das Kernanliegen der Ad hoc-Publizität berührt, weswegen eine Meldung zu diesem Zeitpunkt wohl nicht länger unterlassen werden könne.

Seibt erwiderte, dass er eine ewige Selbstbefreiung jedenfalls dann als gerechtfertigt ansehe, wenn die Aufschubentscheidung dazu führe, dass dadurch den Anlegern des Unternehmens kein publizitätspflichtiger Schaden entsteht und der Schaden somit quasi „sozialisiert" werde.

Univ.-Prof. Dr. *Matthias Casper* richtete die Frage an *Seibt*, ob er davon ausgehe, dass in Konstellationen, in denen das Vorliegen einer veröffentlichungspflichtigen Information aufgrund rechtlicher Unsicherheit – bspw. fehlender Verwaltungspraxis oder Rechtsprechung - unklar gewesen war und die Aufsichtsbehörde trotz eines vom Unternehmen eingeholten gegenteiligen Rechtsrats einen Verstoß im Sinne der MAR bejahe, dieser Umstand bei der Bemessung der Sanktionshöhe berücksichtigt werden könne. *Seibt* vertrat hierzu der Auffassung, dass diese Aspekte sowohl bei der Frage der Leichtfertigkeit als auch bei der Bußgeldbemessung positiv zu berücksichtigen seien. In diesem Sinne äußerten sich auch die Bußgeldleitlinien.

Prof. *Dr. Rüdiger Veil,* Bucerius Law School Hamburg, fragte, welche rechtliche Relevanz *Seibt* den Äußerungen von Mitarbeitern der ESMA, die im Rahmen von sog. Expertenhearings erfolgen, zuspreche. Da solchen Äußerungen meist kein formalisierter Entscheidungsprozess vorgelagert sei, sei für ihn fraglich, welcher Mehrwert diesen Informationen zukommen könne. *Seibt* erwiderte, dass Unternehmen, denen die Mittel zur Verfügung stünden, in die Zurverfügungstellung solcher Informationen zu investieren, durchaus einen Informationsvorsprung erhalten könnten, dies aber auch zu einer Art Zweiklassen-Recht führen könnte. *Roegele* schloss die Diskussion daran anknüpfend mit der Anmerkung, dass auch die BaFin durch Veröffentlichungen von FAQs und der Überarbeitung des Emittenten-Leitfadens zukünftig versuchen wolle, verstärkt entsprechende Hilfestellungen zur Verfügung zu stellen.

3. *Anja Breilmann*, Syndikusrechtsanwältin in Frankfurt a. M., referierte zur „Product Governance nach MiFID II". In Deutschland seien Vorschriften zur Product Governance zwar bereits seit Einführung des Kleinanlegerschutzgesetzes in 2015 bekannt; sie träten jedoch - zeitgleich mit den durch die MiFID II vorgegebenen Bestimmungen – erst zum 3. Januar 2018 in Kraft. Motiviert seien diese Regeln durch das Anliegen zu gewährleisten, dass Finanzinstrumente tatsächlich an die richtigen bzw. geeigneten Kunden vertrieben werden. Neu an diesem Ansatz sei, dass auch der Konzepteur, d.h. die Wertpapierfirma die Finanzinstrumente konzipiert, schafft, entwickelt, begibt und/oder gestaltet, vorverlagert in die (Mit-)Verantwortung genommen werde. Nach einer Detaillierung der damit verbundenen Anforderungen fokussierte *Breilmann* auf die Bestimmung des für jedes Finanzinstrument gesondert festzulegenden Zielmarkts, um sich abschließend den organisatorischen Komponenten der Product Governance zuzuwenden.

[Beitrag *Breilmann*, S. 123ff.]

4. Univ.-Prof. *Dr. Rüdiger Veil* beschloss mit seinen Überlegungen zur „Produktintervention“ die Reihe der nachmittäglichen Vorträge. Zunächst ging er auf die unterschiedliche Praxis der nationalen Aufsichtsbehörden mit Blick auf die Inanspruchnahme der ihnen eingeräumten Möglichkeiten zur Produktintervention ein. Anschließend erörterte er Art. 42 MiFIR. Darüber hinaus warf er die Frage auf, nach welchen Kriterien oder Mustern die nationalen Aufsichtsbehörden bei der Überwachung des Marktes vorzugehen hätten, um zu entscheiden, ob es bestimmte Finanzinstrumente rechtfertigen, von den Interventionsbefugnissen tatsächlich Gebrauch zu machen. Zum Abschluss identifizierte *Veil* mögliche Folgeprobleme, die sich im Zusammenhang mit dem Erlass von Produktverboten stellen könnten.

[Beitrag *Veil*, S. 157ff.]

5. Die anschließende Diskussion zu den Vorträgen von *Breilmann* und *Veil* eröffnete eine Frage von *Prof. Dr. Klaus J. Hopt* an *Breilmann* und *Roegele*, inwiefern sich der im Zusammenhang Einführung der MiFID II/MiFIR verbundene organisatorische (Kosten-)Aufwand auf den Umfang der angebotenen Produkte auswirken werde. *Breilmann* erwiderte, dass sie hierzu keine konkreten Auskünfte geben könne. *Roegele* fügte hinzu, dass auch die BaFin im Zuge der MiFID II jedenfalls im Hinblick auf die neuen Kompetenzen im Bereich der Sekundärmärkte deutlich Stellen aufgebaut habe.

Dr. Detlef Irmen kommentierte den Vortrag von *Veil* dahingehend, dass die Frage der Komplexität aus Sicht des Anlegers und gerade nicht aus Sicht der Konzepteure zu beurteilen sei. Auch wenn ein Produkt vordergründig als komplex erscheine, müsse es darauf ankommen, ob der Anleger die Funktionsweise des Produkts verstehe, er also ein Verständnis davon erlange, unter welchen Bedingungen er mit dem jeweiligen Finanzinstrument Gewinne bzw. Verluste macht. Dieser Zusammenhang sei in den bisherigen Diskussionen zum Thema der Komplexität der Produkte meist nicht klar behandelt worden. *Veil* stimmte der Sichtweise von *Irmen* zu und fügte an, dass die Komplexität eines Produkts allein nicht dazu führen dürfe, dass dieses durch die nationalen Aufsichtsbehörden verboten werde, insbesondere vor dem Hintergrund, dass Komplexität durch Informationen an den Anleger begegnet werden könne. Ein Produktverbot könne daher nur bei besonders komplexen Produkten geboten sei, bei denen das Informationsmodell schlechterdings versage. *Roegele* fügte an, dass auch sie Komplexität nicht per se als Verbotskriterium ansehe, sondern dass diese Komplexität dazu führen müsse, dass der Anleger das Produkt nicht mehr verstehe.

Prof. Dr. *Thilo Kuntz*, Universität Bremen, richtete an *Veil* die Frage, wie er die zivilrechtlichen Folgen eine Absegnung von Finanzprodukten durch die Aufsicht bewerte, insbesondere ob sich in diesem Fall der Anleger gegenüber der Bank darauf berufen könne, dass diese ein solches Produkt nicht an ihn hätte vertreiben dürfen. *Veil* kommentierte, dass er das Zusammenspiel zwischen Zivil- und Aufsichtsrecht als System kommunizierender Röhren betrachte, so dass auch Aspekte eventueller Produktwarnungen oder ähnlicher Maßnahmen im Rahmen der zivilrechtlichen Betrachtung bzw. der Frage nach einer ordnungsgemäßen Anlageberatung zu berücksichtigen seien. Auf die weitere Frage von *Kuntz*, ob sich die Komplexitätskontrolle nicht auch auf die Kontrolle von Geschäftsmodellen der jeweiligen Emittenten beziehen müsse, erwiderte *Veil*, dass er dies grundsätzlich für vorstellbar halte. Abschließend äußerte sich *Veil* zur der Frage, wie eine europäisch vereinheitlichte Kontrolle sichergestellt werden könnte, dass er diesbezüglich die ESMA in der Pflicht sehe.

Univ.-Prof. *Dr. Elke Gurlit*, Universität Mainz, widersprach Veil in Bezug auf die von ihm angesprochene Einschätzungsprärogative der BaFin. Auch die Annahme eines Verwaltungsverbundes führe nicht automatisch zu einer Beurteilungsermächtigung; das Unionsrecht gebe eine solche nicht vor. In diesem Zusammenhang richtete *Gurlit* die Frage an *Veil*, wie er vor dem Hintergrund, dass die BaFin als Handlungsform für die Ausübung der Interventionsbefugnisse regelmäßig den Erlass von Allgemeinverfügungen wähle, die Rechtsschutzmöglichkeiten von solchen Anbietern einschätze, die einen Vertrieb von im Wege einer Allgemeinverfügung verbotenen Produkten noch nicht aufgenommen haben, sondern lediglich zukunftsgerichtet planen. Ohnehin vertrete *Gurlit* die Auffassung, dass - insbesondere da umstritten sei, ob Produktverbote im Rahmen von Allgemeinverfügungen überhaupt erlassen werden könnten - solche Produktverbote nur durch Rechtsnorm erlassen werden könne. Wenn die BaFin allerdings für den Erlass eines Produktverbots das Mittel der Allgemeinverfügung wähle, könnten sich im Wege eines Anfechtungsrechtschutzes nur aktuelle Anbieter gegen ein solches Verbot wehren. *Veil* erklärte, dass man abwarten müsse, wie die Frage einer etwaigen Einschätzungsprärogative im europäischen Kontext der MiFIR beantwortet werde. Er könne sich jedenfalls zumindest in Bezug auf die Frage der Subsidiarität einen Einschätzungsspielraum der nationalen Aufsichtsbehörden vorstellen.

Zum Abschluss des 28. Bankrechtstages bedankte sich Univ.-Prof. Dr. *Peter O. Mülbert*, Universität Mainz und Mitglied des Vorstands der Bankrechtlichen Vereinigung e.V., bei allen Referenten, Teilnehmern und Helfern und schloss die Veranstaltung mit dem Hinweis, dass der 29. Bankrechtstag im nächsten Jahr am 29.06.2018 voraussichtlich in Wien stattfinden werde.

Stichwortverzeichnis